Ron Rhodes

Israel in höchster Alarmbereitschaft

Was kommt als Nächstes in Nahost?

Ron Rhodes

Israel in höchster Alarmbereitschaft

Was kommt als Nächstes in Nahost?

Dank

Die biblische Prophetie hat mich schon immer fasziniert. Nach meiner Bekehrung zu Christus zogen mich die Prophetiebücher bestimmter Professoren vom Dallas Theological Seminary an – John F. Walvoord, J. Dwight Pentecost und Charles Ryrie. Damals wusste ich noch nicht, dass ich in der nicht allzu fernen Zukunft selbst unter diesen Männern studieren würde. Mit Freude denke ich an diese Jahre zurück, und mir ist klar, dass ich diesen grossen Lehrern des Wortes vieles verdanke.

Natürlich bin ich auch Bob Hawkins und allen Mitarbeitern bei Harvest House Publishers dankbar, nicht nur für ihre exzellente Arbeit im christlichen Verlagswesen, sondern auch für ihre entschlossene Hingabe an die biblische Wahrheit. Es ist mir ein Vergnügen, mit solch hingegebenen Gläubigen zusammenzuarbeiten.

Mein Lobpreis geht an Gott für die wundervolle Familie, mit der Er mich gesegnet hat – meine Frau Kerri und meine zwei erwachsenen Kinder David und Kylie. Mit jedem vergangenen Jahr nimmt meine Dankbarkeit für diese drei Menschen weiter zu.

Aber mein grösster Dank gilt unserem Herrn Jesus Christus, der Herz und Mittelpunkt der biblischen Prophetie ist. Möge Er mit diesem Buch verherrlicht und erhoben werden.

Komme bald, Herr!

Israel in höchster Alarmbereitschaft – Was kommt als Nächstes in Nahost?
Ron Rhodes

Originally published in English under the title:
Israel on high alert

Published by Harvest House Publishers
Eugene, Oregon 97402
www.harvesthousepublishers.com

1. Auflage 2019 (Koproduktion)

Verlag Mitternachtsruf, CH-8600 Dübendorf
www.mitternachtsruf.ch
Bestell-Nr. 180151
ISBN 978-3-85810-490-8

Christliche Verlagsgesellschaft GmbH, DE-35683 Dillenburg
www.cv-dillenburg.de
Bestell-Nr. 271 641
ISBN 978-3-86353-641-1

Bibelzitate folgen in der Regel der Schlachter Version 2000,
© 2000 Genfer Bibelgesellschaft (sch).
Verwendeter Koran: Al Qur'an Al Karim

Übersetzung aus dem Amerikanischen: Martin Plohmann
Umschlag, Satz und Layout: Cicero Studio AG, CH-9442 Berneck, www.cicero-studio.ch
Herstellung: GU-Print AG, CH-6312 Steinhausen
Bildnachweis Titelseite: shutterstock.com: twenty1studio, 4LUCK

Bittet für den Frieden Jerusalems!
(Psalm 122,6)

Inhalt

Einleitung

Israel befindet sich in höchster Alarmbereitschaft – mehr als jemals zuvor. Die Gründe dafür sind nicht schwer zu verstehen:

Israel ist umgeben von muslimischen Staaten, die dem Land nach Kräften dauerhaft ein Ende bereiten wollen.

Die Fläche des Landes beträgt etwa 21 000 Quadratkilometer. Das ist verschwindend gering verglichen mit 12 950 000 Quadratkilometern feindlichen arabischen Territoriums um Israel herum.

Der islamische Fundamentalismus ist eine religiöse Philosophie, die eine islamische Dominanz im Nahen Osten und schliesslich in der ganzen Welt herbeiführen will. Israel, ein Symbol der jüdischen Macht, wird als ernsthafte Beleidigung Allahs angesehen und hat kein Existenzrecht in der islamischen Welt. Daher muss Israel ins Meer gedrängt werden.

Die Hisbollah – wörtlich «Partei Gottes» – ist eine libanesische Dachorganisation der radikalen islamischen Schiiten, die Israel hassen. Sie treten für die Errichtung einer schiitisch-islamischen Herrschaft im Libanon ein und für die Befreiung aller «besetzten arabischen Länder», einschliesslich Jerusalems. Die Hisbollah hat unaufhörlich geschworen, Israel zu vernichten. Der Iran unterstützt die Hisbollah mit Hunderten von Millionen Dollar.

Die Hamas – wörtlich «Islamische Widerstandsbewegung» – hält Verhandlungen mit Israel für Zeitverschwendung, da Araber und Israelis nicht nebeneinander bestehen können. Der militärische Zweig der Organisation hat zahllose Terroranschläge und

Gräueltaten gegen Israel auf seinem Konto, inklusive Hunderte von Selbstmordanschlägen. Die Hamas wird von vielen Seiten finanziell unterstützt, unter anderem vom Iran, Saudi-Arabien, den Golfstaaten, den Vereinigten Arabischen Emiraten, Syrien und dem Irak.

Der oberste Führer des Iran, Ayatollah Khamenei, behauptet, der Iran hätte die Hauptrolle bei der Vernichtung Israels zu spielen, und aus diesem Grund müsste er sich die stärksten möglichen Waffen besorgen. Khamenei hat versprochen, dass Israel die nächsten 25 Jahre nicht überleben wird. Angesichts dieser Drohung ist es ernüchternd, dass der Iran den Besitz von Atomwaffen anstrebt und Raketen entwickelt, die eine nukleare Nutzlast transportieren können.

Der arabische Nationalismus ist eine Bewegung, die versucht, die Araber zu einem Volk zu vereinen, indem sie an ihre gemeinsame Geschichte, Kultur und Sprache appelliert. Es ist eine säkulare Bewegung, die in den arabischen Staaten des Nahen Ostens eine arabische Macht etablieren und aufrechterhalten will. Arabische Nationalisten wollen den direkten Einfluss des Westens (durch die Vereinigten Staaten) in der arabischen Welt beenden oder zumindest verringern. Auch sie betrachten Israel als ein Krebsgeschwür, das entfernt werden muss.

Es scheint, als würde jetzt die Bühne bereitet für die sogenannte Invasion Hesekiels (Hes 38–39). Die Schrift macht deutlich, dass Russland und eine Gruppe muslimischer Nationen – Iran, Sudan, Türkei, Libyen, Kasachstan, Kirgisien, Usbekistan, Turkmenistan, Tadschikistan, Armenien und möglicherweise Nord-Afghanistan – eine gewaltige Invasion nach Israel starten werden. Es ist alarmierend, dass genau diese Nationen Allianzen miteinander geschlossen haben oder noch schliessen. Sie alle haben ein starkes Motiv für die Auslöschung Israels. (Mehr darüber später in diesem Buch.)

Israel befindet sich tatsächlich in höchster Alarmbereitschaft. Das scheint schon irgendwie ironisch, denn der Name der Stadt Jerusalem bedeutet auf Hebräisch wörtlich «Stadt des Friedens». In der heutigen Zeit ist Frieden in Jerusalem eine Illusion, und nicht nur in Jerusalem, sondern im ganzen Nahen Osten. In Wirklichkeit ist der Nahe Osten in den letzten 70 Jahren ein Konfliktgebiet gewesen. Zu den Kriegen in der Region zählen der Unabhängigkeitskrieg (der Israel Eigenstaatlichkeit brachte – 1947–1948), der Suezkrieg/Sinai-Feldzug (1956), der Sechstagekrieg (1967), der Zermürbungskrieg (1968–1970), der Jom-Kippur-Krieg (1973), der libanesische Bürgerkrieg (1982–1985), der Golfkrieg (1991), der Krieg mit dem Irak (1991–2003) und der Krieg gegen den Terror (2001 bis heute).

Spulen wir schnell ins Jahr 2017 vor. Kaum ein Tag vergeht, an dem wir keine Berichte über neuerliche Gewaltakte im Nahen Osten via TV oder Internet zu sehen bekommen. Die von Terroristen verübten Gräueltaten sind so brutal – *so absolut menschenverachtend und ungeheuerlich* –, dass grosse Teile der zivilisierten Welt von einem dunklen Gefühl der Angst befallen wurden. Im Mittelpunkt all dessen steht die kleine Nation Israel.

Für diejenigen, die mit der biblischen Prophetie vertraut sind, ist das natürlich keine Überraschung. Die prophetische Schrift sagt uns, dass Israel in der Endzeit ein zunehmend wunder Punkt in der Welt sein wird. In Sacharja 12,2 lesen wir: «Siehe, ich mache Jerusalem zum Taumelkelch für alle Völker ringsum.» Wenn uns dieser Vers eins mitteilt, dann das, dass Israel trotz seiner geringen Grösse in der Endzeit Tumulte auslösen wird, die Einfluss auf viele grosse Nationen haben werden. Israel ist von islamischen Staaten umgeben. Diese sind im höchsten Masse antisemitisch. In den kommenden Jahren können wir mit einer Menge «Taumeln» rechnen.

Aufgrund seiner Freundschaft zu den Vereinigten Staaten hat Israel in den vergangenen Jahrzehnten zumindest ein gewisses Mass an Sicherheit genossen. Aber im Laufe der letzten zehn Jahre nahm das US-amerikanische Engagement in Israel ab. Im zweiten Halbjahr 2016 verabschiedete der Sicherheitsrat der Vereinten Nationen eine Resolution, die Israels Siedlungsbau auf Territorien verurteilte, die die Palästinenser für ihren zukünftigen Staat beanspruchen (als Teil einer sogenannten «Zweistaatenlösung»). Im Gegensatz zu früheren US-Präsidenten, die sich auf die Seite Israels gestellt und ein Veto gegen derartige Resolutionen eingelegt hätten, entschied sich Barack Obama in seinem letzten Amtsmonat, diese Resolution nicht zu blockieren.

Der israelische Ministerpräsident Benjamin Netanjahu klagte verständlicherweise: «Aufgrund der uns vorliegenden Informationen haben wir keinen Zweifel, dass die Obama-Administration sie initiiert hat, dahintersteht, den Wortlaut koordiniert und ihre Verabschiedung verlangt hat.»[1] Viele sahen darin einen Verrat der Vereinigten Staaten an der gegenseitigen Freundschaft.

Unterdessen wurde Obamas Handeln von Terrororganisationen gelobt: «Palästinensische Terrorgruppen wie die islamistische Hamas und der Islamische Dschihad begrüssten die Resolution des UN-Sicherheitsrates hinsichtlich der Verurteilung der israelischen Siedlungspolitik.» «Der vom Iran unterstützte Islamische Dschihad gab bekannt, die Resolution des UN-Sicherheitsrates sei ‹eine klare Verurteilung der israelischen Besatzung und Aggression und ein Sieg für das palästinensische Volk, was einen globalen Konsens zu ihren Gunsten sicherstellt.›»[2]

---

[1] Isabel Kershner, «How Long Netanyahu Can Back Settlements and Two-State Solution», *The New York Times*, 25. Dezember 2016.

[2] Ali Waked, «Hamas, Islamic Jihad Terror Groups Praise UN Anti-Israel Resolution», *Breitbart*, 26. Dezember 2016, http://www.breitbart.com/Jerusalem/2016/12/26/hamas-islamic-jihad-terror-factions-praise-un-anti-israel-resolution/

Es beunruhigt mich, so etwas zu hören. Meine Besorgnis liegt teilweise in der Bibelstelle begründet, die ich gerade eben zitiert habe: «Siehe, ich mache Jerusalem zum Taumelkelch für alle Völker ringsum» (Sach 12,2). Noch wichtiger ist, dass Gott in Vers 3 unmissverständlich erklärt: «Und es soll geschehen an jenem Tag, dass ich Jerusalem zum Laststein für alle Völker machen werde; *alle, die ihn heben wollen, werden sich gewisslich daran wund reissen*» (Hervorhebung durch den Autor). Das bedeutet, in der Endzeit wird Jerusalem im Mittelpunkt einer internationalen Kontroverse stehen. Verschiedene Nationen werden von dem Verlangen beherrscht werden, Jerusalem in ihren Besitz und unter ihre Kontrolle zu bringen. Die Nationen der Welt – vielleicht die Vereinten Nationen – werden versuchen, Jerusalem zu internationalisieren und seine Zukunft zu kontrollieren. Aber Sacharja warnt uns prophetisch, dass über alle, die Jerusalem zu ihrem eigenen Nutzen kontrollieren wollen, schnell das Unglück hereinbrechen wird.

Das ist ein Grund, weshalb ich mich um die Zukunft der Vereinigten Staaten sorge. Wenn unser Land Jerusalem zu beeinflussen und zu kontrollieren – oder zu internationalisieren – versucht, könnte es sein, dass das Gericht Gottes auch uns trifft.

Meine Sorge um die Zukunft der Vereinigten Staaten ist auch auf den abrahamitischen Bund zurückzuführen. Dort verheisst Gott in Bezug auf Israel: «Ich will segnen, die dich segnen, und verfluchen, die dich verfluchen» (1Mo 12,3). Ich habe es schon oftmals gesagt: Mein Verständnis von der biblischen Prophetie führt mich zu der Annahme, dass die Vereinigten Staaten in der Endzeit an Bedeutung verlieren werden. Zu den Gründen für diesen Verlust könnte auch die Aufgabe Israels gehören und Gottes anschliessendes Gericht.

Fehlende US-amerikanische Unterstützung für Israel ist besonders beunruhigend angesichts des tief gegründeten Hasses radikaler Islamisten auf Israel. Sie wollen die Juden nicht nur auslöschen, sondern auch das Land Israel für sich zurückgewinnen. Wie der Prophetieexperte Mark Hitchcock schreibt: «Für den radikalen Islam ist Israel der höchste Preis.»[3]

Ein grosser Teil dieses Preises ist die Stadt Jerusalem – eine Stadt, die sowohl von Juden als auch Muslimen als heilig angesehen wird. Aufgrund der muslimisch-jüdischen Feindseligkeiten ist die kleine Stadt Jerusalem in dem kleinen Land Israel «Ground Zero» für einen gewaltigen Endzeitkonflikt.

In diesem Buch werde ich die vielen Komponenten untersuchen, die zum gegenwärtigen Nahostkonflikt geführt haben. Das wiederum wird uns helfen zu verstehen, warum Israel zurzeit permanent in höchster Alarmbereitschaft ist. Ich werde ebenso über Israels Wiedergeburt als Nation sprechen wie über den Konflikt, den sie unter muslimischen Staaten verursacht hat. Ich möchte mich auf den jüdischen Zionismus, den arabischen Nationalismus und den radikalen Islam konzentrieren – einschliesslich der gegenwärtigen Aktivitäten des IS. Wir werden uns mit den Glaubensüberzeugungen der breiten Masse der Muslime und der der radikalen Islamisten beschäftigen. Auch die Behauptung, dass der Islam eine friedliche Religion ist, soll in diesem Buch unter die Lupe genommen werden.

Ausserdem möchte ich die historische Rolle der Vereinigten Staaten als Freund Israels untersuchen und wie diese Freundschaft in den letzten Jahren bis zu einem gewissen Grad abgenommen hat. Meine besondere Aufmerksamkeit gilt den prophetischen Aussagen über Russland und die muslimischen Nationen, die in der Endzeit in Israel einmarschieren werden.

---

[3] Mark Hitchcock, *Isis, Iran, Israel* (Eugene, OR: Harvest House, 2016), iBooks Edition.

Ich werde auch darüber reden, wie Gott diese islamischen Invasoren vernichtet und dies zu einer Verschiebung im Machtgleichgewicht der Endzeit führen wird.*

Schliesslich befassen wir uns noch mit den Schwierigkeiten, die in der Drangsalszeit auf Israel zukommen werden – dem zukünftigen 7-jährigen Zeitraum, der dem zweiten Kommen Christi vorangeht. Ich werde über die zunehmende Judenverfolgung sprechen, sowohl vor als auch in der Drangsalszeit, und über die gegenwärtigen Bemühungen zum Wiederaufbau des jüdischen Tempels und welche Rolle dieser Tempel in der Drangsalszeit spielen wird. Wir werden uns auch anschauen, wie der Antichrist zunächst als Freund Israels auftritt, dann aber sein falsches Spiel mit ihnen treibt und sie zu vernichten versucht. Zum Schluss möchte ich noch erklären, wie der zukünftige jüdische Überrest – die Juden, die die Drangsalszeit überleben – von Christus bei Seinem zweiten Kommen errettet wird, und wie Gottes uralte Bundesverheissungen an Israel schliesslich im Tausendjährigen Reich Christi erfüllt werden.

Das sind aufregende Zeiten. Wir können mit ansehen, wie die Bühne zur Erfüllung vieler Endzeitprophezeiungen über Israel bereitet wird. Das ist ein Hauptgrund, weshalb ich dieses Buch geschrieben habe.

Beim Lesen dieses Buches wird eines zunehmend deutlich: Gott hat die Kontrolle über die Menschheitsgeschichte. Er sagt selbst: «Alles, was mir gefällt, werde ich vollbringen» (Jes 46,10). «Fürwahr, es soll geschehen, wie ich es mir vorgenommen habe, und es soll zustande kommen, wie ich es beschlos-

* Während ich dies schreibe, scheint Donald Trump – im ersten Monat seiner Präsidentschaft – Israel mit mehr Wohlwollen zu betrachten. Sollte die USA aber aufgrund eines nuklearen Anschlags, den Folgen eines EMP-Angriffs, einer moralischen Implosion, eines wirtschaftlichen Zusammenbruchs oder gar der Entrückung an Bedeutung verlieren, werden die Vereinigten Staaten kaum in der Position sein, Israel zur Hilfe zu kommen.)

sen habe» (14,24). Angesichts dieser biblischen Fakten rät uns der Theologe Robert Lightner:

> Aus der Sicht der Schrift betrachtet, ist die Geschichte mehr als die Aufzeichnung vergangener Ereignisse. Was in der Vergangenheit passiert ist, was jetzt passiert und was in der Zukunft passieren wird, beweist allesamt den vorsätzlichen Plan des persönlichen Gottes der Bibel. Alle Lebensumstände – vergangene, gegenwärtige und zukünftige – passen in den souveränen Plan wie Teile eines Puzzles.[4]

Ähnlich äusserte sich C. S. Lewis, der bekannte Autor und ehemalige Professor an der Universität Oxford: «Die Geschichte wurde vom Finger Gottes geschrieben.» Er wollte damit zum Ausdruck bringen, dass Gott die Nationen kontrolliert (Hi 12,23; Ps 22,29; Dan 4,14); Er setzt Könige ab und setzt sie ein (Dan 2,21); und Er tut dies alles nach Seinem souveränen Plan (Apg 4,27-28).

Israel hat einen besonderen Platz im souveränen Plan Gottes für die Zeitalter. Wie mein Freund David Reagan es ausdrückt:

> Die Schrift bezeichnet die Juden als Gottes «Augapfel» (Sach 2,12). Ihr Land wird «heilig» genannt (Sach 2,16). Ihre Stadt Jerusalem ist «mitten unter die Heidenvölker gesetzt» (Hes 5,5). Das jüdische Volk wird als Gottes widerspenstige Ehefrau dargestellt (s. Hesekiel 16 und das Buch Hosea). Und die Bibel macht klar, dass sie in der Endzeit sowohl Gottes Zorn (Jer 30,7) als auch Seine Gnade (Sach 13,1) erleben werden.[5]

---

[4] Robert P. Lightner, *Evangelical Theology* (Grand Rapids: Baker Books, 1986), S. 57.

[5] David Reagan, «The Jews in Prophecy», Lamb & Lion Ministries, http://christianprophecy.org/articles/the-jews-in-prophecy/

So wie ich es sehe, hat Gott Seine Gnade am eindrücklichsten gezeigt, indem *Er Israel in den vergangenen 2700 Jahren auf wundersame Weise erhalten hat.* Denken Sie einmal darüber nach:

- Nach der Zerstörung Jerusalems und des Tempels im Jahr 70 n. Chr. wurden die Juden in mehr als 130 Nationen auf der ganzen Welt zerstreut.
- Die Juden wurden misshandelt und gnadenlos verfolgt, wo immer sie auch hinkamen.
- Und dennoch wurden ihre nationale Existenz und sogar ihre Sprache – Tausende Jahre später – vollständig wiederhergestellt.

Die Erhaltung der Juden wird möglicherweise am besten in Psalm 124 zusammengefasst. Ursprünglich wurde der Psalm in Verbindung mit Israels Wüstenwanderung geschrieben. Ich denke, wer ihn liest, dem wird seine heutige Anwendung bewusst:

> Wenn der HERR nicht für uns gewesen wäre – so sage Israel –, wenn der HERR nicht für uns gewesen wäre, als die Menschen gegen uns auftraten, so hätten sie uns lebendig verschlungen, als ihr Zorn gegen uns entbrannte; dann hätten die Wasser uns überflutet, ein Strom wäre über unsere Seele gegangen; dann hätten die wild wogenden Wasser unsere Seele überflutet! Gepriesen sei der HERR, der uns ihren Zähnen nicht zur Beute gab! Unsere Seele ist entflohen wie ein Vogel aus der Schlinge des Vogelstellers; die Schlinge ist zerrissen, und wir sind entkommen! Unsere Hilfe steht im Namen des HERRN, der Himmel und Erde gemacht hat.

Das erstaunliche Überleben Israels über Tausende von Jahren – entgegen aller Erwartungen – hat einen Kommentator zu der Spekulation veranlasst:

> Würde man aus Israels Geschichte ein Filmdrehbuch schreiben, würde es als zu fantastisch und unglaubhaft abgelehnt werden. Die Wiederherstellung der Souveränität im Land unserer Väter nach 2000 Jahren, die Rückkehr unseres Volkes aus dem weltweiten Exil, Israels Verteidigung gegen unerbittliche Feinde und der Wandel Israels von einem rückständigen Wüstenort zu einer globalen technologischen Macht scheint sich sowohl der Geschichte als auch der Logik zu widersetzen.[6]

Israels Erhaltung ist eine scheinbar unglaubliche Sache, die es lohnt, darüber nachzudenken!

---

[6] David Reagan, «The World's Hatred of Israel: Prophecy Fulfilled», Lamb & Lion Ministries, http://christianprophecy.org/articles/the-worlds-hatred-of-israel/

Biblische Prophezeiungen über Israel richtig ausgelegt

Christen diskutieren gerne über Themen der biblischen Prophetie. Manchmal wird darüber gesprochen, wann die Entrückung der Gemeinde stattfindet – vor, während oder nach der Drangsalszeit. Eine andere Diskussion behandelt die Frage, ob der Antichrist ein nicht jüdischer Heide oder ein muslimischer Führer sein wird. Ein weiteres Thema ist, ob Amerika in der biblischen Prophetie vorkommt. Und es wird viel darüber diskutiert, ob das Zeichen des Tieres eine Art Tätowierung auf oder ein elektronischer Chip unter der Haut sein wird.

Was unseren Zweck angeht, so handelt die wichtigste Diskussion von der richtigen Auslegungsmethode der Prophetie – die *wörtliche* oder die *allegorische* Methode? Die jeweilige Entscheidung wirkt sich offensichtlich auf den gesamten prophetischen Standpunkt aus.

So bestimmt die Haltung zu dieser Frage zum Beispiel, ob das Tausendjährige Reich Christi in Offenbarung 20 als ein buchstäb-liches Reich in der Zukunft ausgelegt werden sollte oder als die gegenwärtige Herrschaft Christi über die Gemeinde vom Himmel aus. Es legt fest, ob die 144 000 Juden – 12 000 aus jedem Stamm – wirklich Juden oder eine metaphorische Anspielung auf die Gemeinde sind. Es bestimmt, ob die zwei prophetischen Zeugen in Offenbarung 11 als buchstäbliche Propheten betrachtet werden sollten oder als Redewendung, die sich irgendwie auf die Gemeinde bezieht. Und es entscheidet, ob die zu alttestamentlichen Zeiten an Israel gegebenen Bundesverheissungen (im abrahamitischen und davidischen Bund) in Bezug auf Israel oder allegorisch auf die Gemeinde ausgelegt werden sollten.

Des Weiteren wird die jeweilige Position zu diesem Thema festlegen, ob die verschiedenen in der prophetischen Schrift erwähnten Gerichte – der Richterstuhl Christi (Röm 14,10-12), das Gericht über die Nationen (Mt 25,31-46), das Gericht über Israel (Hes 20) und das Gericht vor dem grossen weissen Thron (Offb 20,11-15) – als separate und unterschiedliche Gerichte anzusehen sind (wie es die wörtliche Auslegung vertritt) oder als ein allgemeines Gericht am Ende des Zeitalters (wie die allegorische Auslegungsmethode meint). Der jeweilige Auslegungsansatz führt bei Fragen zur Endzeit, vor allem in Bezug auf Israel, offensichtlich zu ganz unterschiedlichen Sichtweisen.

Auslegungsansätze zum Verständnis der biblischen Prophetie

Der allegorische Ansatz

Früh in der Kirchengeschichte (ca. im 2. Jh. n. Chr.) entstand in Alexandria, Ägypten, eine allegorische Auslegungsschule der Prophetie. Diese Lehrmeinung legte die Schrift in einem nicht wörtlichen Sinne aus. In den Bibeltexten wurde nach versteckten, symbolischen Bedeutungen gesucht.

Die allegorische Auslegungsschule führte schon bald zum Aufkommen des Amillennialismus in der frühen Gemeinde. Der Amillennialismus besagt, dass das in Offenbarung 20 erwähnte Tausendjährige Reich nicht buchstäblich als tausendjährige Herrschaft Christi auf Erden ausgelegt werden sollte. Vielmehr ist damit die gegenwärtige geistliche Herrschaft Christi über die Gemeinde vom Himmel aus gemeint.

Der Ausdruck «1000 Jahre» ist allegorisch zu verstehen und meint eine sehr lange Zeit.

Die grammatisch-historische (wörtliche) Herangehensweise an die Schrift wurde grösstenteils von den Kirchenvätern im 3. Jahrhundert zurückgewonnen. Dennoch blieb der Prämillennialismus – der auf einer wörtlichen Auslegung der Prophetie basiert, die an einer buchstäblich tausendjährigen Herrschaft Christi auf der Erde nach Seinem zweiten Kommen festhält – letztlich auf der Strecke. Der allegorische Auslegungsansatz hatte sich durchgesetzt.

Die Geschichte macht deutlich, dass dieses frühe Aufkommen der allegorischen Methode einen enormen Einfluss auf nachfolgende Generationen in der Kirchengeschichte hatte. Der bekannte Theologe Augustinus übernahm den Standpunkt, dass die Schrift, mit Ausnahme der Prophetie, natürlich und wörtlich ausgelegt werden sollte. Sein Verständnis von der biblischen Prophetie war jedoch widersprüchlich. Obwohl er das zweite Kommen Christi ebenso wörtlich akzeptierte wie einen buchstäblichen Himmel und eine Hölle, kam er zu dem Schluss, dass die Prophezeiungen über ein zukünftiges Tausendjähriges Reich nicht wörtlich verstanden werden sollten. Würden diese Prophezeiungen wörtlich genommen, glaubte er, müsste man zu dem Schluss kommen, dass die Menschen im Tausendjährigen Reich regelmässig und exzessiv schlemmen würden, was er als fleischlich und für Gläubige unwürdig ansah. Daher folgerte er, dass die Gemeinde bereits im Tausendjährigen Reich lebte und als solche Teil des geistlichen Reiches Gottes ist. Er glaubte, Christus würde schon jetzt durch die Herzen der Christen regieren.

Augustinus' Sicht setzte sich in der römisch-katholischen Kirche durch. Auch Reformatoren wie Martin Luther und Johannes Calvin übernahmen seine Position. Da in der Kirchengeschichte derart bekannte Theologen ein allegorisches

Verständnis vom Tausendjährigen Reich vertraten, sind auch heute viele dieser Auffassung. Einige wenden die allegorische Methode heutzutage nicht nur auf das Tausendjährige Reich an, sondern auch auf andere Aspekte der biblischen Prophetie. So behaupten viele zum Beispiel, *praktisch alle* Prophezeiungen über Israel seien auf irgendeine Weise allegorisch in der Gemeinde erfüllt worden. (Diese Sicht ist als *Substitutionstheologie* bekannt.)

Der wörtliche Ansatz

Aufgrund jahrzehntelanger Nachforschungen bin ich zu dem Schluss gekommen, dass die wörtliche Auslegung der biblischen Prophetie der richtige Ansatz ist. Davon bin ich überzeugt. Das in der Hermeneutik (wissenschaftliche Auslegung von Texten) verwendete Wort *literal* (wörtlich) stammt von dem lateinischen Ausdruck *sensus literalis*, der sich darauf bezieht, nach dem wörtlichen Sinn eines Textes zu suchen statt einem nicht wörtlichen oder allegorischen.

Einer meiner ehemaligen Professoren am Dallas Theological Seminary, der Bibelausleger J. Dwight Pentecost, sagte einmal: «Die wörtliche Auslegungsmethode gibt jedem Wort exakt dieselbe grundlegende Bedeutung, die es im normalen, üblichen Gebrauch hat – ob beim Schreiben, Sprechen oder Denken. Um hervorzuheben, dass die Bedeutung sowohl von grammatischen als auch historischen Überlegungen bestimmt wird, wird diese Methode als grammatisch-historisch bezeichnet.»[1]

Hier einige wesentliche Gründe, weshalb bei der prophetischen Schrift die wörtliche Auslegungsmethode angewandt werden sollte:

---

[1] J. Dwight Pentecost, *Things to Come* (Grand Rapids: Zondervan, 1964), iBooks Edition.

- Sie entspricht dem normalen Ansatz in allen Sprachen.
- Der Grossteil der Bibel ergibt Sinn, wenn er wörtlich genommen wird.
- Der wörtliche Ansatz berücksichtigt eine untergeordnete oder allegorische Bedeutung, wenn der Kontext sie verlangt.
- Es ist die einzige vernünftige und sichere Kontrolle der zu Subjektivität neigenden Fantasie des Menschen.
- Es ist der einzige Ansatz, der mit dem Wesen der biblischen Inspiration übereinstimmt – der Vorstellung, dass die Worte der Schrift «gottgehaucht» sind.[2]

Innerhalb des biblischen Textes finden sich zahlreiche Bestätigungen für den Gebrauch der wörtlichen Auslegungsmethode. Spätere biblische Texte nehmen frühere wörtlich so wie beispielsweise den Schöpfungsbericht in 1. Mose 1–2 (s. 2Mo 20,10-11). Das trifft auch auf die Erschaffung von Adam und Eva zu (Mt 19,6; 1Tim 2,13), den Fall Adams und seinen sich daraus ergebenden Tod (Röm 5,12.14), Noahs Flut (Mt 24,38) und die Berichte über Jona (Mt 12,40-42), Mose (1Kor 10,2-4.11) und zahlreiche andere historische Personen.

Ausserdem wurden alttestamentliche Prophezeiungen über den Messias (Jesus) zur Zeit des Neuen Testaments wörtlich erfüllt. Genauer gesagt, mehr als hundert Prophezeiungen über den Messias wurden beim ersten Kommen Jesu wörtlich erfüllt. Zu diesen Prophezeiungen zählen, dass Er 1) aus dem Samen der Frau kommt (1Mo 3,15); 2) aus der Linie Seths (1Mo 4,25); 3) ein Nachkomme Sems ist (1Mo 9,26); 4) und der Nachkomme Abrahams (1Mo 12,3); 5) aus dem Stamm Juda kommt (1Mo 49,10); 6) der Sohn Davids ist (Jer 23,5-6); 7) von einer Jungfrau

---

[2] Pentecost, *Things to Come*.

(Jes 7,14); 8) und in Bethlehem geboren wird (Mi 5,1); 9) der angekündigte Messias (Jes 40,3); 10) und der kommende König ist (Sach 9,9); 11) das Opfer für unsere Sünden ist (Jes 53); 12) am Kreuz Seine Seite durchbohrt wird (Sach 12,10); 13) um 33 n. Chr. «ausgerottet» oder getötet wird (Dan 9,24-26); und 14) aus den Toten auferweckt wird (Ps 2; 16).

Auch die alttestamentlichen Prophezeiungen über Israel wurden wörtlich erfüllt. David Reagan fasst es so zusammen:

> *Zerstreuung* – Die Juden wurden wiederholt gewarnt, dass sie auf der ganzen Welt zerstreut würden, wenn sie ihrem Bund mit Gott nicht treu blieben. Bedenken Sie die Worte Moses: «Denn der HERR wird dich unter alle Völker zerstreuen von einem Ende der Erde bis zum anderen ...» (5Mo 28,64; s. auch 3Mo 26,33).
>
> *Verfolgung* – Der Herr warnte die Juden zudem, dass sie überall, wo sie hinkamen, verfolgt würden. Auch in diesem Fall waren die Worte Moses sehr anschaulich: «Dazu wirst du unter diesen Heiden keine Ruhe haben und keine Rast finden für deine Fusssohlen; denn der HERR wird dir dort ein bebendes Herz geben, erlöschende Augen und eine verzagende Seele» (5Mo 28,65).
>
> *Verwüstung* – Gott hatte verheissen, dass ihr Land nach ihrer Zerstreuung «zur Wüste» und ihre «Städte zu Ruinen» werden (3Mo 26,33). Mose drückte es noch drastischer aus: «Die Fremden, die aus fernen Ländern kommen, fragen ... wie er dieses ganze Land mit Schwefel und Salz verbrannt hat, dass es nicht besät werden kann und nichts hervorbringt, dass kein Kraut darauf wächst» (5Mo 29,22-23).

Erhaltung – Aber in Seiner unfassbaren Gnade hatte Gott verheissen, dass Er die Juden als separates Volk erhalten würde auf ihrer weltweiten Wanderung. (s. Jes. 66,22; Jer 30,11; 31,35-37.) Jesaja wählt eine sehr lebendige Ausdrucksweise. Er sagt, der Herr könnte Israel ebenso wenig vergessen, wie eine Mutter ihr Kind vergisst (Jes 49,15). Dann fügt er hinzu, dass Gott Israel nicht vergessen kann, weil Er sie auf Seine Handflächen eingezeichnet hat (Jes 49,16).[3]

Entscheidend ist: *Alle* diese Prophezeiungen hat Gott in den letzten paar Jahrtausenden wörtlich erfüllt. Über einen längeren Zeitraum waren die Juden ihrer Bundesbeziehung mit Gott nicht treu. Im Jahr 70 n. Chr. brachen Titus und seine römischen Soldaten über Jerusalem herein und zerstörten den Tempel und das jüdische Volk wurde auf der ganzen Erdoberfläche zerstreut. Wo auch immer sie hinkamen, wurden sie verfolgt, oft schwer. Während des Zweiten Weltkriegs gipfelte das im Holocaust der Nazis. Aber Gott bewahrte die Juden durch all dies hindurch – sowohl ihre Kultur als auch ihre alte Sprache. Wie Reagan es ausdrückt: «Die Erfüllung dieser späteren Prophezeiung ist eines der erstaunlichsten Wunder in der Geschichte. Kein anderes Volk wurde je so zerstreut und konnte doch seine Identität als Nation so erfolgreich beibehalten.»[4]

Da die vergangenen Prophezeiungen Gottes über Israel wörtlich erfüllt wurden, haben wir allen Grund zu der Annahme, dass Seine zukünftigen Prophezeiungen über Israel ebenso wörtlich erfüllt werden. Der Präzedenzfall für die wörtliche Auslegung der Prophetie ist geschaffen. Wie der Theologe Charles Ryrie es ausdrückt: «Bei der Auslegung noch nicht erfüllter Prophezeiun-

---

[3] David Reagan, «The Jews in Prophecy», Lamb & Lion Ministries, http://christianprophecy.org/articles/the-jews-in-prophecy/

[4] Reagan, «The Jews in Prophecy».

gen geben erfüllte Prophezeiungen das Muster vor.» Ein kluger Grundsatz ist: «Wenn wir verstehen wollen, wie Gott Prophezeiungen in der Zukunft erfüllen wird, sollten wir uns anschauen, wie Er sie in der Vergangenheit erfüllt hat. Wenn Hunderte von Prophezeiungen über das erste Kommen Christi wörtlich erfüllt wurden, wie kann dann irgendjemand meinen, dass die zahlreichen Prophezeiungen über Sein zweites Kommen und Seine Herrschaft auf Erden nicht wörtlich erfüllt werden?»[5]

Der Prophetiegelehrte Mark Hitchcock stellt fest:

> Die Bibel enthält etwa 1000 Prophezeiungen, von denen ca. 500 bereits bis ins kleinste Detail erfüllt wurden. Mit dieser nachgewiesenen Erfolgsbilanz – 500 Prophezeiungen, die sich mit hundertprozentiger Genauigkeit erfüllt haben – können wir mit Zuversicht glauben, dass die noch ausstehenden 500 Prophezeiungen zur festgesetzten Zeit ebenfalls eintreffen werden.[6]

Die Bibel enthält auch Beispiele, wie Jesus selbst alttestamentliche Prophezeiungen wörtlich auslegte (s. Lk 4,16-21). Dadurch deutete Er an, dass Er die wörtliche Methode akzeptierte.

Dass die Bibel an manchen Stellen ausdrücklich von «Gleichnissen» (s. Mt 13,3) oder einem «bildlichen Sinn» (Gal 4,24) spricht, macht deutlich, dass üblicherweise von einer wörtlichen Bedeutung auszugehen ist. Indem Er zwei Gleichnisse auslegte, zeigte Jesus, dass hinter ihnen eine wörtliche Bedeutung steckt (Mt 13,18-23). (Mehr dazu in Kürze.)

An dieser Stelle können wir noch etwas anderes beobachten. Als Jesus jene tadelte, die die Auferstehung nicht als reales

---

5 Charles C. Ryrie, *The Basis of the Premillennial Faith* (Dubuque, IA: ECS Ministries, 2005), iBooks Edition.

6 Mark Hitchcock, *Isis, Iran, Israel* (Eugene, OR: Harvest House, 2016), iBooks Edition.

Ereignis auslegten, deutete Er an, dass die wörtliche Auslegung alttestamentlicher prophetischer Verse über die Auferstehung richtig war (s. Mt 22,29-32; Ps 2; 16). So wie Jesus die Schrift gebrauchte, bewies Er, dass sie – einschliesslich ihrer prophetischen Abschnitte – wörtlich ausgelegt werden sollte, es sei denn der Kontext legt etwas anderes nahe (wie bei den Gleichnissen Jesu).

Die wörtliche Methode und Redewendungen

Die wörtliche Auslegungsmethode ignoriert nicht die Tatsache, dass einige Stellen Redewendungen enthalten. Wenn die Bibel von Augen, Armen oder Flügeln Gottes spricht (Ps 34,16; Jes 51,9; Ps 91,4), sollte das nicht wörtlich genommen werden. Gott hat diese physischen Merkmale nicht wirklich – Er ist ein Geist (Joh 4,24). Ebenso wenig kann Er buchstäblich ein materieller Fels sein (Ps 42,10). Allerdings wüssten wir nicht, *was nicht wörtlich auf Gott zutrifft*, wenn wir nicht zuerst wissen, *was wörtlich für Ihn gilt*. (Vielleicht müssen Sie diesen Satz mehrmals lesen.)

Wüssten wir beispielsweise nicht, dass Gott ein Geist und unendlich ist, wären wir nicht in der Lage zu sagen, dass bestimmte Dinge, die Gott an anderen Stellen der Bibel zugeschrieben werden, nicht wörtlich zu verstehen sind. Wenn Jesus sagt: «Ich bin der wahre Weinstock» (Joh 15,1), versteht die wörtliche Auslegungsmethode das nicht als eine physische Tatsache. Vielmehr erkennen wir darin eine Redewendung, die uns verrät, dass Gläubige ihr geistliches Leben und ihre geistliche Nahrung von Christus haben, unserem geistlichen Weinstock. Es ist wichtig, das zu verstehen, weil die prophetische apokalyptische Literatur – wie Daniel und das Buch der Offenbarung, die eine Menge über Israel zu sagen haben – regen Gebrauch von Redewendungen macht.

Zugegeben, bisweilen lässt sich nicht ganz leicht feststellen, wann eine Passage nicht wörtlich zu nehmen ist. Aber gewisse Richtlinien können bei der Bestimmung helfen. Kurz gesagt, ein Text sollte im übertragenen Sinne verstanden werden, wenn ...

- der Text selbst zum bildlichen Verständnis berechtigt, z. B. als Paulus sagte, er würde die Schrift im «bildlichen Sinn» auslegen (Gal 4,24);
- er *offensichtlich* bildlich ist, z. B. als Jesus sagte, Er wäre die Tür (Joh 10,9); oder
- eine wörtliche Auslegung anderen Wahrheiten in und ausserhalb der Bibel widersprechen würde, z. B. wenn die Bibel von «den vier Enden der Erde» spricht (Offb 7,1).

Kurz gesagt, der Bibelausleger David Cooper schlägt vor: Wir sollen «jedes Wort bei seiner primären, gewöhnlichen, normalen wörtlichen Bedeutung nehmen, es sei denn der unmittelbare Kontext, prüft man ihn im Licht verwandter Stellen und axiomatischer und grundlegender Wahrheiten, weist deutlich auf etwas anderes hin».[7] Auch der Bibelgelehrte Arnold Fruchtenbaum meint: «Solange der Text nicht klarmacht, dass er symbolisch genommen werden sollte, ist die Passage wörtlich zu verstehen.»[8]

Das stimmt mit dem überein, was wir aus 1. Mose, dem ersten Buch der Bibel, lernen. Nachdem Gott Adam und Eva nach Seinem eigenen Bild erschaffen hatte, schenkte Er ihnen eine verständliche Sprache. Das befähigte sie zu einer objektiven Kommunikation mit ihrem Schöpfer und miteinander (s. 1Mo 1,26; 11,1.7). Die Schrift macht deutlich, dass Gott sich entschied, die menschliche Sprache als Mittel für Seine Offenbarungen zu

---

[7] David Cooper, zitiert in Arnold Fruchtenbaum, *The Footsteps of the Messiah* (San Antonio, TX: Ariel Ministries, 1983), iBooks Edition.
[8] Fruchtenbaum, *The Footsteps of the Messiah*.

gebrauchen, oftmals mit der Ankündigung der Propheten: «So spricht GOTT, der Herr» (z. B. Jes 7,7; 10,24; 22,15; 28,16; 30,15; 49,22; 51,22; 52,4).

Wenn Gott die Sprache in erster Linie geschaffen hat, um mit Menschen zu kommunizieren und ihnen die Möglichkeit zu geben, miteinander zu sprechen, müssen wir daraus folgern, dass Er diese Sprache auch ihrer normalen und offensichtlichen Bedeutung entsprechend benutzt, wenn Er mit Menschen redet. Diese Sichtweise von Sprache ist eine Grundvoraussetzung, um nicht nur Gottes gesprochenes, sondern auch Sein geschriebenes Wort (die Bibel) zu verstehen. Deshalb gilt der folgende Grundsatz: *Wenn die offensichtliche, wörtliche Bedeutung der Schrift Sinn ergibt, dann suche nach keinem anderen Sinn.*

Pentecost sagt:

> Da Gott den Menschen Sein Wort als Offenbarung gegeben hat, sollten wir davon ausgehen, dass Seine Offenbarung in so präzisen und konkreten Begriffen übermittelt wurde, dass Seine Gedanken genau zu verstehen sind, wenn sie nach den Regeln der Grammatik und Sprache ausgelegt werden. Solche Indizienbeweise sprechen für die wörtliche Auslegung, da eine allegorische Auslegungsmethode die Bedeutung der von Gott an die Menschen überbrachten Botschaft verschleiern würde.[9]

Ein relevantes Beispiel sind die konkreten Verheissungen Gottes an Israel, inklusive der Verheissungen auf das Land im abrahamitischen Bund (1Mo 12,1-3; 15,18-21; 17,21; 35,10-12; s. auch Jes 60,18.21; Jer 23,6; 24,5-6; 30,18; 31,31-34; 32,37-40; 33,6-9; Hes 28,25-26; 34,11-12; 36,24-26; 37; 39,28; Hos 3,4-5; Joe 2,18–3,2; Am 9,14-15; Mi 2,12; 4,6-7; Zeph 3,19-20; Sach 8,7-8; 13,8-9).

---

[9] Pentecost, *Things to Come*.

Die offensichtliche Bedeutung dieser Verse ergibt absolut Sinn. Es besteht kein Grund zu sagen, dass derartige Verse nicht an Israel, sondern nur in der heutigen Gemeinde «geistlich erfüllt» werden – eine Position, die die Substitutionstheologie vertritt.

Die wörtliche Methode und Symbole

Ebenso müssen wir verstehen, dass die wörtliche Methode nicht den Gebrauch von Symbolen in der Schrift ignoriert. Die Bibel enthält symbolische Sprache – insbesondere in apokalyptischen Büchern wie Daniel und der Offenbarung. Aber jedes Symbol steht sinnbildlich für etwas Buchstäbliches.

So enthält das Buch der Offenbarung zum Beispiel viele Symbole, die tatsächliche Dinge repräsentieren. Johannes sagte, die «sieben Sterne» in der rechten Hand Christi sind die «Engel [Boten] der sieben Gemeinden», und die «sieben goldenen Leuchter» sind die «sieben Gemeinden» (Offb 1,20). Die «Gebete der Heiligen» sah er als eine «goldene Schale» (5,8) und die «Völker und Scharen und Nationen und Sprachen» repräsentieren «die Wasser» (17,15). Somit steht jedes Symbol für etwas Buchstäbliches. Hinweise im Text führen uns oftmals zu der wortwörtlichen Wahrheit hinter einem Symbol – entweder im direkten Kontext oder im weiteren Kontext der ganzen Schrift.

Die wörtliche Methode und Gleichnisse

Wie schon angedeutet, ignoriert die wörtliche Auslegungsmethode ebenso wenig den Einsatz von Gleichnissen. Jesus benutzte häufig Gleichnisse, die nicht wörtlich zu verstehen sind. Aber Gleichnisse enthalten stets eine wörtlich zu nehmende Aussage.

Jesus wollte, dass Seine Gleichnisse von Menschen, die offen dafür waren, klar verstanden wurden. Das wird daran deutlich, dass Er Seinen Jüngern zwei Gleichnisse sorgfältig auslegte – das vom Sämann (Mt 13,3-9) und das vom Unkraut (V. 13,24-30). Dies tat Er nicht nur, um keine Unklarheit über ihre richtige Bedeutung aufkommen zu lassen, sondern auch um den Gläubigen die richtige Auslegungsmethode für die anderen Gleichnisse zu zeigen. Seine nachfolgenden Gleichnisse legte Christus nicht aus, weil Er von den Gläubigen erwartete, dass sie die buchstäblichen Wahrheiten hinter den Gleichnissen verstanden, wenn sie sich an die von Ihm angewandte Methode hielten.

Israel in der biblischen Prophetie

In diesem Buch werde ich eine Vielzahl von Prophezeiungen untersuchen – *alle wörtlich ausgelegt* –, die sich direkt auf Israel und seine Umstände in der Endzeit beziehen. Dazu gehören:

- Israels Wiedergeburt als Nation
- der beständige Zustrom an Juden zurück in das Heilige Land aus allen Ländern der Welt nach der Wiedergeburt Israels
- die zunehmende Verfolgung der Juden
- die näher kommende Invasion Israels in Hesekiel
- der letztendliche Wiederaufbau des jüdischen Tempels
- Israel in der Drangsalszeit
- die Bekehrung des jüdischen Überrestes gegen Ende der Drangsalszeit
- Christus rettet den jüdischen Überrest vor den Streitkräften des Antichristen am Ende der Drangsalszeit
- die Erfüllung des abrahamitischen und davidischen Bundes im Tausendjährigen Reich Christi

Im nächsten Kapitel werden wir über eine der wichtigsten Endzeitprophezeiungen von allen nachdenken – die Wiedergeburt der Nation Israel. Dieses einzigartige prophetische Ereignis bereitet die Bühne für alles, was folgt.

2

Israels erstaunliche Wiedergeburt

Zu Recht wurde Jerusalem die Jahrtausende hindurch die Heilige Stadt genannt. Die Stadt ist weltweit berühmt für die Gefangennahme, den Prozess, die Kreuzigung und Auferstehung Jesu.

Jerusalem liegt im Bergland Judäas auf etwa 800 Metern über dem Meeresspiegel. Zur Zeit Jesu beherbergte die Stadt wahrscheinlich eine Viertelmillion Menschen.

Nach damaligem jüdischem Denken war keine Stadt vergleichbar mit Jerusalem. Aus den benachbarten Orten und Dörfern zogen die Menschen nach Jerusalem, um drei wichtige jüdische Feste zu feiern und um die jährliche Tempelsteuer zu entrichten. Jerusalem war das geografische Herz der jüdischen Religion. Jesus selbst war dort vielfach zu Besuch (z. B. Lk 2,22-51; 10,38-42; 13,34).

Historisch gesehen, eroberte König David die Stadt im 10. Jahrhundert v. Chr. Während der Herrschaft seines Sohnes Salomo wurde Jerusalem zum Mittelpunkt des jüdischen religiösen Lebens mit dem grossartigen Tempel, der dort gebaut wurde. Leider wurde Jerusalem 70 n. Chr. von Titus und seinen römischen Soldaten vollständig zerstört, wie es Jesus prophezeit hatte (Mt 24,2). Nachdem Jerusalem in Ruinen lag, wurde das jüdische Volk auf der ganzen Welt zerstreut.

Israels Wiedergeburt als Nation

Eine der bedeutendsten Endzeitprophezeiungen in der Bibel ist, dass Israel wieder zu einer Nation werden sollte nach einer langen und weltweiten Zerstreuung. Das schien unmöglich, aber so geschah es. In ihrem Buch *Angriffsziel Israel* schreiben Tim LaHaye und Ed Hindson: «Nie kam eine Nation oder eine Volksgruppe, die aus ihrem Land vertrieben wurde, nach fast 2000 Jahren zurück, wobei ihre Sprache und ihr Erbe im Grossen und Ganzen intakt geblieben waren. Allein die Tatsache, dass Israel heute existiert, beweist, dass die biblische Prophetie wahr ist und man ihr vertrauen kann.»[1]

Mit der Wiedergeburt Israels als souveräner Nation begann 1948 die Erfüllung konkreter biblischer Prophezeiungen über die Sammlung der Juden aus aller Welt, auch wenn sie noch nicht an Jesus als den Messias glaubten – und es bis heute nicht tun. Es ist eine Sammlung *im Unglauben,* und sie wurde für die Zeit vor den Gerichten prophezeit, die in der zukünftigen Drangsalszeit über die Welt kommen werden.

Vor etwa 2600 Jahren redete der Prophet Hesekiel über die Verheissung Gottes an die Juden: «Ich will viele Menschen auf euch wohnen lassen, das ganze Haus Israel, sie alle; die Städte sollen bewohnt und die Trümmer aufgebaut werden» (Hes 36,10). Zudem hatte Gott verheissen: «Denn ich will euch aus den Heidenvölkern herausholen und aus allen Ländern sammeln und euch wieder in euer Land bringen» (V. 24).

Das war in der Geschichte Israels noch nie zuvor passiert. Zur Zeit der Bibel war Israel unter der Knechtschaft vereinzelter Völker. Das babylonische Exil ist ein treffendes Beispiel. Nach 70 harten Jahren der Gefangenschaft in Babylon befreite Gott die

---

[1] Tim LaHaye, Ed Hindson und Nathanael Winkler, *Angriffsziel Israel* (CH-Dübendorf: Mitternachtsruf, 2018), S. 59.

Juden und sie kehrten *aus dieser einen Nation* zurück in ihr Heimatland. Doch nie in der ganzen biblischen Geschichte wurden die Israeliten «aus allen Ländern» befreit. Das erfüllte sich erst 1948, als Israel schliesslich wieder zu einer nationalen Einheit wurde, und seitdem strömen die Juden aus den verschiedensten Ländern der Welt zurück in ihre Heimat.

2006 schrieb der christliche Autor Joel Rosenberg ein Buch mit dem passenden Titel *Epicenter: Why the Current Rumblings in the Middle East Will Change Your Future* (Epizentrum: Warum die gegenwärtigen Tumulte im Nahen Osten Ihre Zukunft verändern werden). In diesem Buch macht Rosenberg deutlich, welche Bedeutung es hat, dass enorme Mengen an Juden heute aus allen Teilen der Welt nach Israel zurückkehren und dadurch die biblische Prophetie erfüllen:

> Schauen Sie sich die Zahlen an. Als Israel am 14. Mai 1948 seine Unabhängigkeit erklärte, lag die Bevölkerung des Landes bei nur 806 000 Einwohnern. Doch gegen Ende 2005 lebten schon fast 7 Millionen Menschen in Israel, unter ihnen 5,6 Millionen Juden. Jedes Jahr kommen Tausende mehr an. Allein 2005 immigrierten etwa 19 000 Juden nach Israel. Heute leben mehr Juden im Grossraum von Tel Aviv als in New York City, und in Israel gibt es so viele Juden wie in den Vereinigten Staaten. Es wird nicht mehr lange dauern, bis mehr Juden in Israel leben als in allen anderen Ländern.[2]

Je mehr ich mich mit Israels jüngerer Geschichte beschäftige, umso deutlicher wird mir, dass Gottes Plan zur Wiederherstellung Israels schon vor 1948 begann und die Bühne für die kom-

---

[2] Joel Rosenberg, *Epicenter: Why the Current Rumblings in the Middle East Will Change Your Future* (Carol Stream, IL: Tyndale House, 2006), S. 27.

mende Drangsalszeit bereitete. Schauen Sie sich folgende wichtige Daten an:

- *1881–1900:* Mehr als 30 000 Juden, die in Russland verfolgt wurden, zogen nach Palästina.
- *1897:* Das Ziel der Errichtung einer Heimstätte für das jüdische Volk in Palästina gewann an Schwung, als der erste Zionistische Weltkongress in Basel, Schweiz, zusammenkam und den Zionismus zu seinem Programm machte.*
- *1904–1914:* Weitere 32 000 in Russland verfolgte Juden siedelten nach Palästina um.
- *1924–1932:* Etwa 78 000 polnische Juden zogen nach Palästina.
- *1933–1939:* Etwa 230 000 Juden, die in Deutschland und Mitteleuropa verfolgt wurden, siedelten sich in Palästina an.
- *1940–1948:* Etwa 95 000 in Mitteleuropa verfolgte Juden zogen nach Palästina.
- *1948:* Wider alle Erwartungen wurde der neue Staat Israel geboren.
- *1967:* Ausgelöst durch eine arabische Invasion, nahm Israel im Sechstagekrieg Jerusalem und das Westjordanland ein.
- *1968 bis heute:* Aus den verschiedensten Ländern strömen Juden weiterhin aus aller Welt zurück ins Heilige Land.

Das alles hat der Prophet Hesekiel vorausgesehen. In der Vision von den Totengebeinen in Hesekiel 37 fügt der Herr auf wundersame Weise verstreute Knochen zusammen zu einem Ske-

* Der Zionismus ist eine Form des jüdischen Nationalismus, der die Wiederherstellung des angestammten jüdischen Heimatlandes zum Ziel hat. Er beinhaltet nicht nur die Vorstellung, dass die Juden ins Land zurückgekehrt sind, sondern auch die Rückkehr der jüdischen Souveränität in das alte Heimatland ihrer Väter.

lett, stattet es mit Muskeln, Sehnen und Fleisch aus und haucht dem toten Körper Leben ein. Dieses Kapitel spricht zweifellos von Israel, denn wir lesen dort: «Diese Gebeine sind das ganze Haus Israel» (V. 11). Das Kapitel stellt dar, wie Israel zu einer lebendigen, atmenden Nation wird, die scheinbar aus den Toten zurückkehrt.

Und beachten Sie, dass es als Prozess beschrieben wird: Verstreute Knochen bilden ein Skelett, das anschliessend mit Muskeln überzogen wird und letztlich Lebensatem bekommt. Dieser Prozess begann vor 1948, als Juden aus den unterschiedlichsten Teilen der Welt nach Palästina umsiedelten. Es nahm stark zu, als Israel 1948 wieder zu einer Nation wurde. Und seitdem ist es so weitergegangen, die Juden strömen aus der ganzen Welt zurück ins Heilige Land. Hesekiels Prophezeiung erfüllt sich vor unseren Augen.

Das wiederum bereitet die Bühne für andere wichtige biblische Prophezeiungen mit Bezug auf die Drangsalszeit. So ist die Rückkehr der Juden ins Heilige Land vor der Drangsalszeit eine klare Voraussetzung für den Friedensbund, der eines Tages zwischen dem Antichristen und den israelischen Führern zustande kommen wird (Dan 9,27). Die Unterzeichnung dieses Paktes markiert den Beginn der Drangsalszeit. Natürlich würde ein solcher Vertrag keinen Sinn machen, wären die Juden nicht zuvor in ihr Land zurückgekehrt und eine existenzfähige politische Einheit geworden. Israels Wiedergeburt als Nation ist eine *Vorbedingung* für die Unterzeichnung dieses Vertrages.

Dasselbe können wir hinsichtlich der prophezeiten «Invasion Hesekiels» sagen, bei der Russland und eine Gruppe muslimischer Nationen – Iran, Sudan, Türkei, Libyen, Kasachstan, Kirgisien, Usbekistan, Turkmenistan, Tadschikistan, Armenien und möglicherweise Nord-Afghanistan – einen gewaltigen Angriff auf Israel in der Endzeit starten werden (s. Hes 38–39).

Israels Wiedergeburt als Nation ist offensichtlich eine *Vorbedingung* für diese Invasion. Man kann nicht in Israel einmarschieren, solange Israel nicht als Nation existiert.

Das gilt auch für den Wiederaufbau des jüdischen Tempels, dessen Existenz in der Drangsalszeit vorausgesagt wurde (s. Mt 24,15-16; 2Thes 2,4). Israels Wiedergeburt als Nation ist eine *Vorbedingung* für diesen Wiederaufbau.

In dieselbe Kategorie fallen auch die Anweisungen Jesu an die Juden, Jerusalem zur Mitte der Drangsalszeit schnell zu verlassen, wenn der Antichrist dort sein Hauptquartier aufrichten wird. Israels Wiedergeburt als Nation ist eine *Vorbedingung* für die Flucht der Juden aus Jerusalem.

Das alles bedeutet, dass 1948 ein erinnerungswürdiges Jahr war!

Obwohl die Sammlung der Juden im Heiligen Land zurzeit *im Unglauben* geschieht, wird es laut Joel 3,1-2 eines Tages eine geistliche Erweckung in Israel geben. Harmageddon – die Reihe von Schlachten am Ende der Drangsalszeit – scheint der historische Kontext zu sein, aufgrund dessen sich Israel letzten Endes zu Christus bekehren wird (Sach 12,2–13,1). Am Ende der Drangsalszeit werden die Truppen des Antichristen entschieden gegen den jüdischen Überrest vorgehen, um ihn auszulöschen, und genau dann wird der Überrest letztlich erkennen, dass Jesus der Messias ist, und an Ihn glauben. Israels Wiedergeburt wird das Bekenntnis seiner nationalen Sünde einschliessen (3Mo 26,40-42; Jer 3,11-18; Hos 5,15), worauf Israels Errettung folgt und die Erfüllung von Paulus' Prophezeiung aus Römer 11,25-27. In der aussichtslosen Situation von Harmageddon wird Israel seinen neu gefundenen Messias bitten, zurückzukommen und sie zu retten. («Sie werden um ihn klagen, wie man klagt um den eingeborenen Sohn»; Sach 12,10; Mt 23,37-39; s. auch Jes 53,1-9). Und ihre Rettung wird mit Sicherheit kommen (s. Röm 10,13-14).

Israels Führer werden schliesslich den Grund erkennen, warum die Drangsalszeit über sie gekommen ist – vielleicht weil der Heilige Geist sie in die Schrift einweisen wird, oder aufgrund des Zeugnisses der 144 000 jüdischen Evangelisten (Offb 7; 14), oder aufgrund des Zeugnisses der beiden prophetischen Zeugen (Offb 11).

Im Tausendjährigen Reich, das sich an das zweite Kommen Christi anschliesst, wird Israel später das ihm verheissene Land vollständig in Besitz nehmen und die Wiedererrichtung des davidischen Thrones erleben. Das alles geschieht in Erfüllung der uralten bedingungslosen Bündnisse, die Gott vor langer Zeit mit Abraham und David eingegangen war. Es wird eine Zeit materieller und geistlicher Segnungen sein, die auf dem Neuen Bund basieren (Jer 31,31-34). *Das wird eine herrliche Zeit sein.*

Unterdessen eskaliert der Nahostkonflikt weiter

Es ist schon irgendwie ironisch, dass *Jerusalem* wörtlich «Stadt des Friedens» bedeutet. Heutzutage finden wir alles andere als Frieden in Jerusalem. Aufgrund der äusseren Bedrohungen gibt es in ganz Israel nur wenig Frieden. Die muslimischen Nachbarstaaten Israels sind stark motiviert, die Juden auszulöschen.

Ein Grossteil des heutigen Nahostkonflikts dreht sich um die Streitfrage, wem das Heilige Land wirklich gehört. Israel behauptet, der Gott der Bibel habe den Juden das Heilige Land verheissen. Muslime erwidern, dass Allah das Land den Arabern und Muslimen versprochen hat. Werfen wir einen kurzen Blick auf die Details.

Gottes Verheissungen an die jüdischen Patriarchen

Der Name *Abraham* bedeutet «Vater einer Menge». Abraham lebte um 2000 v. Chr. in der Stadt Ur in Mesopotamien am Euphrat. Er war offenbar ein wohlhabender und mächtiger Mann.

In 1. Mose 11 erfahren wir, dass Gott Abraham den Auftrag gab, Ur zu verlassen und in ein neues Land zu gehen – in das Land Kanaan, das Gott Abraham und seinen Nachfahren gab. Unverzüglich machte sich Abraham mit seiner Frau Sarah und seinem Neffen Lot auf den Weg. In Kanaan angekommen, errichtete er als Erstes einen Altar und betete Gott an. Das war typisch für Abraham: *Gott war seine oberste Priorität.*

Um 2100 v. Chr. schloss Gott einen grundlegenden Bund mit Abraham. In diesem Bund verhiess Gott Abraham einen Sohn und sagte, dass seine Nachkommen so zahlreich sein würden wie die Sterne am Himmel (1Mo 12,1-3; 13,14-17; 22,17). Die Verheissung mag Abraham unglaublich erschienen sein, da seine Frau kinderlos geblieben war (11,30). Doch Abraham zweifelte nicht an Gott; er wusste, der Herr würde treu zu dem stehen, was Er verheissen hatte.

In 1. Mose 15 bestätigte Gott den Bund, möglicherweise um Abraham deutlich zu machen, dass die Verheissung selbst in seinem fortgeschrittenen Alter noch eintreffen würde. Abraham wurde auch mitgeteilt, dass er persönlich gesegnet und sein Name grossgemacht würde, dass jene gesegnet werden, die ihn segnen, und jene verflucht, die ihn verfluchen, und dass alle Geschlechter der Erde durch seine Nachkommenschaft gesegnet würden.

Die Zeit verging und Abraham und Sarah blieben weiter kinderlos. Da schlug Sarah ungeduldig vor, durch die ägyptische Magd Hagar an ihren Erben zu kommen. Als Abraham 86 Jahre alt war, gebar ihm Hagar Ismael. Aber Ismael war nicht das Kind der Verheissung. Nach Gottes perfektem Zeitplan wurde Seine Verheissung eines Sohnes erfüllt, als Abraham 100 und Sarah 90 waren – weit über das normale Alter des Kinderkriegens hinaus (1Mo 17,17; 21,5). Ihr Sohn hiess Isaak. Wie es verheissen war, entwickelte sich das ganze jüdische Volk aus dieser Linie. *Isaak* bedeutet «Gelächter», eine passende Bedeutung, da sie auf die Freude hinweist, die dieses Kind der Verheissung brachte. Erinnern Sie sich: Abraham und Sarah lachten, als sie hörten, dass sie in ihrem hohen Alter einen Sohn haben sollten (s. 1Mo 17,17-19; 18,9-15). Isaaks Bedeutung wird durch die Tatsache deutlich, dass er den Bund weiterführen sollte, der anfangs mit seinem Vater Abraham geschlossen wurde. Das Neue Testament bezeichnet ihn als Kind der Verheissung (Gal 4,22-23), und er war ein Mann mit einem guten Charakter.

In einer berühmten biblischen Begebenheit wurde Abrahams Glaube besonders geprüft, als Gott ihm den Auftrag gab, seinen geliebten, verheissenen Sohn Isaak zu opfern – ein Befehl, dem Abraham ohne Zögern Folge leistete. In seinem Herzen glaubte Abraham, dass Gott ein stellvertretendes Lamm zum Brandopfer zur Verfügung stellen würde (1Mo 22,8). Natürlich griff Gott ein, bevor Isaak geopfert wurde, und die Begebenheit zeigt den enormen Glauben, den Abraham in Gott hatte. Nach Gottes Vorsehung war Isaak tatsächlich der Sohn der Verheissung.

Bei all dem ist von entscheidender Bedeutung, dass Gott Abraham konkrete Verheissungen auf das Land gab. In 1. Mose 15,18-21 lesen wir: «An jenem Tag machte der HERR einen Bund mit Abram und sprach: Deinem Samen habe ich dieses Land gegeben, vom Strom Ägyptens bis an den grossen Strom, den Euphrat: die Keniter, die Kenisiter, die Kadmoniter, die Hetiter, die Pheresiter, die Rephaiter, die Amoriter, die Kanaaniter, die Girgasiter und die Jebusiter.»

Die Abraham gegebenen Verheissungen auf das Land wurden dann durch Isaaks Linie weitergereicht. In 1. Mose 26,3-4 lesen wir die Worte des Herrn an Isaak:

> Sei ein Fremdling in diesem Land, und ich will mit dir sein und dich segnen; denn dir und deinem Samen will ich alle diese Länder geben und will den Eid bestätigen, den ich dei-

> nem Vater Abraham geschworen habe. Und ich will deinen Samen mehren wie die Sterne des Himmels, und ich will deinem Samen das ganze Land geben; und in deinem Samen sollen gesegnet werden alle Völker der Erde.

Anschliessend gingen die Verheissungen auf das Land von Isaak an Jakob über (nicht an Esau). Der Herr sagte zu Jakob:

> Ich bin der HERR, der Gott deines Vaters Abraham und der Gott Isaaks; das Land, auf dem du liegst, will ich dir und deinem Samen geben. Und dein Same soll werden wie der Staub der Erde, und nach Westen, Osten, Norden und Süden sollst du dich ausbreiten; und in dir und in deinem Samen sollen gesegnet werden alle Geschlechter der Erde! (1Mo 28,13-14).

Der Prophetiegelehrte Randall Price hat ein kurzes und hilfreiches Buch verfasst mit dem Titel *Fast Facts on the Middle East Conflict* (Kurzinformationen zum Nahostkonflikt). Darin fasst er die Bedeutung dieser Verheissungen auf das Land an die jüdischen Patriarchen zusammen:

> Die Bibel sagt, dass der Bund nicht mit Ismael, sondern nur mit Isaak und seinen Nachkommen geschlossen wurde (s. 1Mo 17,18-21). Das bedeutet, der abrahamitische Bund und die darin enthaltenen Verheissungen auf das Land (1Mo 15,18-21) gelten ausschliesslich dem jüdischen Volk als einzigen Nachfahren Isaaks. Diese Verheissung wiederum wurde gezielt an Isaaks Sohn Jakob weitergegeben (der in «Israel» umbenannt wurde), nicht an seinen Sohn Esau (1Mo 28,13-15; 35,12).[3]

---

3 Randall Price, *Fast Facts on the Middle East Conflict* (Eugene, OR: Harvest House, 2003), S. 45–46.

Diese klar erkennbare Familienlinie, durch die Gottes Bundesverheissungen erfüllt werden sollten, wird in der Bibel später bestätigt. So lesen wir in Psalm 105,8-11 beispielsweise: «Er gedenkt auf ewig an seinen Bund, an das Wort, das er ergehen liess auf tausend Geschlechter hin; an den Bund, den er mit Abraham geschlossen, an seinen Eid, den er Isaak geschworen hat. Er stellte ihn auf für Jakob als Satzung, für Israel als ewigen Bund, als er sprach: ‹Dir gebe ich das Land Kanaan als das Los eures Erbteils›.»

Danach kamen noch viele weitere Prophezeiungen, die davon sprechen, dass Israel das Land in der Zukunft besitzen wird (s. Jes 60,18.21; Jer 23,6; 24,5-6; 30,18; 31,31-34; 32,37-40; 33,6-9; Hes 28,25-26; 34,11-12; 36,24-26; 37; 39,28; Hos 3,4-5; Joe 2,18–3,2; Am 9,14-15; Mi 2,12; 4,6-7; Zeph 3,19-20; Sach 8,7-8; 13,8-9). Ausser Jona sprach jeder alttestamentliche Prophet von einer dauerhaften Rückkehr der Juden in das Land Israel.

Somit gelten die von Gott gegebenen und in der Bibel enthaltenen Verheissungen auf das Land den Nachkommen Abrahams, Isaaks und Jakobs – *dem jüdischen Volk.* Aus biblischer Sicht besteht im Grunde keine Frage, wem Gott das Land gegeben hat.

Die Reaktion der Muslime

Muslime erklären dies alles weg. Normalerweise wird behauptet, die ursprüngliche Bibel war zwar Gottes Wort – und befand sich im 7. Jahrhundert zur Zeit Mohammeds noch in einem guten Zustand[4] –, aber schon kurze Zeit später wurde sie von unaufrichtigen Juden und Christen verfälscht. Uns wird erzählt, dass die Bibel von heute mit vielen «Unwahrheiten» vermischt wurde.

---

[4] Siehe Gleason Archer, «Confronting the Challenge of Islam in the 21st Century», *Contend for the Faith* (Chicago: EMNR, 1992), S. 97.

Diese Unwahrheiten beziehen sich insbesondere auf Bereiche, in denen die Bibel im Widerspruch zum Koran steht. Der Gelehrte für Weltreligionen, Stephen Neill, hält fest: «Es ist bekannt, dass der Koran in vielen Punkten nicht mit den jüdischen und christlichen Schriften übereinstimmt. Aus muslimischer Sicht muss die Schrift daher zwangsläufig verfälscht worden sein.»[5]

Der muslimische Apologet Alhaj Ajijola drückt es so aus:

> Die ersten fünf Bücher des Alten Testaments stellen nicht die Original-Thora dar. Vielmehr wurden Teile der Thora mit anderen, von Menschen geschriebenen Erzählungen vermischt und die ursprüngliche Leitung des Herrn ging in dem Chaos verloren. Auch die vier Evangelien Christi sind nicht die Original-Evangelien, wie sie von dem Propheten Jesus kamen. ... Das Originale und das Erfundene, das Göttliche und das Menschliche haben sich so sehr miteinander vermischt, dass die Spreu nicht mehr vom Weizen getrennt werden kann. Fakt ist, dass das ursprüngliche Wort Gottes weder von den Juden noch von den Christen erhalten wurde.[6]

Deshalb sind Muslime der Auffassung, dass Menschen das Wort Gottes in der Bibel so stark verändert haben, dass es heute kaum noch zu unterscheiden ist vom Wort des Menschen. In manchen Versen mag ein Funken Wahrheit übrig geblieben sein, aber sie gehen verloren «im Gewirr der Einfügungen und Widersprüche, von denen es in der Bibel nur so wimmelt».[7]

---

[5] Stephen Neill, 64, zitiert in Josh McDowell und Don Stewart, *Handbook of Today's Religions* (San Bernardino, CA: Here's Life, 1989), S. 387.

[6] Alhaj Ajijola, *The Essence of Faith in Islam* (Lahore, Pakistan: Islamic Publications, 1978), S. 79.

[7] Gerhard Nehls, *Christians Answer Muslims, in The World of Islam* CD-ROM, © 2000 Global Mapping International, zusammengetragen von der Website Answering Islam auf http://answering-islam.org/

Normalerweise behaupten Muslime, nach dem Leben Mohammeds hätten die Juden dem Alten Testament viele Aussagen hinzugefügt, die ihnen persönlich nützten. Der muslimische Apologet Maurice Bucaille meint beispielsweise: «Unter all diese Schriften wurde eine Offenbarung gemischt, aber alles, was wir heute besitzen, ist, was Menschen uns zurückgelassen haben. Diese Menschen haben die Texte manipuliert, um sich selbst zu gefallen, entsprechend ihren Umständen und den gegebenen Notwendigkeiten.»[8]

Muslime sagen, durch Ismael, dem Ursprung der arabischen Nationen, wären sie die rechtmässigen Erben der Verheissungen, die Abraham empfangen hatte. Sie behaupten, die Juden hätten sich zu ihrem persönlichen Gewinn eine Geschichte ausgedacht – und sie in die Manuskriptkopien des Alten Testaments eingefügt –, wodurch Isaak Abrahams Erbe der Verheissungen auf das Land Palästina wurde. In dieser jüdischen Version wurden Ismael und seine Nachfahren zu Ausgestossenen und haben daher kein Recht auf das Land.[9] Das ursprüngliche Alte Testament, heisst es, würde dies nicht enthalten. Somit gehört Palästina nach göttlichem Recht den Muslimen, nicht den Juden.

Hinsichtlich des Neuen Testaments behaupten Muslime, Christen hätten es verändert, indem sie Aussagen über Jesus als den Sohn Gottes und die Lehre von der Dreieinheit Gottes hinzufügten. Das ursprüngliche Neue Testament habe solche Gedanken nicht enthalten, sagen sie. Der Original-Jesus stellte sich selbst nur als Prophet Allahs dar. Später meinten Christen, sie müssten diesen Propheten als Gott verehren. Das heutige

---

8 Maurice Bucaille, *The Bible, the Quran, and Science: The Holy Scriptures Examined in the Light of Modern Knowledge* (Pakistan: Darulfikr, 1977), S. 9.

9 Larry A. Poston zusammen mit Carl F. Ellis, Jr., *The Changing Face of Islam in America* (Camp Hill, PA: Horizon, 2000), S. 183.

Neue Testament enthalte somit nicht die Worte Jesu, sondern die Worte, die Christen «Ihm in den Mund gelegt haben». Wie das Alte wurde auch das Neue Testament verfälscht, heisst es.

Der Irrtum der muslimischen Argumentation

Muslime haben die Geschichte praktisch neu geschrieben, um sie ihren eigenen theologischen und politischen Plänen anzupassen. Aber ihre Erklärung ist absolut unhaltbar. Zur Zeit Mohammeds waren schliesslich Abertausende von Abschriften der biblischen Manuskripte über einen grossen Teil der Welt verstreut. Hätten Christen diese biblischen Manuskripte erfolgreich verfälschen wollen, hätten sie alle mühsam einsammeln müssen – angenommen, die Menschen wären gewillt gewesen, sie ihnen zu überlassen, wäre das noch immer ein unglaubliches Unterfangen gewesen –, um in allen dieselben Änderungen vorzunehmen.

Ein anderes Szenario: Abertausende von Menschen aus der ganzen Welt, die im Besitz von biblischen Manuskripten waren, kamen zusammen und verschworen sich zu diesen Änderungen. Doch wenn die meisten von ihnen Gläubige waren, wie wahrscheinlich ist es dann, dass sie sich an den Schriften zu schaffen machten, auf denen ihre ewige Errettung beruhte? Ausserdem, wäre eine geheime Absprache in einem solchen Umfang überhaupt physisch machbar gewesen?

Wir dürfen nicht vergessen, bereits Hunderte von Jahren vor der Geburt Mohammeds wurden biblische Manuskripte in eine Reihe von unterschiedlichen Sprachen übersetzt. Die syrischen, koptischen, altnubischen, äthiopischen und georgischen Übersetzungen entstanden, bevor Mohammed die Bühne betrat. Wollen uns Muslime glauben machen, dass diese und andere Übersetzungen auf der ganzen Welt identisch verändert wurden, sodass sie ausnahmslos gefälschte Botschaften enthielten? Das wäre unmöglich gewesen.

Wenn die Juden schon ihre Schriften verfälscht haben, hätten sie dann nicht wenigstens all die schrecklichen Dinge entfernt, die wir in der Thora über sie lesen? Warum hätten sie beispielsweise die Schilderung ihrer völligen Untreue gegenüber Gott während der Wüstenwanderung und ihre Beteiligung an ungezügeltem Götzendienst unverändert stehen lassen sollen?

Wenn Christen das Neue Testament abgeändert haben, warum haben sie dann nicht die unvorteilhaften Abschnitte herausgenommen? Warum haben sie nicht die Tatsachen verschleiert, dass Petrus Christus drei Mal verleugnete und die Jünger sich wie ein Haufen treuloser Feiglinge aus dem Staub machten, als Christus gefangen genommen wurde? Das ergibt keinen Sinn.

Christen haben klare Beweise, die ihre Behauptung stützen, dass die Bibel glaubwürdig ist. Die Genauigkeit und Vertrauenswürdigkeit der Bibel wurde beispielsweise immer wieder von archäologischen Funden sowohl christlicher als auch nicht christlicher Gelehrter und Wissenschaftler bestätigt. Das schliesst die Bestätigung von zahlreichen Gebräuchen, Orten, Namen und Ereignissen ein, die in der Bibel erwähnt werden.

Bis heute wurden in biblischen Ländern mehr als 25 000 Fundstätten entdeckt. Diese haben die Genauigkeit der biblischen Berichte nachgewiesen. Nelson Glueck, Spezialist für antike Literatur, hat eine detaillierte Studie durchgeführt und ist zu dem Schluss gekommen: «Es kann definitiv behauptet werden, dass keine archäologische Entdeckung je eine biblische Aussage widerlegt hat.»[10] Nach umfassendem Studium schrieb der bekannte Gelehrte William F. Albright: «Entdeckung um Entdeckung hat die Genauigkeit von zahllosen Details bestä-

---

[10] Nelson Glueck, *Rivers in the Desert* (Philadelphia: Jewish Publications Society of America, 1969), S. 31. 1964), S. 19.

tigt und dem Wert der Bibel als historische Quelle zunehmende Anerkennung gebracht.»[11]

Die Schriftrollen vom Toten Meer liefern weitere klare Beweise für die Vertrauenswürdigkeit der biblischen Manuskripte. In diesen 1947 in Qumran entdeckten Schriftrollen haben wir alttestamentliche Manuskripte, die etwa 1000 Jahre älter sind (150 v. Chr.) als alle alttestamentlichen Manuskripte, die bisher in unserem Besitz waren (die auf 980 n. Chr. datieren). Wir halten fest: Ein Vergleich dieser beiden Manuskriptsätze ergab, dass nur sehr wenige Unterschiede zwischen ihnen bestehen. Die Tatsache, dass Manuskripte, die 1000 Jahre auseinanderliegen, praktisch identisch sind, lässt darauf schliessen, dass die ursprüngliche Botschaft des Alten Testaments im Laufe wiederholter Übertragungen gut erhalten blieb.

Die Abschrift des in Qumran gefundenen Buches Jesaja veranschaulicht diese Genauigkeit. Dr. Gleason Archer, der sowohl die Abschrift von 980 n. Chr. als auch die Jesaja-Kopien von 150 v. Chr. persönlich untersuchte, sagt:

> Obwohl die beiden Kopien von Jesaja, die 1947 in Qumranhöhle 1 nahe dem Toten Meer entdeckt wurden, tausend Jahre älter waren als das älteste datierte Manuskript, das bisher bekannt war (980 n. Chr.), haben sich mehr als 95 Prozent des Textes als Wort für Wort identisch mit unserer hebräischen Standardbibel herausgestellt. Die 5 Prozent Abweichung bestanden hauptsächlich in offensichtlichen Ausrutschern des Stifts und einer unterschiedlichen Rechtschreibung.[12]

---

[11] William F. Albright, zitiert in Josh McDowell, *Evidence that Demands a Verdict* (San Bernardino, CA: Campus Crusade for Christ, 1972), S. 68.

[12] Gleason Archer, *A Survey of Old Testament Introduction* (Chicago, IL: Moody, 1964), S. 19.

Zu ähnlichen Aussagen kommt der christliche Apologet Paul Little:

> Vergleicht man das Qumran-Manuskript von Jesaja 38–66 mit dem, das wir bisher besassen, stellen Gelehrte fest, dass der Text unserem masoretischen Text extrem nahe ist. Ein Vergleich von Jesaja 53 zeigt, dass nur 17 Buchstaben vom masoretischen Text abweichen. Zehn von ihnen gehen lediglich auf eine andere Rechtschreibung zurück und verändern keineswegs die Bedeutung. Vier weitere sind geringfügige Unterschiede wie die Verwendung einer Konjunktion, was oft eine Frage des Stils ist. Die anderen drei Buchstaben sind das hebräische Wort für «Licht», das in Vers 11 in Verbindung mit dem Wort «sehen» gebraucht wird. Von den 166 Worten in diesem Kapitel steht nur dieses eine Wort zur Debatte, und es verändert nicht im Geringsten den Sinn der Stelle. Das ist typisch für das gesamte Manuskript.[13]

Die Schriftrollen vom Toten Meer beweisen, dass die Kopisten der biblischen Manuskripte bei ihrer Arbeit grosse Sorgfalt an den Tag legten. Sie wussten, dass sie das Wort Gottes vervielfältigten. Deshalb gaben sie sich alle Mühe und sorgten dafür, dass sich kein Fehler in ihre Arbeit einschlich. Sie zählten gewissenhaft jede Zeile, jedes Wort, jede Silbe und jeden Buchstaben, um eine genaue Wiedergabe zu garantieren.[14]

Damit Sie die Bedeutung all dessen nicht übersehen: Die frühen Manuskripte von Jesaja datieren auf 150 v. Chr. Das sind mehr als 700 Jahre *vor* Mohammeds Geburt. Die auf 980 n. Chr. datierten Manuskripte liegen Jahrhunderte *nach* Mohammeds

---

[13] Paul Little, *Know Why You Believe* (Downers Grove, IL: InterVarsity, 1975), S. 41.
[14] Dan Story, *Defending Your Faith: How to Answer the Tough Questions* (Nashville, TN: Thomas Nelson, 1992), S. 35.

Zeit. Vergleicht man die beiden Manuskriptsätze, *findet man kaum Unterschiede.* Allein diese Tatsache macht die Behauptung der Muslime zunichte, dass die alttestamentlichen Manuskripte in grossem Umfang verfälscht wurden. Und eine der im Buch Jesaja enthaltenen Wahrheiten ist, dass die Juden «das Land auf ewig besitzen» werden (Jes 60,21).

Berücksichtigt man alle Fakten, wird dem unvoreingenommenen Betrachter deutlich, dass nicht nur die alt- und neutestamentlichen Manuskripte glaubwürdig sind, sondern Gott das Land auch dem jüdischen Volk verheissen hat.

Ein wichtiger Unterschied

Ich möchte nicht wie eine Schallplatte mit Sprung klingen, aber es ist wichtig – *ja, von entscheidender Bedeutung* –, dass wir nicht den Unterschied vergessen zwischen Bibelversen, die von Israels Sammlung im Land *vor* der Drangsalszeit sprechen, und denen, die deutlich machen, dass Israel das Land *nach* der Drangsalszeit vollständig in Besitz nehmen wird, nachdem sich das jüdische Volk zum Herrn bekehrt hat. Wenn dieser Unterschied nicht erkannt und aufrechterhalten wird, kommt der Prophetiestudent völlig durcheinander. Der Prophetiegelehrte Thomas Ice rät:

> Um die endzeitliche Heimkehr oder Sammlung der Juden in ihr verheissenes Land richtig zu verstehen, dürfen wir nicht vergessen, dass die Bibel zwei weltweite, endzeitliche Sammlungen Israels im verheissenen Land prophezeit. Die erste Sammlung wird teilweise, allmählich und im Unglauben vonstatten gehen, während die zweite Sammlung vollständig und unmittelbar sein wird, wenn Israel zum Glauben an Jesus als seinen persönlichen und nationalen Messias kommt. Dutzende von Bibelstellen sagen dieses globale Ereignis vor-

> aus. Es ist jedoch ein weit verbreiteter Fehler, alle diese Stellen in einem einzigen Zeitraum erfüllt zu sehen, insbesondere in Verbindung mit dem gegenwärtigen Staat Israel. Das heutige Israel ist prophetisch von Bedeutung und erfüllt biblische Prophezeiungen. Wenn wir Gottes Wort lesen, müssen wir sorgfältig unterscheiden, welche Verse in unserer Zeit erfüllt werden und welche zukünftig noch erfüllt werden müssen.
>
> Kurz gesagt, es wird zwei endzeitliche Sammlungen geben: eine vor der Drangsalszeit und eine danach. Die erste weltweite Sammlung wird eine Rückkehr im Unglauben sein zur Vorbereitung des Gerichts der Drangsalszeit. Die zweite weltweite Sammlung wird eine Rückkehr im Glauben sein am Ende der Drangsalszeit zur Vorbereitung des Segens des Tausendjährigen Reiches oder der tausendjährigen Herrschaft Christi.[15]

Auch Tim LaHaye spricht davon:

> Wir können zwei Sammlungen erwarten. Die eine sehen wir heutzutage unter der Führung des Weltzionismus – diese geschieht im Unglauben. Es ist eine teilweise Sammlung, die, wie wir noch sehen werden, den Juden die Möglichkeit gibt, ihren Tempel wiederaufzubauen. Aber es wird keine dauerhafte Sammlung sein, da der kommende Weltdiktator [der Antichrist] ihren Tempel entweihen und sie aus dem Heiligen Land vertreiben wird. Die zweite und endgültige Sammlung, vorgenommen von Christus selbst, wird alle gläubigen Israeliten einschliessen. Und sie werden das Land der Verheissung nie wieder verlassen (Hes 36,24-38; 11,17-20).[16]

---

[15] Thomas Ice, «Modern Israel's Right to the Land», Pre-Trib Research Center, http://www.pre.trib.org/articles/view/modern-israels-right-to-land.
[16] Tim LaHaye, *The Beginning of the End* (Wheaton, IL: Tyndale, 1991), S. 44–45.

Am Ende der Drangsalszeit, wenn Israel Jesus schliesslich als seinen Messias anerkennen wird, werden die Bedingungen des Bundes hinsichtlich des vollständigen Besitzes des verheissenen Landes endlich erfüllt sein. Und im Tausendjährigen Reich Christi werden die Juden das Land vollständig in Besitz nehmen. Der Prophetiegelehrte Randall Price erklärt es so:

> Israel wird die Bedingungen des Bundes erfüllen, denn in den letzten Tagen wird jeder Israelit den Herrn kennen (Jer 31,34), da Gott ihnen ein neues Herz und einen neuen Geist geben und Seinen Geist in sie legen und sie Seine Wege gehen lassen wird (s. Hes 36,25-28). Laut den Propheten wird es zu dieser Zeit sein, ... dass die territorialen Aspekte des abrahamitischen Bundes (wie der vollumfängliche Besitz der verheissenen Grenzen und die universelle Segnung der ganzen Menschheit) erfüllt werden (Jes 2,2-4; Hos 3,4-5; vgl. Hes 37,24-28; Sach 8,7-8.11-13).[17]

Unterdessen wollen die Muslime das Land zurück

Es ist wunderbar, über das nachzudenken, was im Tausendjährigen Reich noch vor dem jüdischen Volk liegt. Aber die aktuelle Weltlage ruft uns zurück in die Gegenwart. Walid Phares, Autor von *Future Jihad* (Der zukünftige Dschihad), hat Recht mit seiner Einschätzung: «Als der jüdische Staat [1948] Realität wurde und aufblühte, sahen Islamisten die ganze Existenz Israels als Aggression an. Die Besiedlung war von Anfang an unrechtmässig; die Juden hatten kein Recht, in ein islamisches Land ‹zurückzukehren›.» Der Groll der Muslime auf die Juden beruht auf einem seit Langem bestehenden islamischen Grundsatz: «Der Logik der Fatah und des Dschihads folgend, kann

[17] Price, S. 47.

kein Gebiet, das irgendwann einmal von einer legitimen islamischen Autorität ‹erschlossen› wurde, an eine nicht islamische Autorität zurückfallen.»[18] Mit anderen Worten, ist ein Land erst einmal unter muslimischer Kontrolle, darf diese nie wieder aus der Hand gegeben werden.

Während Muslime das Land zurückwollen, hat Israel jüdische Immigranten willkommen geheissen und allen zurückkehrenden Juden Einbürgerung angeboten. Dies basiert auf einem wichtigen, vom Staat Israel übernommenen Gesetzentwurf, der sich «Gesetz zur Rückkehr» nennt – ein Gesetz, das allen Juden das Recht gibt, nach Israel zu immigrieren und sofort Bürger des Landes zu werden, wenn sie es wünschen. Die Araber hingegen sagen, dass die jüdische Immigration nach Palästina aufhören muss.

Als Folge des anhaltenden Konflikts zwischen Israelis und Arabern wurden viele Palästinenser vertrieben und leben nun in Flüchtlingslagern in Jordanien, der West-Bank und dem Gazastreifen. Heute gibt es Millionen von palästinensischen Flüchtlingen. Während die Juden aus allen Teilen der Welt als israelische Bürger in Israel willkommen sind, werden palästinensische Flüchtlinge daran gehindert, sich in benachbarten arabischen Ländern einbürgern zu lassen – mit Ausnahme Jordaniens.

Während sich alle arabischen Nationen ausser Jordanien weigern, an der Lösung des Flüchtlingsproblems mitzuwirken, ist Israel in begrenztem Masse dazu bereit. Die Herausforderung für Israel liegt in der Gefahr, grosse Scharen an Palästinensern in den jüdischen Staat zu lassen, die sich später möglicherweise mit den arabischen Nationen verbünden, um Israel anzugreifen. Deshalb hat Israel nur einer begrenzten Zahl von Palästinensern ein Leben ausserhalb Israels erlaubt – unter der Bedin-

[18] Walid Phares, *Future Jihad* (New York: Palgrave MacMillan, 2005), S. 93–94.

gung, dass Juden und Palästinenser durch eine Grenzmauer getrennt und die Palästinensergebiete entmilitarisiert sind.

Die Palästinenser hingegen wollen zurück in ihre ehemaligen Häuser oder aber eine Entschädigung, wenn sie sich entschliessen, nicht zurückzukehren. Sie sagen, Israel würde gegen die Resolutionen 194 und 242 des UN-Sicherheitsrates verstossen, die vertriebenen Palästinensern Rückführung und Kriegsentschädigungen garantieren.

Unter Arabern und Muslimen ist die Verbitterung heute sehr gross. Radikale Muslime wollen «Israel von der Landkarte ausradieren». Sie wollen den «kleinen Satan» vernichten, zusammen mit dem «grossen Satan», der Israel unterstützt – den Vereinigten Staaten. Der Nahostkonflikt wird auch weiterhin eskalieren, ohne dass eine endgültige Lösung in Sicht wäre.

In den nächsten Kapiteln werde ich mich weiter mit den muslimischen Feindseligkeiten gegenüber dem jüdischen Volk befassen.

3

Muslimische Feindseligkeiten gegenüber Israel: Der aktuelle Nahostkonflikt

Seit den Terroranschlägen vom 11. September 2001 sagen 35 Prozent der Amerikaner, dass sie jetzt stärker die Nachrichten verfolgen und darauf achten, in welcher Beziehung konkrete Ereignisse zum zukünftigen Ende der Welt stehen könnten. Eine Umfrage ergab, 42 Prozent der Amerikaner sind der Ansicht, dass Israels Wiedergeburt als Nation, die Instabilität im Nahen Osten und andere ähnliche Umstände darauf hinweisen, dass wir, wie die Bibel es nennt, in den letzten Tagen leben. Etwa 52 Prozent der Amerikaner meinen, Israels Wiedergeburt als Nation im Jahr 1948 und die Rückkehr von Millionen von Juden ins Heilige Land sind eine direkte Erfüllung biblischer Prophezeiungen.

Im vorangegangenen Kapitel habe ich festgehalten, dass Muslime allein schon Israels Existenz als Aggression betrachten. Sie sagen, die Besiedlung sei von Anfang an unrechtmässig gewesen und die Juden hätten kein Recht gehabt, in ein Land «zurückzukehren», das sich nun unter islamischer Autorität befand. Deshalb haben die Juden ein schweres Vergehen gegen Allah begangen, und Muslime wollen das Land zurück.

Als Israel nach langer weltweiter Zerstreuung im Jahr 1948 wieder eine Nation wurde, geriet der Rest des Nahen Ostens ausser sich. In seinem Buch *The Late Great State of Israel* sagt

Aaron Klein, dass «Israels Staatserklärung eine Kette von Ereignissen in Gang setzte, die zum modernen Terrorismus führten, den wir heute sehen».[1] Ausserdem ...

> ... explodierte die islamisch/arabische Welt wie ein Vulkan. Durch die ganze islamisch-arabische Welt hallte der Ruf nach einem Heiligen Krieg. Der erste Aufruf zum Dschihad kam vom Gründer der Muslimbruderschaft in Ägypten (dem Vorläufer heutiger Terrororganisationen). Al-Azhar verurteilte Israel auch öffentlich. Alle Menschen in den arabischen Ländern drängten ihre Regierungen, ihr Militär in den Kampf gegen Israel zu schicken.[2]

Als das jüdische Volk die Geburt der Nation Israel erklärte, wurde das als Affront gegen jedes islamische Land angesehen und als Landraub gewertet.[3] Da wurde zum Dschihad aufgerufen.

Dschihad stammt von dem arabischen Wort *jahada*, das in erster Linie «kämpfen» oder «im Weg Allahs bestrebt sein» bedeutet. Heute benutzen Muslime den Begriff oft für bewaffnete Kämpfe und Kriegsführung, um den Islam zu verteidigen und sich dem aus ihrer Sicht Bösen entgegenzustellen. Mit Dschihad bezeichnen heute die meisten Muslime jeden Krieg, der als Verteidigung des eigenen Landes, Hauses oder der Gemeinschaft betrachtet wird.

Radikale islamische Fundamentalisten sind bekannt für ihren Einsatz von Waffen und Sprengstoffen – sowie Messern bei Enthauptungen –, um ihre Version des Islams zu verteidigen. Laut ihrer Denkweise hat der Dschihad das Ziel, die offensichtlichen Feinde des Islams so zu terrorisieren, dass sie sich unterwerfen

---

[1] Aaron Klein, *The Late Great State of Israel* (New York: WND, 2009), S. 139.
[2] Klein, S. 141.
[3] Klein, S. 150.

oder zurückziehen. Viele Muslime glauben, Mohammeds Auftrag war es, die Welt für Allah zu erobern. Das Ziel des Islams ist ihrer Ansicht nach, die Herrschaft des Islams auf die ganze Welt auszudehnen. Sie meinen, der Islam lehre, dass Allah die einzige Autorität ist und alle politischen Systeme auf seiner Lehre basieren müssen.

Die religiöse Motivation für viele Muslime, sich am Dschihad zu beteiligen, ist natürlich, dass jedem Muslim, der sein Leben im Dienst für Allah verliert, der Eingang ins Paradies garantiert wird (Hadith 9:459). Laut muslimischer Überlieferung sagte Mohammed: «Die Person, die für Allahs Sache an (heiligen Kämpfen) teilnimmt und von nichts anderem angetrieben wird als dem Glauben an Allah und seine Apostel, wird von Allah entweder mit einer Belohnung oder einer Beute (falls er überlebt) oder mit dem Eingang ins Paradies entschädigt (sollte er im Kampf als Märtyrer getötet werden)» (Hadith 1:35).

Trotz der muslimischen Bedrohung denken die Juden in Israel nicht daran, sich von der Stelle zu bewegen. Sie glauben, dass es *ihr* Land ist. *Ihr* Besitz, *ihr* Erbe, das sie von Gott erhalten haben. Es ist nicht schwer zu erkennen, warum die Spannungen zwischen Juden und Muslimen nie grösser waren.

Widerstrebende Ideologien

Im Nahen Osten sind drei bedeutende Ideologien aufgetaucht, die mit dem aktuellen Konflikt um das Land direkt verbunden sind: Zionismus, arabischer Nationalismus und islamischer Fundamentalismus. Wir wollen uns alle drei kurz anschauen.

Zionismus. Der Zionismus hat seinen Namen vom Berg Zion, dem Hügel im alten Jerusalem, wo einst der Palast von König David stand. Unter Davids Herrschaft wurde Zion zu einem Symbol für Jerusalem (2Sam 5,7). Zionismus ist ein anderer Begriff für eine Art jüdischen Nationalismus, der das Ziel verfolgt, das

Heimatland der jüdischen Vorfahren wiederherzustellen. Er beinhaltet nicht nur die Vorstellung, dass die Juden ins Heilige Land zurückgekehrt sind, sondern auch die Rückkehr jüdischer Souveränität in ihre Heimat. Somit ist der Zionismus im Kern eine nationale Befreiungsbewegung des jüdischen Volkes. Christen, die das Recht des jüdischen Volkes auf eine Rückkehr in sein Land und den Aufbau eines unabhängigen Staates unterstützen, werden oft christliche Zionisten genannt.

Arabischer Nationalismus. Der arabische Nationalismus ist eine Bewegung, die versucht, die Araber zu einem Volk zu vereinen, indem sie an ihre gemeinsame Geschichte, Kultur und Sprache appelliert. Es ist eine säkulare Bewegung, die in den arabischen Ländern des Nahen Ostens eine arabische Macht etablieren und aufrechterhalten will. In den letzten Jahrzehnten haben arabische Nationalisten versucht, den direkten Einfluss des Westens in der arabischen Welt zu beenden oder zumindest zu verringern. Ausserdem wird Israel als Krebsgeschwür angesehen, das entfernt werden muss. Arabische Nationalisten durchdringen den ganzen Nahen Osten.

Islamischer Fundamentalismus. Der islamische Fundamentalismus ist eine radikale religiöse Ideologie, die versucht, die islamische Herrschaft im Nahen Osten und schliesslich in der ganzen Welt zu gewinnen – so auch in den Vereinigten Staaten. Israel, ein Symbol der jüdischen Macht, wird als schwere Beleidigung Allahs angesehen und darf in der islamischen Welt nicht geduldet werden. Daher muss Israel «ins Meer gedrängt» werden.

Damit will ich sagen: Die Koexistenz von jüdischem Zionismus, arabischem Nationalismus und islamischem Fundamentalismus ist mit einem Pulverfass mit brennender Zündschnur zu vergleichen. Die Katastrophe ist vorprogrammiert. *Alles wartet nur darauf, dass die Mischung in die Luft geht*. Und die explosive Natur dieses Konflikts scheint sich nicht abzuschwächen.

Die vielen Facetten des Nahostkonflikts

Der Nahostkonflikt ist wirklich vielschichtig. Es gibt so viele unterschiedliche arabische und muslimische Gruppen, die dieser Konflikt hervorgebracht hat, dass es schwer ist, mit allen Schritt zu halten. Im Anschluss folgt ein kurzer Überblick, der Ihnen die wichtigsten dieser Gruppen vorstellt. Ich glaube, er wird Ihnen die intensiven Gefühle von Arabern und Muslimen gegenüber Israel und seinen langjährigen Verbündeten, den Vereinigten Staaten, deutlich machen.

Die Palästinensische Befreiungsorganisation. Die Palästinensische Befreiungsorganisation (PLO) wurde 1963 von der Arabischen Liga geschaffen.* Sie war anfangs dazu bestimmt, das arabische Hauptwerkzeug zur Auslöschung Israels zu sein. Um dieses Ziel zu erreichen, griff sie auf terroristische Taktiken zurück. Die PLO verübte militärische Akte gegen die israelische Zivilbevölkerung und militärische Ziele. Entführungen von Flugzeugen und Menschen sowie Attentate waren an der Tagesordnung. Die ganze Zeit über trat die PLO für eine Einstaatenlösung ein: das arabische Palästina. Die PLO propagierte, die Israelis ins Meer treiben zu wollen.

In den 1980ern wechselte die PLO ihre Strategie, um weltweit grösseren politischen Einfluss zu gewinnen. Die neuen Ziele waren: 1) die Ausrufung eines unabhängigen palästinensischen Staates, 2) das Abschwören des Terrorismus, und 3) die Aner-

* Der Begriff palästinensisch hat sich nicht immer auf die arabische Bevölkerung westlich des Jordans bezogen. Vor 1948, als Israel als Staat wiedergeboren wurde, wurden sowohl Araber als auch Juden als palästinensisch angesehen. Es gab palästinensische Juden und palästinensische Araber. Nach Israels Wiedergeburt als Nation im Jahr 1948 wurden die Juden Israelis genannt, während nicht israelische Araber zunehmend als Palästinenser bezeichnet wurden. Als die Palästinensische Befreiungsorganisation 1963 entstand, wurde der Begriff palästinensisch für arabische Nationalisten verwendet, die das Land von den Israelis zurückwollten.

kennung des Existenzrechts Israels. Dieser Wechsel markierte den Beginn einer Zweistaatenlösung: Palästina und Israel. In den folgenden Jahren fanden Gespräche zwischen Israel und der PLO statt, aber sie scheiterten und der Konflikt ging weiter.

Al-Qaida. Im Arabischen bedeutet der Begriff «die Basis» (oder Militärbasis). Al-Qaida hat versucht, den Einfluss Amerikas im Nahen Osten zu verringern, vor allem in Israel und im Irak, und die amerikanischen Truppen von saudi-arabischem Boden zu vertreiben. Das Al-Qaida-Netzwerk will islamische Kämpfer und radikale Organisationen auf der ganzen Welt anwerben, ausbilden, finanziell unterstützen und koordinieren. Viele Al-Qaida-Mitglieder denken an die Gründung eines Kalifats – eines islamischen Staates, über den ein Kalif herrscht, ein Nachfolger Mohammeds – über alle muslimischen Länder hinweg. Obwohl Al-Qaida in den letzten Jahren vom US-Militär stark zurückgedrängt wurde, ist die Organisation noch immer existent.

Al-Qaida wurde 1982 in Afghanistan gegründet von dem palästinensischen Scheich Abdallah Yusuf Azzam und Osama bin Laden, dem siebzehnten von 52 Kindern eines reichen saudiarabischen Baumagnats. Der Reichtum der Familie bin Laden wird auf ca. 5 Milliarden Dollar geschätzt. Osama bin Ladens Anteil lag bei etwa 300 Millionen Dollar.

Bis heute hat Al-Qaida in 94 Ländern Terrorzellen, und die Zahl ist steigend. In den Trainingscamps von Al-Qaida in Afghanistan und Pakistan wurden etwa 70 000 islamische Kämpfer aus ca. 55 Ländern ausgebildet. Sie haben sich wie ein versteckter Virus ausgebreitet und Allianzen mit muslimischen und nicht muslimischen Terroristen sowie dem organisierten Verbrechen geschmiedet. Ein Beamter des US-Verteidigungsministeriums sagte vor dem Senat: «Al-Qaida ist keine Schlange, die man töten kann, indem man ihr den Kopf abschlägt. ... Es entspricht mehr einer Krankheit, die viele Teile eines gesunden Körpers infiziert hat.»[4]

Was Al-Qaidas Finanzierung betrifft, weist alles in Richtung Saudis. Rachel Ehrenfeld, Autorin eines wegweisenden Buches mit dem Titel *Funding Evil: How Terrorism Is Funded – and How to Stop It* (Die Finanzierung des Bösen: Wie der Terrorismus finanziert wird und wie dies zu unterbinden ist), sagt: Al-Qaida empfängt finanzielle Mittel von der ölreichen saudischen Königsfamilie, saudischen Wohltätigkeitsorganisationen, saudischen Banken und finanziellen Netzwerken, saudischen Firmen (inklusive Immobilien-, Verlags-, Software- und Bauunternehmen) und kriminellen saudischen Aktivitäten (z. B. aus dem Kreditkartenbetrug, dem Raubkopieren von CDs, Prostitutionsringen und dem Verkauf von illegalen Drogen). Obwohl es viele Finanzierungsquellen gibt, kommt der Löwenanteil des Geldes aus dem saudischen Ölreichtum.[5]

Es mag überraschen, dass saudische Wohltätigkeitsorganisationen zur Finanzierung von Al-Qaida beitragen. In Wirklichkeit operieren sie nicht so, wie man annehmen könnte. Von Muslimen wird erwartet, dass sie der muslimischen Gemeinschaft Almosen (*zakat*) in Höhe des 40. Teils des Einkommens geben (oder 2 ½ Prozent). Das Wort *zakat* bedeutet «rein sein» und meint die Reinigung der Seele.[6] Die Opfergabe soll Witwen, Waisen und den Kranken helfen oder kann zur Förderung des Islam benutzt werden (z. B. durch den Bau von Moscheen und Religionsschulen). Das Geben von Almosen wird im Islam als ein

[4] Paul Wolfowitz, zitiert in Linda D. Kozaryn, «Wolfowitz: Al Qaeda Is an Infection Disease with No One-Shot Cure», *American Forces Press Service*, 26. Juni 2002, http://www.navy.mil/submit/display.asp?story_id=2265.

[5] Rachel Ehrenfeld, *Funding Evil: How Terrorism Is Financed–and How to Stop It* (Chicago: Bonus, 2005), S. 35.

[6] George Braswell, *What You Need to Know About Islam and Muslims* (Nashville: Broadman & Holman, 2000), S. 34.

äusserst verdienstvoller Akt angesehen (s. Suren 24:56; 57:18). Die Gabe soll in dem Bewusstsein gegeben werden, dass alle Dinge letzten Endes Allah gehören und jeder Mensch lediglich ein Sachverwalter für eine begrenzte Zeit auf Erden ist.[7]

Die muslimische Überlieferung bestätigt, dass Allah denen seinen Segen vorenthält, die keine Almosen geben (Hadith 2:515). Die Überlieferung macht auch deutlich, dass man das Heil verlieren kann, wenn man Almosen zurückhält (Hadith 2:486). «Rette dich vor dem Höllenfeuer, indem du schon eine halbe Dattelfrucht als Almosen gibst» (Hadith 2:498). Mohammed sagte, das Geben von Almosen ist wichtig, weil die Gesellschaft wie ein Körper mit vielen Teilen ist. Leidet einer in der Gesellschaft, leidet die ganze Gesellschaft, und daher sollten die anderen «Körperteile» der Gesellschaft darauf reagieren.[8]

Verschiedene muslimische Gemeinschaften gehen unterschiedlich mit Almosen um. In einigen Gemeinschaften ist es dem einzelnen Muslim überlassen, einen grosszügigen Beitrag für die islamische Sache seiner Wahl zu entrichten – im Allgemeinen an eine örtliche Wohltätigkeitsorganisation. Manche Muslime geben ihrer örtlichen Moschee das Geld oder einem angesehenen islamischen Führer, der dann entscheidet, wie er die Spenden einsetzt. In anderen muslimischen Gemeinschaften sammelt die Regierung eine *Zakat*-Steuer ein. Die Einnahmen dieser Steuer werden dann entweder für soziale (z. B. zum Bau von Schulen) oder religiöse Zwecke verwendet.

Der Hauptpunkt bei all dem ist, dass die Regierungen von Saudi-Arabien, Kuwait, den Vereinigten Arabischen Emiraten und anderen ölreichen islamischen Staaten die Wohltätigkeits-

---

[7] David Goldmann, *Islam and the Bible: Why Two Faiths Collide* (Chicago: Moody, 2004), S. 118.

[8] Ergun Mehmet Caner und Emir Ferthi Caner, *Unveiling Islam: An Insider's Look at Muslim Life and Beliefs* (Grand Rapids: Kregel, 2002), S. 125.

organisationen kontrollieren und sie finanzkräftig unterstützen. Wir sprechen hier über grosse Summen Geld, denn diese Wohltätigkeitsorganisationen verfügen zusammen über ein Schatzkästchen im Wert von mehr als 4 Milliarden Dollar. Obgleich ein Grossteil des Geldes in die Unterstützung von humanitären Aufgaben in islamischen Gebieten geflossen ist, wurde eine Menge Geld auch direkt oder indirekt umgeleitet und zur Finanzierung des Terrorismus verwendet.[9] Darüber hinaus haben saudische Wohltätigkeitsorganisationen geholfen, Al-Qaida und den Dschihad zu finanzieren. Aufgrund dieser finanziellen Mittel ist Al-Qaida weiterhin existenzfähig.

Hisbollah. Die Hisbollah oder die «Partei Gottes» ist eine libanesische Dachorganisation der radikalen islamischen Schiiten, die Israel hassen und sich dem Westen widersetzen. Die 1982 gegründete Organisation ist tief im Terrorismus verwurzelt. Sie glauben, Israel würde Land besetzen, das ausschliesslich den Muslimen gehört, und sie wenden jedes Mass an Gewalt und Terror an, um die Situation zu verändern. Sie treten für die Errichtung einer schiitisch islamischen Herrschaft im Libanon ein und für die Befreiung aller «besetzten arabischen Länder», einschliesslich Jerusalems. Die Hisbollah hat unaufhörlich geschworen, Israel zu vernichten und einen islamischen Staat im Libanon zu errichten. Sie wollen auch die Juden auf der ganzen Welt eliminieren.

Seit Beginn der Organisation unterhält die Hisbollah tiefe Beziehungen zum Iran und zu Syrien. Das ist höchst bedeutsam, denn Yossef Bodansky – ehemaliger Direktor der Taskforce für Terrorismus und unkonventionelle Kriegsführung des Kongresses im US-Repräsentantenhaus – bestätigte, dass «der Schlüssel für einen effektiven Terrorismus in und ausserhalb

---

[9] Ehrenfeld, S. 37.

der arabischen Welt letzten Endes fest in den Händen von zwei Hauptsponsoren liegt – Iran und Syrien».[10] Diese beiden Staaten haben der Hisbollah ständig grosse Mengen an Bargeld zur Verfügung gestellt.

Der verstorbene Hassan Nasrallah – ehemaliger Generalsekretär der Hisbollah – war sehr offen für die Finanzierung der Hisbollah durch das ölreiche Teheran, das seine Terroraktivitäten gegen Israel unterstützt. In früheren Jahren gab der Iran jährlich 60 bis 100 Millionen Dollar an die Hisbollah und erhöhte die Summe dann um 10 Millionen Dollar pro Monat. Das iranische Geld war in erster Linie für terroristische Aktivitäten gegen Israel gedacht. Der Iran stellt auch Waffen, Sprengstoff, organisatorische Hilfen, Ausbilder und politische Unterstützung zur Verfügung.[11]

Mehrere Nachrichtenberichte haben angedeutet, dass Syrien der Hisbollah in den letzten Jahren nicht nur Schutz und Finanzierung bot, sondern auch Waffen und Tausende von Langstreckenraketen aus dem eigenen Arsenal. Zusammen mit logistischer und technologischer Unterstützung wurden auch Ausbildungseinrichtungen zur Verfügung gestellt.

Hamas. Hamas ist ein arabischer Begriff und bedeutet «Islamische Widerstandsbewegung». Diese fundamentalistische Organisation wurde 1987 von Scheich Ahmad Yassin gegründet, um durch den Dschihad Palästina zu befreien und einen islamischen palästinensischen Staat zu gründen. In einer 36 Artikel umfassenden Vereinbarung hat die Hamas ihre gegenwärtige Position zu Israel umrissen. In Artikel 11 lesen wir: «Das Land Palästina ist ein islamischer Waqf [heiliger Besitz],

---

[10] Yossef Bodansky, *Bin Laden: The Man Who Declared War on America* (New York: Prima Lifestyles), S. 364.

[11] Ehrenfeld, S. 125–126.

der für zukünftige muslimische Generationen bis zum Jüngsten Gericht geweiht ist.» «Palästina ist ein islamisches Land. ... Da dies der Fall ist, ist die Befreiung Palästinas die persönliche Pflicht eines jeden Moslems, wo immer er auch sein mag» (Artikel 13).[12]

Mitglieder der Hamas halten Verhandlungen mit Israel für Zeitverschwendung, da Araber und Israelis nicht nebeneinander bestehen können. Der militärische Zweig der Organisation hat zahllose Terroranschläge und Gräueltaten gegen Israel auf seinem Konto, inklusive Hunderte von Selbstmordattentaten. Yassin rief die Iraker einmal auf, «menschliche Bomben zu werden, Gürtel und Koffer zu benutzen, um damit jeden Feind zu töten, der auf der Erde umhergeht und sie verunreinigt».[13] Der ehemalige Präsident George W. Bush stufte die Hamas als eine der tödlichsten Terrororganisationen der Welt ein. Auch heute noch tragen Hamas-Anhänger häufig Schilder mit der Aufschrift «Tod den USA».

Die Hamas wird zweifellos von vielen Seiten finanziell unterstützt, unter anderem vom Iran, Saudi-Arabien, den Golfstaaten, den Vereinigten Arabischen Emiraten, Syrien und dem Irak. Diese Nationen transferieren zahllose Millionen von Öldollar an die Organisation, damit die Hamas den Heiligen Krieg fortsetzen kann. Das ist eindeutig ölgesponserter Terrorismus.

Der Palästinensische Islamische Dschihad. Der Palästinensische Islamische Dschihad ist eine militante islamische Gruppe, die lange Zeit in Damaskus, Syrien, stationiert war. Sie hat sich der Zerstörung Israels und der Gründung eines islamischen Staates in Palästina verschrieben. Sie kam in den 1970ern auf und war

---

[12] Klein, S. 150.

[13] Ophir Falk und Henry Morgenstern, *Suicide Terror: Understanding and Confronting the Threat* (New York: Wiley, 2009), S. 53.

an umfangreichen Selbstmordanschlagsserien gegen israelische Zivilisten und militärische Ziele beteiligt. Wenig überraschend hilft das iranische Geld aus dem Ölgeschäft bei der Unterstützung dieser Organisation. Auch Syrien (ebenfalls nicht überraschend) hat der Gruppe Zuflucht, Geld, Waffen und Ausbildung zukommen lassen. Laut palästinensischen Geheimdienstdokumenten, die von den Israelis 2002 entdeckt wurden, werden mit dem vom Iran und Syrien an palästinensische Terrorgruppen überwiesenen Geld Terroranschläge auf Israel vorbereitet, Familien toter und inhaftierter Terroristen unterstützt, Waffen besorgt und materielle Ausrüstung für Terroranschläge gekauft.[14]

ISIS oder *IS*. ISIS ist ein Akronym für Islamischer Staat in Irak und Syrien. Der IS begann als Splittergruppe von Al-Qaida. Mittlerweile ist er die mächtigste und auch reichste Terrorgruppe in der Geschichte geworden, die pro Tag ein bis zwei Millionen Dollar einnimmt. Sie haben mehr Geld als genug, um Terroroperationen auf der ganzen Welt zu finanzieren.

Der IS will im Irak, Syrien und darüber hinaus ein islamisches Kalifat aufrichten. Überall, wo diese Gruppe die Kontrolle übernommen hat, versucht sie das Gesetz der Scharia einzuführen, das seine Wurzeln im Islam des 8. Jahrhunderts hat. Bei der Umsetzung ihrer Sicht der Scharia haben die IS-Kämpfer zahllose Menschen hingerichtet – für gewöhnlich mit barbarischen und grausamen Mitteln. Der IS ist so brutal, dass sogar Al-Qaida-Aktivisten die IS-Terroristen gedrängt haben, ihr Handeln zu mässigen.

Der IS ist bekannt dafür, die sozialen Medien zur Förderung seiner radikalen Ansichten und seines religiösen Fundamentalismus zu nutzen. Mittels Internet hat die Gruppe auf der ganzen Welt erfolgreich junge Menschen angeworben.

---

[14] Ehrenfeld, S. 133.

In den von ihnen eroberten Gebieten hat die Gruppe viele Menschen zu Sklaven gemacht – einschliesslich Frauen und Mädchen, die sexuell missbraucht wurden. Nach wie vor lassen sich IS-Mitglieder nicht davor abschrecken, offensichtliche Feinde («Ungläubige») ihrer Version des Islam zu töten. Ihre verschiedenen Anschläge scheinen demonstrieren zu wollen, dass ihre Reichweite ungebrochen ist – mit Gräueltaten in Belgien, der Türkei, Bangladesh, Bagdad und anderen Orten.

Viele sind besorgt, weil IS-Mitgliedern im Irak anscheinend radioaktives Uran in die Hände gefallen ist. Das lässt sich gut für eine «schmutzige Bombe» verwenden, mit der tödliche Radioaktivität in die Atmosphäre gebracht werden könnte. Zweifelsohne würde der IS gerne an Atomwaffen kommen.

Die Führer des IS haben die Juden in Israel gewarnt, dass ihre Tage gezählt sind. Ihr oberster Führer Abu Bakr al-Baghdadi sagte dem jüdischen Volk: «Ihr werdet nie Trost finden in Palästina, Juden. Palästina wird nicht euer Land oder euer Zuhause sein, sondern euer Friedhof. Allah hat euch in Palästina versammelt, damit Muslime euch töten.»[15]

Es gibt noch viel mehr, was wir über die unterschiedlichen Terrorgruppen im Nahen Osten sagen könnten. Doch im Wesentlichen möchte ich betonen, dass diese – und andere – Organisationen den kleinen Satan (Israel) und den grossen Satan (die Vereinigten Staaten) vernichten wollen. Und sie alle streben die absolute Herrschaft des Islam an.

Gescheiterte Friedensbemühungen

Im Nahen Osten gab es immer wieder mal vorübergehende Friedensphasen – so zum Beispiel als Ergebnis der Oslo-Verträge

---

[15] Abu Bakr al-Baghdadi, zitiert in Mark Hitchcock, *Isis, Iran, Israel* (Eugene, OR: Harvest House, 2016), iBooks Edition.

von 1993. Aber ungelöste Streitfragen – die ausnahmslos mit der Stadt Jerusalem zu tun hatten – haben stets zum Wiederaufflammen des Konflikts geführt.

Nach dem 1978 unterzeichneten Vertrag von Camp David, wo Jimmy Carter Anwar as-Sadat und Menachem Begin zusammenbrachte, kam es zu einer Zeit des Friedens. Diese Begegnung führte zu einem Rückzug der Israelis vom Sinai als Gegenleistung für die Normalisierung der Beziehungen zwischen Israel und Ägypten. Auch wenn Probleme zurückblieben, veränderte das Abkommen von Camp David die politische Landschaft. Genauer gesagt, das Abkommen brachte zwar einen Friedensvertrag zwischen Ägypten und Israel, aber nicht Frieden zwischen Israel und den anderen arabischen Staaten. Die beiden Seiten waren unfähig, wesentliche Fortschritte hinsichtlich eines umfassenderen arabisch-israelischen Friedens zu machen.

Seit Carter haben amerikanische Präsidenten beharrlich versucht, Frieden zu bringen, was aber nie zu dauerhaften Fortschritten führte. Es kam sogar noch schlimmer: Das durch den Rückzug der US-Truppen aus dem Nahen Osten in jüngster Zeit entstandene Vakuum führte wohl zum Aufkommen des IS, einer äusserst radikalen Gruppe, die den Konflikt in neue Höhen steuerte.

Die Gegenwart und die nahe Zukunft

Meiner persönlichen Einschätzung zufolge wird die Situation im Nahen Osten weiter eskalieren. Die prophetische Schrift versichert uns, dass Israel in der Endzeit zunehmend zu einem wunden Punkt in der Welt wird. In Sacharja 12,2 lesen wir: «Siehe, ich mache Jerusalem zum Taumelkelch für alle Völker ringsum.» Die «Völker ringsum» Israel sind islamisch, und sie sind stark motiviert, Israel vernichtet zu sehen.

Niemand kann leugnen, dass Israel heute in Schwierigkeiten steckt. In seinem Buch *The Late Great State of Israel* sagt Klein uns, dass Israel «unter dem unaufhörlichen Druck seitens der internationalen Gemeinschaft steht, die terroristische Banden einer zukunftsorientierten, westlich geprägten Demokratie vorzieht; die gleich zu protestieren beginnt, wenn Israel von seinem Recht auf Selbstverteidigung Gebrauch macht; die das kleine jüdische Land unter Druck setzt, entscheidende Gebiete zu räumen; die den israelisch-palästinensischen Konflikt fortbestehen lässt, indem sie eine schwelende ‹Flüchtlingskrise› künstlich aufrechterhält; und die den terroristischen Feinden Israels Legitimität und manchmal auch Geld, Waffen und hoch entwickelte Ausbildungsmöglichkeiten bietet».[16]

In der Einleitung dieses Buches habe ich festgehalten, dass die Vereinigten Staaten gegenwärtig (Anfang 2017) zu sofortigem Handeln aufrufen, um im israelisch-palästinensischen Konflikt eine Zweitstaatenlösung zu retten. US-Abgeordnete sagen, es sei der Sache des Friedens abträglich, dass Israel weiterhin jüdische Siedlungen auf palästinensischem Land errichtet. Arabische Regierungen versuchen offensichtlich, diese israelischen Siedlungen zu stoppen. Unterdessen hält Israel unnachgiebig am Besitz und der Besetzung des Landes fest. Und sie bauen weiterhin Häuser auf palästinensischem Land. *Eine Lösung ist nicht in Sicht.*

Syrien ist inzwischen zu einem riesigen Dorn im Fleisch des Nahen Ostens geworden. Im syrischen Bürgerkrieg haben die Russen die Seite des syrischen Staatsoberhauptes Assad gegen die Rebellen eingenommen. Viele sind besorgt, dass dieser Bürgerkrieg zu einem grösseren Krieg in der Region ausarten könnte. Russland und die Vereinigten Staaten sind sich in

---

[16] Klein, x.

diesem Konflikt völlig uneins. Manche fürchten, Amerika und Russland könnten deswegen sogar Krieg führen. Die Spannungen haben einen Höhepunkt erreicht.*

Die Beziehungen zwischen der Türkei und der NATO haben sich in letzter Zeit abgekühlt, während die zu Russland immer enger werden – eine Wendung der Ereignisse, mit der die US-Regierung offensichtlich nicht glücklich ist. Russland ist nun befreundet mit Iran, der Türkei und Syrien. Klar ist, dass Russland zum Haupteinfluss in der Region werden will – ein Umstand, der sich direkt auf die «Invasion Hesekiels» nach Israel auswirken wird (worüber ich später in diesem Buch sprechen werde).

Auch der IS ist weiterhin ein Problem. Westliche Führer sind mit der Tatsache konfrontiert, dass der IS wie ein ständig wiederkehrendes Krebsgeschwür ist. Um eine Analogie zu verwenden: Man kann den Grossteil des befallenen Gewebes aus dem menschlichen Körper entfernen, aber wenn man nicht alles erwischt, kann das Geschwür erneut zu wachsen beginnen und genauso gross werden wie zuvor (und noch grösser). Obwohl die USA und ihre regionalen Verbündeten viele IS-Hochburgen angegriffen und erobert haben, besteht weiterhin die Sorge, dass sich der IS wieder neu formieren und ausbreiten kann. Ausserdem fragen sich viele, ob der IS nach wie vor Zulauf von einzelnen Sympathisanten bekommt, die auf der ganzen Welt Terroranschläge verüben. Auch wenn sie nicht formal in Verbindung zum IS stehen, können sie doch zur Förderung der IS-Ziele

---

* Während ich dies hier schreibe, bleibt abzuwarten, welchen Einfluss Präsident Donald Trump darauf haben wird. Auf dem G20-Gipfel in Hamburg, Deutschland, am 7.–8. Juli 2017 vereinbarten die USA und Russland eine Feuerpause im Südwesten Syriens. Der israelische Ministerpräsident Benjamin Netanjahu erhob Einspruch gegen die Feuerpause. Politikexperten meinten, die Vereinbarung könnte von Russland missbraucht werden, um dem Assad-Regime zu helfen, seine Macht in der Region zu festigen. Die Zeit wird es zeigen.

beitragen. Von Bedeutung dürfte auch sein, ob sich IS-Mitglieder als «Immigranten» in Europa und den Vereinigten Staaten ausgeben und unschuldige Menschen gefährden.

Eines ist sicher: Die verschiedenen Variablen des Nahostkonflikts scheinen derzeit ausser Kontrolle zu geraten. Zusammen mit den anderen Zeichen der Zeit, die ich in diesem Buch ansprechen werde, kann es keinen Zweifel geben, dass wir in der Endzeit leben.

Die biblische Prophetie macht deutlich, dass es für Israel oder den Nahen Osten (oder die Welt) keinen dauerhaften Frieden gibt, bis der Herr Jesus zum zweiten Mal erscheinen wird. Der gegenwärtige Präsident der Vereinigten Staaten mag zwar versuchen, dem Nahen Osten dauerhaften Frieden zu bringen, aber wie alle seine Vorgänger wird auch er scheitern. Das wird nur der Herr Jesus schaffen.

Verstehen Sie mich bitte nicht falsch. Wir sollten natürlich alles versuchen, was wir können, um der Region Frieden zu bringen und das Blutvergiessen zu beenden. Frieden ist immer Gottes Ideal (Jes 19,23-25), und Paulus nannte Gott den «Gott des Friedens» (Röm 15,33). Jesus ist der «Friedefürst» (Jes 9,5), der bestätigte: «Glückselig [sind] die Friedensstifter» (Mt 5,9; Elberfelder 2003).

Eine realistische Einschätzung der Lage im Nahen Osten schenkt aber den biblischen Prophezeiungen Glauben, die zeigen, dass ein solcher Frieden letzten Endes nur durch die Rückkehr Jesu Christi zustande kommen kann. Sicherlich können wir uns auf den in der Schrift prophezeiten Tag freuen, an dem wir universellen Frieden erleben werden (Jes 2,4; s. auch Jes 11,1-9; Hos 2,20; Sach 9,9-10). Bis dahin fordert der Apostel Paulus Christen auf, «für Könige und alle [zu beten], die in hoher Stellung sind, damit wir ein ruhiges und stilles Leben führen können in aller Gottesfurcht und Ehrbarkeit» (1Tim 2,2). Wir sollten insbesondere dafür beten, dass Gott unseren Führern übernatürliche Weisheit schenkt, die sie in der Aussenpolitik zu den richtigen Entscheidungen befähigt.

Heute rufen viele nach einem Führer, der die Weltkrisen meistern und das Nahostproblem lösen kann. Diese Sehnsucht nach einer Lösung für den Nahen Osten bereitet die Bühne für das Kommende. Denn die Schrift sagt voraus, dass der Antichrist – der Führer eines wiedererrichteten Römischen Reiches, der «Vereinigten Staaten von Europa» – einen Bund mit Israel schliessen (Dan 9,27) und Frieden im Nahen Osten durchsetzen wird. Zum Erstaunen aller wird er – aus einer grossen Machtposition heraus – dem Nahen Osten Frieden *aufzwingen* («einen *festen* Bund»; Hervorhebung durch den Autor). Die Unterzeichnung dieses Vertrags wird den Anfang der Drangsalszeit darstellen. Mehr dazu später.

4

Islamische Glaubensüberzeugungen verstehen: Teil 1

In diesem und im nächsten Kapitel möchte ich die islamische Weltanschauung einmal aus muslimischer Perspektive betrachten. Je besser wir die islamische Sicht verstehen, umso besser können wir den Nahostkonflikt begreifen. Und dadurch können wir klarer erkennen, warum Israel heute permanent in höchster Alarmbereitschaft ist.

Zunächst werden wir uns mit den fünf Hauptlehren des traditionellen Islam sowie den fünf religiösen Pflichten der Muslime befassen. Wie wir sehen werden, legen islamische Extremisten bestimmte Lehren und Pflichten so aus, dass sie ihre radikalen Neigungen stützen. Im nächsten Kapitel werden wir unsere Aufmerksamkeit dann noch gezielter auf spezielle Glaubensüberzeugungen von islamischen Fundamentalisten richten.

Die fünf Hauptlehren des traditionellen Islam

Es gibt fünf wichtige Lehren, denen Muslime zustimmen: Gott, Engel, heilige Bücher, Propheten und ein zukünftiges Gericht. Lassen Sie uns einmal anschauen, was die Mehrheit der Muslime über diese Punkte glaubt.

1. Gott. Es gibt nur einen wahren Gott, und sein Name ist Allah. Der Begriff *Allah* stammt wahrscheinlich von *al illah* ab, was «der Gott» bedeutet. Allah werden sieben Hauptmerkmale zugeschrieben: 1) Er ist eine absolute Einheit, 2) sieht alles, 3) hört alles, 4) spricht alle Sprachen, 5) weiss alles, 6) ist absoluter Wille und 7) allmächtig.

Muslime betonen, dass Allah eins ist. Da er eins ist, hat er keine Partner oder Gefährten. Diese absolute Einheit Allahs ist der Hauptgrund, weshalb Muslime die christliche Lehre von der Dreieinheit und Jesus als «den Sohn Gottes» ablehnen. Sie nehmen diesen Ausdruck wörtlich und glauben, er würde bedeuten, dass Allah einen Sexualpartner hatte, mit dem er Christus zeugte. Deshalb weisen Muslime auch die Vorstellung zurück, dass Allah ein «Vater» ist. Nach muslimischem Denken kann der Begriff *Vater* nicht vom physischen Bereich getrennt werden. Allah als «Vater» oder «himmlischen Vater» zu bezeichnen, ist somit Gotteslästerung, da man genauso gut sagen könnte, dass Allah sexuelle Beziehungen hatte, um einen «Sohn» zu zeugen (s. Suren 6:101; 19:35).

Von Allah wird gesagt, dass er von der ganzen Schöpfung völlig getrennt ist und sich in keiner Weise manifestiert hat. Allahs *Wille* ist manifestiert (auf den Seiten des Korans), Allah selbst aber nicht. Er ist absolut transzendent. Er ist so sehr mit sich selbst vereint, dass er nicht mit der Schöpfung in Kontakt treten kann. Wenn er etwas über sich selbst sagen würde, würde das seiner Transzendenz widersprechen.

Einer der umstrittensten Aspekte der muslimischen Sicht über Allah hat mit seiner absoluten Souveränität zu tun. Der Koran sagt: «Allah hat Macht über alle Dinge» (Sure 3:165). Muslimen zufolge verursacht Gott sowohl das Gute als auch das Böse (Sure 32:13; 113:1-2). Er kann Menschen in der Gerechtigkeit leiten, und er kann sie zum Bösen führen. In etwa 20 Stellen im Koran wird gesagt, dass Allah Menschen in die Irre führt. Alles, was im Universum geschieht, ob Gutes oder Schlechtes, wurde von den unabänderlichen Dekreten Allahs vorherbestimmt, heisst es. Muslime glauben, alle Gedanken, Worte und Taten (gut oder böse) wären von Ewigkeit her vorausgesehen, vorherbestimmt und beschlossen. Alles ist unwiderruflich und schicksalhaft aufgeschrieben (Hadith 8:611). Der muslimische Theologe Risaleh-i-Barkhawi geht so weit zu sagen:

> Er (Gott) kann nicht nur alles tun, er ist sogar der Einzige, der etwas tut. Wenn ein Mensch schreibt, hat Allah in seinem Kopf den Willen zum Schreiben geschaffen. Allah gibt gleichzeitig die Kraft zum Schreiben und bewegt Hand und Stift und lässt die Worte auf dem Papier entstehen. Alle anderen Dinge sind passiv, nur Allah ist aktiv.[1]

Das ist ein sehr starker fatalistischer Zug im Islam. Er kann bei Muslimen ein deutlich vermindertes moralisches Verantwortungsgefühl hervorrufen. Eine unter Muslimen häufig anzutreffende Aussage ist *Inschallah* – «so Allah will». Wenn etwas Gutes passiert, wird davon ausgegangen, dass es Allahs Wille war. Passiert etwas Schlechtes (z. B. ein Kind fällt vom Balkon), nimmt man ebenfalls an, dass es Allahs Wille war. Ohne Allahs Willen geschieht nichts.

Angesichts der Lehre des Korans, dass Allah sowohl am Guten als auch am Bösen beteiligt ist, überrascht es nicht, dass der Koran Allah nicht als heilig bezeichnet. Der Koran scheint mehr Allahs Macht hervorzuheben als seine Reinheit, mehr seine Allmacht als seine Heiligkeit.

---

[1] Risaleh-i-Barkhawi, zitiert in Gerhard Nehls, *Christians Ask Muslims* (Bellville: SIM International Life Challenge, 1987), S. 21.

2. Engel. Es wird an eine Hierarchie von Engeln geglaubt, die zwischen Allah und der Menschheit stehen. Ihr oberster Engel ist Gabriel – ein Erzengel, der Mohammed angeblich die Offenbarung des Korans gab (Sure 2:97). Engel werden als Geister angesehen, die «feine Körper» besitzen.

Jeder Mensch hat angeblich zwei Engel, die alle seine Taten, gute oder schlechte, aufzeichnen (Sure 50:17). Beim kommenden Gericht wird dann dieser Taten gedacht.

Engel spielen auch eine Rolle, wenn ein Mensch stirbt. Wir lesen: «Jede Seele wird den Tod kosten» (Sure 3:185). Beim Tod «strecken die Engel ihre Hände aus [und sagen]: ‹Liefert eure Seelen aus!›» (Sure 6:93). Danach kommt für Muslime ein zukünftiger Auferstehungs- und Gerichtstag, und da sich Muslime ihres Heils nicht sicher sein können, kann das eine beängstigende Aussicht sein. Der Tod von Ungläubigen ist besonders schrecklich, denn die Engel «schlagen ihnen Gesicht und Rücken und (sprechen): ‹Kostet die Strafe des Verbrennens!›» (Sure 8:50).

3. Heilige Bücher. Muslime glauben, dass es vier inspirierte Bücher gibt: die Thora Moses, die Psalmen Davids, das Evangelium Jesu Christi und den Koran (der die Lehren Mohammeds enthält). Muslime glauben, Allahs Offenbarung ist ewig, und daher sind alle heiligen Bücher, die von ihm stammen, im Wesentlichen gleich. Woher kommen dann die Unterschiede zwischen dem Koran und der Bibel der Christen? Die am häufigsten gegebene Antwort ist, dass die Bibel von Juden und Christen verfälscht wurde. Was heute als Bibel durchgeht, ist nicht dasselbe wie das, was dem Menschen ursprünglich gegeben wurde. Andere Muslime weisen darauf hin, dass Allahs Offenbarung an die Menschen einen fortschreitenden Charakter hat, da der Mensch nicht immer bereit war für die ganze Fülle seiner Botschaft. Daher wurde dem Menschen nur so viel gegeben, wie er zu einem bestimmten Zeitpunkt verarbeiten konnte. Diese fortschreitenden und umfassenderen Offenbarungen Allahs fanden ihren Höhepunkt im Koran, der Allahs letzte und vollständige Offenbarung ist.

Der Koran besteht aus 114 Suren (Kapitel), die ihrer Länge nach angeordnet sind, wobei die längeren Kapitel zuerst kommen und die kürzeren danach. Da die Suren von den längsten zu den kürzesten übergehen, sind nicht muslimische Leser oft verwirrt, weil sie bei Büchern eher eine thematische oder chronologische Anordnung gewohnt sind. Insgesamt enthält der Koran 6247 Verse und hat etwa vier Fünftel der Länge des Neuen Testaments.

Muslime halten den Koran für eine exakte und getreue Kopie des Originals, das sich im Himmel befindet – eine gravierte Tafel, die seit aller Ewigkeit in der Gegenwart Allahs existiert. Der Engel Gabriel brauchte mehr als 20 Jahre, Mohammed alle Offenbarungen des Korans zu überbringen. Jedes Mal übermittelte er nur einzelne Abschnitte, Stück für Stück, während sich Mohammed in einem prophetischen Trancezustand befand. Daher sieht man im Koran nicht die Worte Mohammeds, sondern die Worte Allahs.

Da Gabriel den Koran in seiner ursprünglichen arabischen Form vom Himmel auf die Erde brachte, wird die arabische Sprache als ein wesentlicher Bestandteil des Korans angesehen. Viele Muslime glauben, der Koran könnte nicht von der arabischen Sprache, in der er übermittelt wurde, getrennt werden. Im Gegensatz zu Christen, die seit Langem versuchen, die Bibel in so viele Sprachen wie möglich zu übersetzen, haben sich Muslime schon immer gesträubt, den Koran für nicht arabische Leser in anderen Sprachen zu veröffentlichen.

Muslime sagen, *Ausserkraftsetzung* sei ein Privileg des Korans, was die Aufhebung eines früheren Gesetzes durch ein neues Gesetz beinhaltet (Sure 16:101). Das bedeutet, Allah ist an seine Offenbarungen nicht gebunden. Wenn er will, hat er die Freiheit, neue Offenbarungen hervorzubringen, die den früheren vollkommen widersprechen. Wenn es die Umstände erfordern, kann Allah frühere Offenbarungen widerrufen und ganz neue und andersartige einsetzen.

So forderte Mohammed seine Nachfolger ursprünglich auf, Richtung Jerusalem zu beten (Suren 2:150; 2:142). Als die Juden Mohammed jedoch zurückwiesen und ihn einen Hochstapler nannten, empfing er neue Offenbarungen, die zur Folge hatten, dass die richtige Gebetsrichtung nun Mekka war (Sure 2:125). Dieser Wechsel stimmt mit dem überein, was wir in Sure 2:106 lesen: «Wenn Wir eine Āya aufheben oder der Vergessenheit anheimfallen lassen, so bringen Wir eine bessere als sie oder eine gleichwertige hervor.»

Der Respekt, den der Koran in islamischen Ländern geniesst, kann nicht übertrieben dargestellt werden. Es ist das am meisten verehrte Buch in jedem muslimischen Haushalt und wird als «Mutter aller Bücher» bezeichnet. Häufig werden in die Mauern muslimischer Häuser Verse aus dem Koran eingraviert. Für muslimische Kinder ist der Koran auch ein Lehrbuch über den Islam.

*4. **Propheten.*** Der Koran sagt, Allah hat jeder Nation einen Propheten gesandt, um den Menschen mitzuteilen, dass es nur einen wahren Gott gibt. Zu den im Koran erwähnten «Propheten» gehören: Adam, Saleh, Lut (Lot), Hud, Yüacub (Jakob), Ibrahim (Abraham), Yunus (Jona), Musa (Mose), Daud (David), Al-Yaüsa (Elisa), Zakara (Sacharja), Dhul-Kifl (Hesekiel), Isa (Jesus), Nuhu (Noah), Shuüaib, Ismaiüil (Ismael), Yusuf (Joseph), Ishaq (Isaak), Harun (Aaron), Sulaiman (Salomo), Yahya (Johannes der Täufer), Ayyub (Hiob), Ilyas (Elia), Idrees und Mohammed. Der islamischen Überlieferung zufolge wurden der Menschheit

124 000 Propheten gesandt, aber ihnen wurden nur 104 Bücher gegeben. Sogar Propheten wie Adam, Noah und Abraham schrieben prophetische Bücher, die aber nicht mehr existieren, heisst es.

Die Offenbarung eines jeden Propheten soll angeblich nur für das Zeitalter gegolten haben, in dem er lebte. Wenn Gott einem der Propheten ein neues Buch gibt, setzt er dadurch die vorangegangenen Bücher ausser Kraft. Das bedeutet, die Offenbarung, die durch Mohammed kam, hob alle bisherigen Offenbarungen auf, einschliesslich der Bibel. Jeder der grossen Propheten sagte angeblich das Kommen des ihm nachfolgenden Propheten voraus. Der letzte und grösste der Propheten, Mohammed, wird «der letzte aller Propheten» genannt (Sure 33:40). Während die vorangegangenen Propheten nur Offenbarungen für ihr Zeitalter präsentierten, gilt Mohammeds Offenbarung für *alle Zeit*, heisst es. Über ihn wird gesagt, dass er ein grösserer Prophet ist als Jesus.

Muslime glauben, dass alle von Allah berufenen Propheten dieselbe Grundbotschaft lehrten: Es gibt nur einen wahren Gott; die Menschen müssen sich seinen Gesetzen unterordnen; und sie müssen gute Werke tun, weil es zukünftig einmal einen Gerichtstag geben wird. Verschiedene Propheten haben scheinbar unterschiedliche Botschaften überbracht, aber das liegt daran, dass die Menschen die im Grunde identischen Lehren der Propheten verzerrt haben. Die Juden haben angeblich die alttestamentlichen Schriften verdreht und die Christen das Neue Testament. Die *ursprünglichen* Lehren Jesu sollen mit denen Mohammeds vollkommen übereingestimmt haben.

5. Ein zukünftiges Gericht. Muslime glauben, dass Allah eines Tages alle Toten auferwecken wird. Tag und Stunde sind sterblichen Menschen nicht bekannt. Am letzten Tag wird Allah eine Posaune erschallen lassen, die Erde wird sich auftun und die

Körper und Seelen der Menschen werden wieder zusammenfinden. Allah wird den Körper eines jeden neu schaffen und mit seiner Seele verbinden (Sure 46:33). Obschon viele Muslime an eine körperliche Auferstehung glauben, halten es andere für eine geistliche.

Nach der Auferstehung kommen alle Menschen vor das Gericht. Sie werden Allah von Angesicht zu Angesicht gegenüberstehen und Rechenschaft über alle ihre Taten ablegen müssen. Der Koran lehrt: «Euch wird euer Lohn am Tag der Auferstehung vollständig gegeben» (Sure 3:185).

Allah wird die Menschen aufgrund der Waage der absoluten Gerechtigkeit richten. Auf dieser Waage werden die guten Taten eines Menschen gegen die schlechten abgewogen. Die guten Taten werden auf die eine Waagschale gelegt und die bösen auf die andere. Wenn die guten Werke schwerer sind, kommt die Person ins Paradies. Sind aber die bösen Taten schwerer, wird sie in das Feuer der Hölle geworfen. Der Koran bestätigt: «Dann werden die, deren Waagschalen schwer sind, die Erfolgreichen sein. Jene aber, deren Waagschalen leicht sind, werden die sein, die ihrer selbst verlustig gegangen sind; in Ǧahannam [Name für das Höllenfeuer im Koran] werden sie auf ewig bleiben» (Sure 23:102-103). Das bedeutet im Grunde, dass man mindestens 51 Prozent Gutes getan haben muss, um ins Paradies zu kommen. Dieses Gericht basiert auf den Aufzeichnungen der zwei Engel, die die guten und schlechten Taten eines Menschen in seinem Leben festhalten.

Für die Absicht dieses Buches ist es wichtig, drei der eben genannten Glaubensüberzeugungen in Erinnerung zu behalten:

1. Allah ist der einzig wahre Gott.
2. Mohammed ist der grösste aller Propheten.
3. Der Koran ist das letzte und endgültige Wort Allahs.

Im nächsten Kapitel werden wir sehen, dass islamische Extremisten diese Lehren so auslegen, dass sie ihre terroristischen Aktivitäten unterstützen. Hier eine kurze Zusammenfassung:

- ***Allah:*** Islamische Fundamentalisten glauben, dass Allah der einzig wahre Gott ist. Sie sagen, er wäre auf ihrer Seite, wenn es darum geht, auf der ganzen Welt die islamische Vorherrschaft durch ein weltweites Kalifat zu erreichen. Er ist auf ihrer Seite, wenn es darum geht, das Gesetz der Scharia auf der ganzen Welt durchzusetzen. Wenn Fundamentalisten terroristische Gewalttaten gegen Nichtmuslime verüben, dann tun sie dies im Namen Allahs.
- ***Mohammed:*** Islamische Fundamentalisten glauben, dem Weg Mohammeds zu folgen, da er *der Prophet des Schwertes* war. Wir müssen festhalten, dass der Islam erst zu wachsen begann, als Mohammed dem Einsatz des Schwertes unter seinen Nachfolgern zustimmte. Mohammeds Bewegung nahm schliesslich den Charakter eines religiösen Militarismus an. Er verwandelte seine Nachfolger in fanatische Kämpfer, indem er sie lehrte, sie würden unmittelbar ins Paradies kommen, wenn sie im Kampf für Allahs Sache sterben. Eine andere Motivation für den Kampf bestand darin, dass in der Anfangszeit die Beute all ihrer Karawanenüberfälle unter Mohammeds Männern geteilt wurde, wobei Mohammed ein Fünftel von allem bekam.
- ***Koran:*** Islamische Fundamentalisten glauben, dass die Enthauptung von Ungläubigen ein Akt ist, dem der Koran zustimmt. Sie zitieren oft Verse, die angeblich ihre Sicht stützen, dass Waffen zur Verteidigung des Islam erlaubt und sogar vorgeschrieben sind. Wir lesen: «Zu kämpfen ist euch vorgeschrieben, auch wenn es euch widerwärtig ist. Doch es mag sein, dass euch etwas widerwärtig ist, was

gut für euch ist» (Sure 2:216). Sure 47:4 sagt: «Wenn ihr (im Kampf) auf die stosst, die ungläubig sind, so haut (ihnen) auf den Nacken; und wenn ihr sie schliesslich siegreich niedergekämpft habt, dann schnürt ihre Fesseln fest.» In Sure 9:5 lesen wir: «Und wenn die heiligen Monate abgelaufen sind, dann tötet die Götzendiener, wo immer ihr sie findet, und ergreift sie und belagert sie und lauert ihnen aus jedem Hinterhalt auf.»

Chrislam verdreht Islam und Christentum

Heute unterstützen viele eine als Chrislam bekannte Sicht, der zufolge Christentum und Islam miteinander vereinbar sind. Unter anderem wird behauptet, die Bibel und der Koran würden übereinstimmen und Christen und Muslime denselben Gott verehren. Deshalb ist man der Auffassung, dass sich Christen und Muslime einigen sollten. In Wirklichkeit beruht Chrislam auf falschen Voraussetzungen.

Bibel und Koran sind nicht kompatibel

Das lässt sich leicht an der Tatsache erkennen, dass zwischen dem Koran und der Bibel zahlreiche Widersprüche bestehen – wenn z. B. eine Schrift von Gott stammt, kann nicht auch die andere von Ihm sein.

Im Anschluss habe ich einige nennenswerte Widersprüche zwischen Koran und Bibel aufgelistet:

- 1. Mose 8,4 sagt, dass sich Noahs Arche auf dem Gebirge Ararat niederliess, während sie im Koran auf dem Berg Al-Ǧūdyy zu ruhen kam (Sure 11:44).
- 1. Mose 11,27 nennt Terach als Abrahams Vater, der Koran sagt, Āzar war sein Vater (Sure 6:74).

- 2. Mose 2,5 sagt, die Tochter des Pharaos fand den Säugling Mose in einem Korb und nahm ihn als ihren eigenen Sohn an. Im Koran ist es aber die Frau des Pharaos, die Mose adoptierte (Sure 28:8-9).
- Laut Matthäus 27,35 wurde Jesus gekreuzigt, aber der Koran sagt, dass Er nicht gekreuzigt, nicht einmal getötet wurde (Sure 4:157).
- Lukas 1,20 macht deutlich, dass Zacharias für seinen Zweifel mit Stummheit bestraft wurde, bis sein Sohn geboren werden sollte. Der Koran sagt, er würde drei Nächte lang nicht sprechen können (Sure 3:41).
- Lukas 2,6-7 sagt, dass Maria Jesus in einem Stall zur Welt brachte, wohingegen der Koran behauptet, dass Er unter einer Palme geboren wurde (Sure 19:23).
- Hebräer 1,1-3 sagt, Jesus ist die Ausstrahlung der Herrlichkeit Gottes und der Ausdruck Seines Wesens. Im Koran lesen wir jedoch, dass Jesus nichts weiter als ein Bote war (Sure 5:75).
- In Johannes 3,16 heisst es, dass Gott alle Menschen liebt, aber der Koran sagt, Allah liebt nur jene, die ihm folgen (Sure 3:32.57).
- Römer 5,8 macht deutlich, dass Gott sogar Sünder liebt, während der Koran zu erkennen gibt, dass Allah Übertreter nicht liebt (Sure 2:190).
- Epheser 5,25-28 sagt, dass Männer ihre Frauen so lieben sollen, wie Christus die Gemeinde liebt. Der Koran erlaubt es den Männern, ihre Frauen zu schlagen, wenn sie dazu Anlass geben (Sure 4:34).

Das ist nur eine Auswahl. Es gibt noch viele weitere Punkte, in denen Bibel und Koran deutlich auseinandergehen.

Der Gott des Christentums ist nicht der Gott des Islam

Obwohl Befürworter des Chrislam behaupten, Allah und der Gott der Bibel wären ein und derselbe, sind die Unterschiede so grundlegend, dass ein solcher Gedanke unmöglich ist:

- Während der Gott des Korans eine Person ist, ist der Gott der Bibel eine Dreieinheit – ein Gott, der sich ewig in drei Personen manifestiert hat (Mt 28,19).
- Während der Gott des Korans keinen Sohn haben kann, hat der Gott der Bibel einen ewigen Sohn namens Jesus Christus, die zweite Person der Dreieinheit (Joh 3,16).
- Der Gott des Korans ist kein Geist, der Gott der Bibel ist ein Geist (Joh 4,24).
- Während der Gott des Korans vollkommen transzendent ist, ist der Gott der Bibel sowohl transzendent als auch immanent – hoch über uns und gleichzeitig uns nahe (5Mo 4,39; Jes 57,15; Jer 23,23-24).
- Während der Gott des Korans sowohl das Gute als auch das Böse bewirkt, hat der Gott der Bibel keinen Anteil am Bösen (1Jo 1,5).
- Der Gott des Korans ist kein «Vater» (Sure 19:88-92; 112:3), der Gott der Bibel wird als Vater angesprochen (Mt 6,9).
- Während der Gott des Korans nur diejenigen liebt, die ihn lieben und ihm gehorsam sind, liebt der Gott der Bibel alle Menschen, einschliesslich Sünder (Lk 15,11-24).
- Der Gott des Korans offenbart nur seine Gesetze, nicht sich selbst, der Gott der Bibel hingegen hat sich von Anfang an selbst geoffenbart.
- Während der Gott des Korans keine objektive Grundlage hat, auf der er Menschen vergeben kann, verfügt der Gott der Bibel über eine solche – den Kreuzestod Jesu Christi (Röm 5,8; 1Kor 15,3; 1Petr 3,18).

Zwischen dem Gott des Islam und dem Gott der Bibel bestehen noch viele weitere Unterschiede. Daher müssen wir zu dem Schluss kommen, dass der Chrislam falschliegt.

Die fünf Säulen des Glaubens

Muslime glauben nicht nur an fünf Hauptlehren, sie glauben auch, dass sich jeder Muslim an fünf religiöse Pflichten halten muss:

1. Das Vortragen des Glaubensbekenntnisses

Jeder Muslim ist verpflichtet, öffentlich das *Schahada* (wörtl. «Zeugnis geben») vorzutragen. Das Glaubensbekenntnis lautet: «Es gibt keinen Gott ausser Allah, und Mohammed ist sein Prophet.» Das Vortragen dieses Glaubensbekenntnisses macht eine Person angeblich zu einem Moslem. Natürlich reicht es nicht, die Worte bloss mechanisch aufzusagen. Sechs Bedingungen müssen erfüllt sein, damit das Glaubensbekenntnis jemanden zu einem Muslim macht: 1) Das Glaubensbekenntnis muss laut wiederholt werden; 2) es muss vollständig verstanden werden; 3) es muss von Herzen geglaubt werden; 4) es muss bis zum Tode bekannt werden; 5) es muss richtig vorgetragen werden; und 6) es muss ohne Zögern bekannt und verkündet werden.[2]

Wenn ein radikaler Muslim bestätigt: «Es gibt keinen Gott ausser Allah», denkt er natürlich, dass Allah auf seiner Seite ist und ihm hilft, ein weltweites Kalifat aufzurichten und das Gesetz der Scharia durchzusetzen. Wenn er bestätigt: «Mohammed ist sein Prophet», denkt er daran, dass Mohammed der Prophet des Schwertes ist. So «lesen» radikale Muslime das Glaubensbekenntnis.

---

[2] Institut für Studien im Islam und im Christentum, *Survey of Islam*, Abschnitt Sechs: «Islam–The Practice», in The World of Islam CD-ROM, © 2000 Global Mapping International.

2. *Fünf Mal am Tag beten*

Von jedem Muslim wird *salat* erwartet, oder das Darbringen von Gebeten, fünf Mal am Tag: bei Tagesanbruch, am Mittag, Nachmittag, Abend und in der Nacht. Das Gebet ist verpflichtend für alle über zehn Jahre. Die Gebete beinhalten spezielle Worte und eine Reihe von Stellungen – stehend, kniend, Hände und Gesicht zum Boden gestreckt und so weiter –, während das Gesicht nach Mekka gerichtet ist, der heiligen Stadt der Muslime.[3] Man darf zu Hause, bei der Arbeit und sogar im Freien beten, solange der Ort des Gebets sauber und frei von Ablenkungen ist. Ohne Zweifel bitten radikale Muslime Allah im Gebet darum, auf der ganzen Welt die islamische Vorherrschaft erfolgreich aufrichten zu können.

3. *Almosen geben*

Von jedem Muslim wird erwartet, dass er der muslimischen Gemeinschaft Almosen (*zakat*) in Höhe des 40. Teils des Einkommens gibt (oder 2 ½ Prozent). Das Geben von Almosen wird im Islam als ein äusserst verdienstvoller Akt angesehen (s. Suren 24:56; 57:18). Die Opfergabe soll Witwen, Waisen und den Kranken helfen oder kann zur Förderung des Islam benutzt werden (z. B. durch den Bau von Moscheen und Religionsschulen). Es besteht kein Zweifel, dass einige Spenden an muslimische Wohltätigkeitsorganisationen zur Unterstützung von islamischen Terrorgruppen genutzt werden.

4. *Fasten im Monat Ramadan*

Von jedem Muslim wird erwartet, dass er im Monat Ramadan fastet, dem neunten Monat des muslimischen Mondjahres. In

---

[3] Siehe *Beliefs of Other Kinds: A Guide to Interfaith Witness in the United States* (Atlanta: Baptist Home Mission Board, 1984), S. 121.

diesem Monat sind Muslime aufgefordert, sich am Tag von Speisen, Getränken, Rauchen und sexuellen Beziehungen zu enthalten. Sobald am Morgen genug Licht vorhanden ist, sagen Muslime, um einen weissen von einem schwarzen Faden zu unterscheiden, soll mit dem Fasten begonnen werden. Bei Sonnenuntergang – wenn das Licht zur Unterscheidung der Fäden nicht mehr ausreicht – ist es Muslimen erlaubt, an diesen Dingen erneut teilzuhaben, bis am nächsten Morgen die Sonne wieder aufgeht. Das Fasten soll Körper und Seele reinigen und die Selbsterkenntnis steigern.[4] Terrorgruppen wie der IS ermutigen islamische Sympathisanten auf der ganzen Welt, während des Ramadans vermehrt Gewalttaten zu verüben.

5. Pilgerfahrt nach Mekka

Von jedem Muslim wird erwartet, mindestens einmal in seinem Leben eine Pilgerfahrt nach Mekka zu unternehmen (Hadsch). Man glaubt, dass diese Reise sehr verdienstvoll ist und die Chancen auf Errettung steigert. Ein Highlight dabei ist es, sieben Mal um die Kaaba (religiöser Schrein) zu laufen. Man geht davon aus, dass Abraham, Ismael und Mohammed das taten.

Es gibt noch eine sechste, «inoffizielle» religiöse Pflicht: die Teilnahme am gewalttätigen Dschihad im Namen Mohammeds und Allahs. Damit werden wir uns dann im nächsten Kapitel befassen, wenn ich unsere Aufmerksamkeit auf die wesentlichen Glaubensinhalte von radikalen Islamisten lenken werde. Diese radikalen Fundamentalisten nehmen Allahs Anweisung im Koran ganz wörtlich: «Die da glauben, kämpfen für Allāhs Sache», und «darum kämpft gegen die Anhänger Satans» (Sure 4:76).

---

[4] Bruce A. McDowell und Anees Zaka, *Muslims and Christians at the Table* (Phillipsburg, NJ: Presbyterian & Reformed, 1999), S. 60.

5

Islamische Glaubensüberzeugungen verstehen: Teil 2

In den letzten zehn Jahren wurde viel darüber diskutiert, ob der Islam eine Religion des Friedens ist. Ich kenne friedliebende Muslime, bei denen nie zu erkennen war, dass sie Gewalt gegen andere befürworten. Ich bin Muslimen begegnet, die einfach nur freundlich zu mir waren. Und dafür bin ich dankbar.

Aber man muss auch die historische Realität anerkennen, dass Mohammed zu Recht als «der Prophet des Schwertes» bekannt war. Abd El Schafi sagt:

> Mohammed und seine Nachfolger führten Angriffskriege gegen friedliche Länder, um ihnen den Islam gewaltsam aufzuzwingen und sich ihren Reichtum anzueignen. Ihr Ziel war es, Frauen und Kinder gefangen zu nehmen und der Armut und dem Hunger arabischer Muslime ein Ende zu bereiten. So wurde der Islam Syrien, Jordanien, Palästina (Jerusalem), Ägypten, Libyen, Irak, Iran, ganz Nordafrika, einigen Teilen Indiens und Chinas und später auch Spanien aufgezwungen. ... Die Verbreitung des Glaubens durch einen Angriffskrieg ist zweifellos ein islamisches Konzept, bekannt als Heiliger Krieg im Namen Gottes. ... Wenn islamischen Ländern ausreichend militärische Macht zur Verfügung stünde, würden

sie alle anderen Länder angreifen, um ihnen den Islam aufzuzwingen.[1]

Im Koran findet sich eine Reihe von Versen, die Kämpfen und Morden im Namen Allahs zu rechtfertigen scheinen (die Hervorhebungen in den folgenden Zitaten stammen von mir):

- Und wenn die heiligen Monate abgelaufen sind, *dann tötet die Götzendiener, wo immer ihr sie findet, und ergreift sie und belagert sie und lauert ihnen aus jedem Hinterhalt auf.* Wenn sie aber bereuen und das Gebet verrichten und die Zakāh entrichten, dann gebt ihnen den Weg frei! Wahrlich, Allāh ist Allvergebend, Barmherzig (Sure 9:5).
- *Kämpft gegen diejenigen, die nicht an Allāh* und an den Jüngsten Tag *glauben*, und die das nicht für verboten erklären, was Allāh und Sein Gesandter für verboten erklärt haben, und die nicht dem wahren Glauben folgen – von denen, die die Schrift erhalten haben, bis sie eigenhändig den Tribut in voller Unterwerfung entrichten (Sure 9:29).
- *Zieht aus, leicht und schwer*, und kämpft mit eurem Gut und mit eurem Blut *für Allāhs Sache* (Sure 9:41).
- Der Lohn derer, die gegen Allāh und Seinen Gesandten Krieg führen und Verderben im Lande zu erregen trachten, soll sein, dass *sie getötet oder gekreuzigt werden oder dass sie aus dem Lande vertrieben werden.* Das wird für sie eine Schmach in dieser Welt sein, und im Jenseits wird ihnen eine schwere Strafe zuteil (Sure 5:33).
- Und *kämpft auf dem Weg Allāhs* gegen diejenigen, die gegen euch kämpfen ... Und *tötet sie, wo immer ihr auf sie*

[1] Abd El Schafi, *Behind the Veil: Unmasking Islam* (Mumbai, Indien: Pioneer Book Company, 1996), S. 41, 31.

stosst, und vertreibt sie, von wo sie euch vertrieben haben ... (Sure 2:190-192).

- *Die da glauben, kämpfen für Allāhs Sache*, und die nicht glauben, kämpfen für die Sache des Teufels; darum *kämpft gegen die Anhänger Satans* (Sure 4:76).

Angesichts der Geschichte des Islam – in Verbindung mit den eben genannten Koranversen – schliesse ich mich der Einschätzung von Thomas Ice an:

> Mohammed gründete den Islam mit dem Schwert. Seine Nachfolger hielten die islamische Herrschaft mit dem Schwert aufrecht. Anschliessende Generationen haben die unterdrückerische Herrschaft des Islam über die Arabische Halbinsel hinaus stets mit dem Schwert verbreitet. Man kann kein wahrer Anhänger des Islam sein, ohne an den Lehren des Korans festzuhalten, der unter anderem die erzwungene Unterwerfung unter seine Kontrolle befürwortet. Wie kann jemand, der sich mit dem Islam gut auskennt, dies leugnen?[2]

Die apokalyptischen Überzeugungen islamischer Fundamentalisten

Heute betrachten radikale Muslime Israel mit apokalyptischer Leidenschaft. Sie gehen weit über das hinaus, was traditionelle Muslime glauben (d.h., die fünf islamischen Lehren). Der Autor Joel Rosenberg hatte die Gelegenheit, den israelischen Ministerpräsidenten Benjamin Netanjahu zu interviewen. Rosenberg stellte fest, dass sich Netanjahu dieser apokalyptischen Elemente in der Weltanschauung radikaler Islamisten absolut bewusst ist:

---

[2] Thomas Ice, «Islam Is Not a Peaceful Religion», Pretrib Research Center, http://www.pre-trib.org/articles/view/islam-is-not-peaceful-religion.

> Ich denke, der Westen hat nicht verstanden und versteht noch immer nicht die Bedrohung durch den radikalen Islam. ... Es ist eine fanatische, messianische Ideologie, die nach einem apokalyptischen Kampf mit dem Westen um die Weltherrschaft strebt. Sie versucht, das zu korrigieren, was sie – und ihre Anhänger– als ein Missgeschick der Geschichte betrachten: den Aufstieg des Westens und den Rückgang des Islam. Die Korrektur soll erfolgen durch die Auferstehung eines islamischen Reiches und die Aneignung von Atomwaffen und, wenn nötig, den Gebrauch derselben, um die Feinde des Islam zu vernichten und den Rest zu unterjochen. Das ist eine krankhafte Ideologie, ähnlich wie es der Nazismus war. Und sie stellt meines Erachtens eine Bedrohung dar, die in vielerlei Hinsicht grösser ist als der Nazismus, weil Hitler einen Weltkonflikt anfing und dann versuchte, Atomwaffen zu erlangen. Das führende radikale islamische Regime, der Iran, versucht hingegen zuerst an Nuklearwaffen zu kommen und dann einen Weltkonflikt auszulösen. Das wird vom Westen nicht verstanden – und wenn es verstanden wird, wird nicht entsprechend danach gehandelt.[3]

Dore Gold war von 1997 bis 1999 israelischer Botschafter bei den Vereinten Nationen und aussenpolitischer Berater Netanjahus. Ausserdem diente er den politischen Führern Ägyptens, Jordaniens, der Staaten am Persischen Golf und den palästinensischen Autoritäten als diplomatischer Gesandter. In seinem Buch *The Fight for Jerusalem: Radical Islam, the West, and the Future of the Holy City* (Der Kampf um Jerusalem: Der radikale Islam, der Westen und die Zukunft der Heiligen Stadt) spricht Gold über diesen apokalyptischen Aspekt des Islam:

---

[3] Joel Rosenberg, *Israel at War* (Carol Stream, IL: Tyndale House, 2012), iBooks Edition.

> Der islamischen Lehre der letzten Jahrhunderte zufolge hat sich das Konzept des Dschihads zu einem eschatologischen [endzeitlichen] Konzept entwickelt, das der Zukunft vorbehalten ist. Von frommen Muslimen wird dementsprechend erwartet, dass sie Menschen weltweit zu ihrer Religion bekehren, was als *da`wa* bekannt ist. Am apokalyptischen Ende der Tage sieht die Mehrheit der Muslime einen grossen bewaffneten Dschihad, der dazu führt, dass sich die ganze Welt dem Islam unterwerfen wird. Der militante Wahhabismus dreht die Reihenfolge von *da`wa* und Dschihad um und treibt den Dschihad bis zum heutigen Tage voran, um der Verbreitung des Islam den Weg zu bereiten.
>
> Folglich ist der militante Islam fast schon per Definition eine apokalyptische Bewegung, die sich gegenwärtig auf eine letzte Konfrontation mit dem Westen und anderen vorbereitet, die sich gegen ihre Pläne stellen. Szenarios vom Ende der Tage werden ins Hier und Jetzt gebracht. Daher überrascht es nicht, apokalyptische Anspielungen in den Reden von Dschihadistenführern wie Abu Musab al-Zarqawi, dem ehemaligen Kopf von Al-Qaida im Irak, zu finden.[4]

Da radikale Muslime Allah auf ihrer Seite wähnen, sind sie überzeugt, dass sie nicht verlieren können. Es ist nur eine Frage der Zeit, bis die ganze Welt dem Islam und dem Gesetz der Scharia unterworfen wird. Das erklärt auch, warum radikale Muslime keine Angst vor Israel oder den Vereinigten Staaten haben. Sie fühlen sich so sehr zum Handeln ermutigt wie nie zuvor. Sie glauben, durch ihre Gewalttaten würden sie den Weg für den kommenden «Verheissenen» bereiten – den muslimischen

[4] Dore Gold, *The Fight for Jerusalem* (Washington, DC: Regnery, 2007), S. 22.

Mahdi, der schon bald öffentlich auftauchen und sein globales Kalifat aufrichten wird.[5]

Heute gibt es zwei islamische Staaten, die an dieser apokalyptischen Ideologie festhalten – der Iran und der IS. Beide wollen wir uns an dieser Stelle einmal näher anschauen.

Der islamische Fundamentalismus im Iran

Die Mehrheit der Schiiten glaubt seit Langem an eine Rückkehr des Zwölften Imam, der angeblich direkt (Blutlinie) von Mohammeds Schwiegersohn Ali abstammt (aus dessen Familie, wie man glaubt, die einzig legitimen Nachfolger Mohammeds kommen). Der Zwölfte Imam – der angeblich 941 n. Chr. als Kind verschwand – wird in der Zukunft als Mahdi zurückkehren («der Rechtgeleitete»). Er wird für Schiiten eine messianische Zeit weltweiter Ordnung und Gerechtigkeit einführen, in der der Islam siegreich sein wird.

Ganz wichtig: Es wird angenommen, dass das Auftreten des Zwölften Imam durch apokalyptisches Chaos und Gewalt beschleunigt werden kann – durch das Führen eines Heiligen Krieges gegen Christen und Juden. Somit liegt es in der Macht der Muslime, Einfluss auf den göttlichen Zeitplan zu nehmen und das Ende der Tage herbeizuführen.[6] Interessanterweise hat eine Reihe von schiitischen Führern im Iran offiziell gesagt, sie hätten den Zwölften Imam bereits physisch gesehen. Sie behaupten, er würde sich schon bald der Welt offenbaren, voraussichtlich nach einer Zeit des Chaos und der Gewalt gegen Christen und Juden.

Ali Ansari, der von der Fakultät für Orientalische und Afrikanische Studien der Universität London den Doktortitel erhalten

---

[5] Rosenberg, *Israel at War.*

[6] Gold, S. 231–232.

hat, hat zahlreiche Bücher über Geschichte und Politik des Iran und des Nahen Ostens geschrieben. In seinem Buch *Confronting Iran: The Failure of American Foreign Policy and the Next Great Conflict in the Middle East* (Konfrontation mit dem Iran: Das Scheitern der amerikanischen Aussenpolitik und der nächste grosse Konflikt im Nahen Osten) weist Ansari überzeugend darauf hin: «Der Iran ist nicht nur *irgendein* Problem, er ist *das* Problem. Er gehört nicht einfach zur Achse des Bösen, er ist das Gründungsmitglied, der Hauptsponsor staatlichen Terrorismus, oder um eine modernere Beschreibung zu verwenden, der Zentralbanker des Terrorismus.»[7]

Das stimmt mit den Ergebnissen eines ernüchternden Berichts überein, der in *U. S. News & World Report* veröffentlicht wurde. Dort lesen wir: «Der Iran ist heute die Mutter des islamischen Terrorismus. Den schlimmsten Terroristen der Welt stellt Teheran öffentlich finanzielle Mittel, Ausbildung und Waffen zur Verfügung – zu ihnen zählen Hisbollah, Hamas, der Palästinensische Islamische Dschihad und die Volksfront zur Befreiung Palästinas. Und zu Al-Qaida unterhält der Iran ein vertrautes Verhältnis.»[8]

Mahmud Ahmadinedschad, iranischer Präsident von 2005 bis 2013, sagte: «Der Hauptauftrag unserer Revolution ist es, dem erneuten Erscheinen des Zwölften Imam, des Mahdi, den Weg zu bereiten.»[9] Ahmadinedschad glaubte, das Auftreten des Zwölften Imam würde angesichts der kommenden muslimischen Auslöschung der Juden in Israel direkt bevorstehen. «Für Ahmadinedschad gehört die Zerstörung Israels zu den wesentlichen globalen Entwicklungen, die das Erscheinen des Mahdi

[7] Ali Ansari, *Confronting Iran* (New York: Basic Books, 2006), S. 3.
[8] *U. S. News & World Report*, zitiert in Mark Hitchcock, *Iran: The Coming Crisis* (Sisters, OR: Mutnomah, 2006), S. 57.
[9] Mahmud Ahmadinedschad, zitiert in Gold, S. 232.

auslösen werden.»[10] Sein Ziel war es immer, «Israel von der Landkarte auszuradieren» – ein Ausdruck, den er sich von dem verstorbenen Mullah Ayatollah Khomeini borgte.[11]

Bei einer Gelegenheit, als Ahmadinedschad vor den Vereinten Nationen sprach, schloss er seine Rede, indem er die baldige Ankunft des islamischen Messias, des Verborgenen Imam, des Zwölften Imam oder des Mahdi heraufbeschwörte. Er betete: «O mächtiger Herr, ich bitte dich, beschleunige das Erscheinen deiner letzten Quelle, des Verheissenen, des vollkommenen und reinen Menschen, dessen, der diese Welt mit Gerechtigkeit und Frieden erfüllen wird.»[12]

Nachdem er zurück im Iran war, behauptete Ahmadinedschad in einem auf Video aufgenommenen Treffen mit einem führenden Ayatollah in Teheran, dass er während seiner Rede von einem Licht umgeben war und sich dadurch die Atmosphäre veränderte: «27 oder 28 Minuten lang blinzelten alle Führer nicht mit ihren Augen; ich übertreibe nicht, ich habe es gesehen. Sie waren erstaunt, als würde eine Hand sie dort auf ihren Sitzen festhalten. Es hat ihnen Augen und Ohren für die Botschaft der Islamischen Republik geöffnet.»[13] Ahmadinedschad glaubt, islamische Fundamentalisten wären dazu bestimmt, das Ende der Zeit – das Ende der Welt – herbeizuführen, indem sie den Weg für den schiitischen muslimischen Messias ebnen.

Islamische Fundamentalisten sind überzeugt, dass «eine Welt ohne Amerika und den Zionismus machbar» ist, und wenn das geschafft ist, kann die Rückkehr des Zwölften Imam erwartet werden. Sie glauben, die Menschheit würde schon bald wis-

[10] Gold, S. 232.
[11] Joshua Yasmeh, «Ahmadinejad: The Next Hitler?» Tribe, 2. Februar 2007, http://jewishjournal.com/culture/liefstyle/kids_and_teens/14383/.
[12] Kenneth Timmerman, Countdown to Crisis (New York: Three Rivers Press, 2006), S. 325.
[13] Timmerman, S. 325.

sen, wie es ist, in einer Welt zu leben, in der es weder Juden noch die Vereinigten Staaten gibt: «Die Vereinigten Staaten und das Zionisten-Regime Israel werden ihr Dasein bald beendet haben», heisst es auf der Website des Fernsehens der Islamischen Republik Iran.[14] Die Welt wird sehr bald ohne den grossen Satan (USA) und den kleinen Satan (Israel) sein, und das wird zum Erscheinen des Zwölften Imam führen.

Heute glauben die islamischen Fundamentalisten im Iran, dass die Apokalypse noch während ihrer Lebenszeit stattfinden wird. Sie meinen, sie wären von Allah selbst auserwählt worden, eine Rolle bei der Herbeiführung der letzten Tage zu spielen. Diese Sicht ist in der apokalyptischen Theologie der messianischen Hojjatieh-Gesellschaft verwurzelt, die von Ayatollah Mesbah Yazdi geleitet wird. Interessanterweise hat Irans staatliches Fernsehnetzwerk in den letzten Jahren Sendungen ausgestrahlt, in denen die Zeichen für das Ende der Welt beschrieben wurden. Diese Sendungen sollen den Iran auf die Ankunft des Zwölften Imam vorbereiten.[15]

Denken Sie jetzt einmal darüber nach, was passieren könnte, wenn der Iran es schliesslich schafft, Atomwaffen zu entwickeln. Für Israel wäre das eine mehr als ernst zu nehmende Bedrohung. Nach Jahrzehnten, in denen sie geschworen haben, den jüdischen Staat zu vernichten, hätten die iranischen Führer – wie z. B. der derzeitige Präsident Hassan Rouhani, der dem obersten Führer des Iran, Seyyed Ali Hosseini Khamenei, unterstellt ist – nun die Mittel für einen neuen Holocaust, indem sie einfach nur auf ein paar Knöpfe drücken – Knöpfe, die Atom-

---

[14] «Iran's Ahmadinejad: Israel, U. S. Soon Will Die», NewsMax.com, 24. Januar 2007, der Online-Artikel steht nicht mehr zur Verfügung.

[15] Siehe Joel C. Rosenberg, «State of the Union: The President Must Lay Out a Clear and Convincing Plan to Stop Iran. Period», Flash Traffic, 23. Januar 2007, der Online-Artikel steht nicht mehr zur Verfügung.

raketen abschiessen! Israel, das etwa die Grösse von New Jersey hat, würde einen nuklearen Erstschlag seitens des Iran oder jedes anderen Schurkenstaates wahrscheinlich nicht überleben.

Der Iran arbeitet schon lange an der Entwicklung von Atomwaffen. Um das zu vereiteln, haben die Vereinigten Staaten im Juli 2015 einen Atomdeal mit dem Iran unterzeichnet, genannt Joint Comprehensive Plan of Action (Gemeinsamer umfassender Aktionsplan). Das Abkommen wurde ausgehandelt, um den Iran davon abzuhalten, während der 15 Jahre umfassenden Vertragslaufzeit eine Bombe herzustellen – und zu dem Abkommen gehörte die Bedingung, dass der Iran internationalen Inspektoren freien Zutritt zu seinen Nuklearanlagen gewähren muss.[16]

Das Problem ist, dass der Deal das iranische Atomprogramm nicht gänzlich ausschaltet. Bestimmte Details des Abkommens kamen ein Jahr nach Unterzeichnung an die Öffentlichkeit. Wir wissen jetzt, zehn Jahre nach Einführung des Abkommens wird es dem Iran erlaubt sein, seine Hauptzentrifugen durch eine fortschrittlichere Ausrüstung zu ersetzen. Schliesslich wird der Iran weniger Zentrifugen zur Anreicherung von Uran haben, aber die neuen Maschinen werden effizienter sein und Uran doppelt so schnell anreichern können wie zuvor.[17]

Ich bin der festen Überzeugung, dass die Iraner auch weiterhin an der Entwicklung von Nuklearwaffen arbeiten und ihre wahren Absichten nicht offen preisgeben werden. Ein hochrangiger israelischer Sicherheitsbeamter wurde in *The Jerusalem*

---

[16] Elaine Sciolino, «A Journalist's Dark Perspective on the Nuclear Deal with Iran», *The Washington Post*, 21. Oktober 2016, https://www.washingtonpost.com/opinions/a-journalists-dark-perspective-on-the-nuclear-deal-with-iran/2016/10/21/c6c549e8-8745-11e6-ac72-a299.793.81495_story.html?utm_term=.bd8cd51a0d6f.

[17] George Jahn, «Secret Document Reveals Key Iran Nu-clear Constraints Will Ease in 10 Years», *The Times of Israel*, 18. Juli 2016, http://www.timesofisrael.com/secret-document-reveals-key-iran-nuclear-constraints-will-ease-in-10-years/

Post mit den Worten zitiert: «Die Geschichte hat gezeigt, dass Schurkenstaaten Diplomatie als Tarnung benutzen, während sie gleichzeitig ihre Arbeit fortsetzen.»[18] Ein politischer Kommentator warnt: «Der Iran wird auch weiterhin versuchen, so schnell wie möglich Atomwaffen zu entwickeln. Bis dahin heisst es: Unterzeichne jedes Abkommen, sage alles, täusche – tue alles, was nötig ist, um die Welt auf die falsche Fährte zu führen.»[19] Den Mullahs ist an nichts anderem gelegen, als das Abkommen zu hintergehen: «Um Zeit zu gewinnen, sind die Mullahs bereit, jedes Zugeständnis zu machen, das nötig ist. Gleichzeitig sind sie aber entschlossen, ihre eigentlichen Ziele nie aus den Augen zu verlieren: an Atomwaffen zu gelangen, die Vereinigten Staaten zu besiegen und Israel von der Erdoberfläche auszuradieren.»[20] Wie schon erwähnt, hat Irans oberster Führer, Ayatollah Khamenei, versprochen, dass Israel die nächsten 25 Jahre nicht überleben wird. Daher ist anzunehmen, dass die Auswirkungen des US-amerikanischen Abkommens mit dem Iran bestenfalls von kurzer Dauer sind.

Eine Analyse, die ich gelesen habe, meint, wir müssten weiterhin darauf «vorbereitet sein, es mit einem iranischen Regime zu tun zu haben, das dem Westen ebenso feindselig gesonnen ist wie vorherige. ... Es besteht das reale Risiko, dass sich in der Region ein viel grösserer und umfangreicherer Krieg zusammenbraut.»[21] Ich stimme dieser Einschätzung zu. Ich glaube, der «grössere und umfangreichere Krieg», der sich «in der Region zusammenbraut», ist kein geringerer als die von Hesekiel prophezeite Invasion in Hesekiel 38–39. Darüber werden wir später in diesem Buch noch sprechen. In diesem Kapitel zeige ich

---

[18] Ansari, S. 2.
[19] Jerome Corsi, *Atomic Iran* (Nashville: WND Books, 2005), S. 180.
[20] Corsi, S. 180.
[21] Sciolino, «A Journalist's Dark Perspective on the Nuclear Deal with Iran».

dann auf, dass es eines Tages in der nicht allzu fernen Zukunft eine gewaltige Invasion nach Israel geben wird, an der nicht nur der Iran beteiligt ist, sondern auch Russland, Sudan, die Türkei, Libyen, Kasachstan, Kirgisien, Usbekistan, Turkmenistan, Tadschikistan, Armenien und möglicherweise Nord-Afghanistan.

Der islamische Fundamentalismus im IS

Der IS begann als eine Splittergruppe von Al-Qaida, und sein derzeitiges Ziel ist es, ein islamisches Kalifat im Irak, Syrien und darüber hinaus zu errichten. Die Gründung dieses Kalifats ist von zentraler Bedeutung für die endzeitliche Weltanschauung des IS. Mark Hitchcock sagt:

> Für sie steht das Ende der Tage direkt bevor, und das Kalifat bereitet der Ankunft ihres Messias den Weg. Der IS und das Kalifat üben einen so starken und unwiderstehlichen Reiz auf junge Muslime aus, dass sich Ende Mai 2015 fast 30 000 Muslime aus 115 Staaten dem IS im Irak und in Syrien angeschlossen hatten, und weitere 5000 dem IS-Zweig in Libyen. ... Der Islamische Staat positioniert sich als Vorbote der Endzeit – der letzten und entscheidenden Schlacht zwischen Muslimen und den Feinden Allahs, aus der die Muslime siegreich hervorgehen werden und nach der auf der ganzen Erde Frieden – der Friede der völligen Einhaltung der Scharia – herrschen wird.[22]

Während der IS das Gesetz der Scharia durchsetzt, hat er zahllose Menschen hingerichtet. Juden und Christen gehören zu denen, die gnadenlos exekutiert wurden, oftmals auf barbarische Weise wie durch das Aufschlitzen der Kehle, Enthauptun-

---

[22] Mark Hitchcock, *Isis, Iran, Israel* (Eugene, OR: Harvest House, 2016), iBooks Edition.

gen und sogar Kreuzigungen, um den Christus des Christentums öffentlich zu verspotten. Der ehemalige US-Aussenminister John Kerry machte weithin bekannt, wie der IS in den vergangenen Jahren Massenmord an den Christen im Nahen Osten begangen hat.[23]

Christliche Gemeinden im Nahen Osten sind ebenfalls zu Zielen der Verfolgung geworden. In den vom IS kontrollierten Gebieten in Syrien und Irak wurden Gemeinden geplündert, Kreuze zerstört und Gemälde mit biblischen Szenen vernichtet – IS-Mitglieder halten sie für «götzendienerisch».[24]

Ein Hauptziel des IS ist natürlich Israel. IS-Führer sagen, der jüdische Staat wird bald der Vergangenheit angehören und das Land zum Massenfriedhof für hingerichtete Juden werden. IS-Mitglieder glauben, sie würden unter der direkten Führung Allahs handeln, wenn sie gegen Israel vorgehen.[25]

Und der IS ist nicht die einzige radikale islamische Gruppe, die es auf Israel abgesehen hat. Ob wir über den IS reden oder über Organisationen wie Al-Qaida, Hisbollah, Hamas oder den Palästinensischen Islamischen Dschihad, sie alle verfolgen das gemeinsame Ziel, Israel auszulöschen. In seinem Buch *Countdown to the Apocalypse* sagt Pastor Robert Jeffress: «Am Ende sind alle islamischen Terrorgruppen gleich, da sie alle gegen Israel und gegen den Westen sind und ihre Ziele mit äusserst gewalttätigen Mitteln verfolgen.»[26]

---

[23] Andre Mitchell, «Humanitarian Warns of the ‹Elimination› of Christianity in the Middle East», *Christianity Today*, 12. Juli 2016, https://www.christianitytoday.com/article/humanitarian.warns.of.the.elimination.of.christianity.in.the.middle.east/90262.htm.

[24] Maria Abi-Habib, «For Many Christians in Middle East, Intimidation or Worse», *Wall Street Journal*, 26. Juli 2016, https://www.wsj.com/articles/for-many-christians-in-middle-east-intimidation-or-worse-146.957.3266.

[25] Abu Bakr al-Baghdadi, zitiert in Mark Hitchcock, *Isis, Iran, Israel.*

[26] Robert Jeffress, *Countdown to the Apocalypse* (New York: FaithWords, 2015), iBooks Edition.

Aus diesem Grund befindet sich Israel stets in höchster Alarmbereitschaft. Israels Führer sind sich bewusst, dass ihr Land das Ziel vieler solcher Gruppen ist. Am 29. September 2014 sagte Benjamin Netanjahu vor den Vereinten Nationen:

> Meine Damen und Herren, die Ambition des militanten Islam, die Welt zu beherrschen, erscheint verrückt. Aber so war es auch mit den globalen Ambitionen einer anderen fanatischen Ideologie, die vor acht Jahrzehnten an die Macht kam. ... Die Nazis glaubten an eine Herrenrasse. Die militanten Islamisten glauben an einen alles beherrschenden Glauben. Sie sind sich nur uneins, wer unter ihnen der Herr dieses Glaubens sein wird. Darin sind sie sich wirklich nicht einig. Somit stellt sich uns die Frage, ob der militante Islam die Macht haben wird, seine ungezügelten Ambitionen umzusetzen.[27]

Der IS beschränkt seine terroristischen Aktivitäten natürlich nicht auf den Nahen Osten. Die verantwortlichen Behörden in Europa und den Vereinigten Staaten halten zurzeit ein wachsames Auge auf IS-Angriffe auf ihrem eigenen Grund und Boden. Der IS ist wie ein Krake mit langen Tentakeln, die die ganze Welt umspannen. Geheimdienste und Gesetzesvollzugsbehörden sind aufgrund möglicher nächster Angriffe verständlicherweise in ständiger Alarmbereitschaft. Der IS verfügt ganz gewiss über die finanziellen Mittel, um den globalen Terrorismus zu sponsern; er ist die reichste Dschihadistengruppe der Welt.

Woher hat der IS das Geld? Sie verfügen über viele Geldströme. Islamische Nationen haben unglaublich grosse Summen für ihre Sache gespendet. IS-Extremisten entführen oft Menschen und halten sie gefangen, bis ein hohes Lösegeld gezahlt wird.

---

[27] Benjamin Netanjahu, zitiert in Jeffress, *Countdown to the Apocalypse*.

Der IS bekam eine gewaltige Geldspritze von ca. 500 Millionen Dollar, als er in Mossul einmarschierte und die dortigen Banken plünderte. Dieselbe Summe nahmen sie ein, indem sie auf dem Schwarzmarkt Öl verkauften. Ausserdem raubten und verkauften sie kostbare Artefakte.[28] Alles zusammengenommen, haben sie mehr als genug Geld, um in Israel, den Vereinigten Staaten und anderen Ländern ein apokalyptisches Blutbad anzurichten.

Gott hat noch immer alles unter Kontrolle

Während wir uns die Aktivitäten und Ziele von radikalen Muslimen anschauen, kann man leicht vergessen, dass die souveräne Kontrolle über das ganze Universum bei Gott liegt. In diesem Kapitel findet sich viel Negatives. Daher halte ich es für nötig, dass uns die Bibel zum Schluss an Gottes Herrschaft erinnert! Psalm 66,7 bestätigt: «Er herrscht ewiglich in seiner Macht.» In Psalm 93,1 lesen wir: «Der HERR regiert als König! ... Er hat sich umgürtet mit Macht.» Gott versichert uns: «Alles, was mir gefällt, werde ich vollbringen» (Jes 46,10), und: «Fürwahr, es soll geschehen, wie ich es mir vorgenommen habe, und es soll zustande kommen, wie ich es beschlossen habe» (Jes 14,24). In Sprüche 16,9 erfahren wir: «Das Herz des Menschen denkt sich seinen Weg aus, aber der HERR lenkt seine Schritte.» Und Sprüche 19,21 sagt: «Ein Mensch macht vielerlei Pläne in seinem Herzen, aber der Ratschluss des HERRN hat Bestand.» Ja, Gott ist souverän – über alle Nationen der Erde (Hes 38,4.8.16; Dan 2,21; 4,14).

Da dies so ist, müssen wir davon ausgehen, dass Gott dem IS und anderen derartigen Organisationen zurzeit gestattet, Einfluss auf den Nahen Osten zu nehmen und ihn sogar umzugestalten als Vorbereitung für die endzeitlichen Ereignisse, die

[28] Siehe Hitchcock, *Isis, Iran, Israel.*

in der Bibel vorausgesagt werden – einschliesslich der Invasion Israels aus Hesekiel:

> Der IS hat als wirksamer Auslöser gedient, um Russland nach Syrien zu bringen – direkt an Israels Nordgrenze. Russische Panzer, Truppen und Düsenjäger strömen unter dem Vorwand, den IS zu bekämpfen, nach Syrien hinein. Russland ist Teil der gigantischen Armee Gogs, die laut Hesekiel 38 in den letzten Tagen in Israel einmarschieren wird. Russlands Präsenz an Israels Nordgrenze ist beispiellos in der Geschichte und könnte der Erfüllung der uralten Prophezeiung Hesekiels den Weg bahnen.[29]

Denken Sie nicht eine Minute lang, dass diese von Hesekiel prophezeite Invasionstruppe Erfolg haben könnte. Später in diesem Buch werde ich beschreiben, wie Gott selbst diese Eindringlinge vernichten wird.

Ich schliesse mit einer letzten Beobachtung: Die gegenwärtig vom IS und anderen Terrororganisationen ausgelösten Unruhen im Nahen Osten könnten möglicherweise die Bühne für den erzwungenen Frieden bereiten, den der Antichrist durch einen Vertrag mit Israel bewirken wird (Dan 9,27). Die Unterzeichnung des Vertrags wird den Beginn der Drangsalszeit markieren. Ich sage «erzwungener Friede», weil es ein «*fester* Bund» sein wird (Dan 9,27; Hervorhebung durch den Autor) –, was offensichtlich bedeutet, dass der Bund aus einer grossen Machtposition heraus aufgezwungen wird, so wie sie der Antichrist als Oberhaupt des wiedererstandenen Römischen Reiches besitzt. Heutzutage erscheint ein solches Szenario immer wahrscheinlicher.

---

[29] Hitchcock, *Isis, Iran, Israel.*

6

Die nachlassende Unterstützung für Israel

Die Schrift macht deutlich, dass Israel als Staat immer mehr in die Isolation gerät, je näher wir der Endzeit kommen. Die jüdische Nation wird nur sehr wenige echte Freunde in der Welt haben (wenn überhaupt welche).

Historisch gesehen sind die Vereinigten Staaten ein fester Verbündeter Israels gewesen. Während des Sechstagekrieges von 1967 standen die Russen beispielsweise kurz vor einem Angriff auf Israel, auf den sie sich sogar längere Zeit vorbereitet hatten. Sowjetische Kriegsschiffe, U-Boote und Kampfflugzeuge wurden mobilisiert und auf den Einsatz vorbereitet. Präsident Johnson – der die Absichten Russlands kannte – entsandte jedoch die Sechste US-Flotte in Richtung Israel als ein Zeichen der Solidarität mit dem Land. Das führte dazu, dass der mächtige russische Bär einen Rückzieher machte.

1973 zeigten die Russen erneut eine militärische Aggression gegenüber Israel. Obwohl Ägypten, Syrien und andere arabisch-islamische Länder den Angriff auf Israel starteten, lieferte Russland die militärische Unterstützung dazu – inklusive Waffen, Munition, Geheimdienstinformationen und militärischer Ausbildung, um diese arabische Koalition in ihrem Ziel der Vernichtung Israels zu unterstützen.

Während Russland die Araber unterstützte, kamen die Vereinigten Staaten Israel zur Hilfe. Die Beziehungen zwischen den

Russen und den USA wurden zunehmend hitziger. Der russische Generalsekretär Leonid Breschnew liess US-Präsident Richard Nixon ein in diplomatischer Sprache verfasstes, aber letzten Endes bedrohliches Communiqué zukommen. Sowjetische und US-amerikanische Streitkräfte wurden in höchste Alarmbereitschaft versetzt. Nixon liess sich nicht lange bitten und sandte Breschnew eine Warnung, dass sein Handeln zu «unabsehbaren Konsequenzen» führen könnte. Zusammen mit der Präsenz des US-Militärs in der Region bewirkte dieses scharf formulierte Communiqué erneut, dass der russische Bär klein beigab.

Seither haben amerikanische Präsidenten versucht, Frieden im Nahen Osten zu schaffen, aber immer ohne dauerhaften Erfolg. Es kam sogar noch schlimmer: Das durch den Rückzug der US-Truppen aus dem Nahen Osten – von 2007 bis 2011 – entstandene Vakuum führte wohl zum Aufkommen des IS, was zu einer weiteren Eskalation des Konflikts beigetragen hat.

In den letzten Jahren ist Amerikas Freundschaft mit Israel abgekühlt. 2016 – am Ende der Amtszeit von Präsident Barack Obama – riefen die Vereinigten Staaten zu sofortigem Handeln auf, um im israelisch-palästinensischen Konflikt eine Zweitstaatenlösung zu retten. Obama selbst enthielt sich bei einer Abstimmung des UN-Sicherheitsrates, die Israel verurteilte, der Stimme – das hatte noch kein US-Präsident vor ihm getan. Später sagten US-Abgeordnete in seinem Namen, es sei der Sache des Friedens abträglich, dass Israel weiterhin jüdische Siedlungen auf palästinensischem Land errichtet.

Der Prophetieautor Joel Rosenberg beauftragte McLaughlin & Associates mit einer Umfrage, die herausfinden sollte, was die Amerikaner von Barack Obamas Enthaltung bei der Abstimmung des UN-Sicherheitsrates hielten – direkt bevor Donald Trump das Amt übernahm. Im Anschluss sind einige wichtige Ergebnisse der Umfrage aufgelistet:

- 29,4 % aller Befragten sagten, Obama habe sich zu Recht bei der UN-Abstimmung enthalten.
- 37,2 % aller Befragten sagten, es war falsch von Obama, Israel zu verraten.
- 50,3 % der Demokraten sagten, Obama habe sich zu Recht bei der UN-Abstimmung enthalten.
- 12,7 % der Republikaner sagten, Obama habe sich zu Recht bei der UN-Abstimmung enthalten.
- 52,9 % der politisch Liberalen meinten, Obama habe sich zu Recht bei der UN-Abstimmung enthalten.
- 12,2 % der politisch Konservativen meinten, Obama habe sich zu Recht bei der UN-Abstimmung enthalten.[1]

Unterdessen kam eine vom Pew Research Center durchgeführte Umfrage über Israel und den Nahostkonflikt zu ähnlichen Ergebnissen:

- 74 % der Republikaner sagen, sie sympathisieren mehr mit Israel als mit den Palästinensern.
- 33 % der Demokraten sympathisieren mit Israel.

Das bedeutet, zwischen Republikanern und Demokraten liegt eine 41 Prozent grosse Kluft bei diesem Thema. Deshalb ist der israelische Ministerpräsident Benjamin Netanjahu bei Republikanern weiterhin beliebt und bei Demokraten unbeliebt.[2]

---

[1] «Exclusive Polling on Latest American Attitudes Regarding U. S. Policy Towards Israelis and Palestinians», durchgeführt von McLaughlin & Associates für Joel C. Rosenberg, Joel Rosenberg *Flash Traffic* Blog.

[2] «The World Facing Trump: Public Sees ISIS, Cyberattacks, North Korea as Top Threats», *Pew Research Center*, 12. Januar 2017, http://www.people-press.org/2017/01/12/the-world-facing-trump-public-sees-isis-cyberattacks-north-korea-as-top-threats/

Ich denke, jeder stimmt mir zu, dass der politische Standpunkt einer Person eine Menge damit zu tun hat, wie man zu Israel steht. Rosenbergs Einschätzung der amerikanisch-israelischen Beziehungen findet bei vielen Christen heute Widerhall: «Es schmerzt, mitansehen zu müssen, wie die persönlichen Spannungen zwischen dem Weissen Haus und dem US-Aussenministerium und der Regierung Netanjahus zu einem Zeitpunkt zunehmen, an dem die nukleare Bedrohung des Iran Einheit zwischen zwei Langzeitverbündeten verlangt. Warum sehen wir so starke Emotionen seitens des Obama-Teams gegen Netanjahu, einen treuen Verbündeten der USA, aber nie gegen Khamenei?»[3]

Nachdem sich Barack Obama von der Abstimmung enthalten hatte, stellten die US-Senatoren Marco Rubio und Ben Cardin einen Senatsbeschluss vor, der teilweise so lautete:

> «Bemühungen, Israel seine Legitimität streitig zu machen, sind bei den Vereinten Nationen seit langer Zeit im Gang und wurden nun leider von der scheidenden Regierung unterstützt, aber die Zeit ist gekommen, die Dinge rückgängig zu machen und Amerikas Verpflichtung gegenüber dem jüdischen Staat zu erneuern», sagte Rubio. «Was das amerikanisch-israelische Bündnis betrifft, so glauben wir, dass Senatoren beider Parteien fest an Israels Seite stehen und Bestrebungen verurteilen müssen, die Israels Legitimität untergraben. Dieser Beschluss bringt zum Ausdruck, dass der Senat die anhaltenden antiisraelischen Bemühungen der Ver-

[3] Joel Rosenberg, «If Obama's Team Is Hostile to Israel Before the Elections ...», *Flash Traffic* Blog, 29. Oktober 2014, https://flashtrafficblog.wordpress.com/2014/10/30/if-obama-team-is-hostile-to-israel-before-the-elections-how-bad-will-things-get-after-tuesday-will-the-president-turn-against-israel-appease-iran-analysis/

> einten Nationen ablehnt, unsere Verpflichtung gegenüber Israel bekräftigt und die neu gewählte Regierung [von Donald Trump] drängt, hinsichtlich dieser Frage mit dem Kongress zusammenzuarbeiten.»[4]

Gegenwärtig scheint es, als würde die Trump-Administration eine positive Beziehung zu Israel anstreben. Die Zeit wird's zeigen.

Die Nationen verbünden sich gegen Israel

Wie bereits erwähnt, sind die Vereinten Nationen offenbar nicht an einem fairen Umgang mit Israel interessiert. Schon seit einiger Zeit häufen sich die Verurteilungen Israels. David Reagan sagt:

> Betrachten wir nur eine Teilliste der Verurteilungen, die der Menschenrechtsrat der Vereinten Nationen seit seiner Gründung im Jahr 2006 veröffentlicht hat. Israel wurde 62 Mal verurteilt, Syrien 17 Mal, Nordkorea 8 Mal und der Iran 5 Mal.
>
> Von den 193 Mitgliedern der Vereinten Nationen sind nur 11 verurteilt worden (6 Prozent). Von den 116 verurteilenden Resolutionen hatten 53 Prozent Israel zum Ziel!
>
> Nicht einer der folgenden Staaten wurde ein einziges Mal verurteilt, obwohl sie alle eine lange Liste mit schweren Verstössen gegen die Menschenrechte vorzuweisen haben: Kuba, China, Pakistan, Russland, Saudi-Arabien, Ägypten, Somalia, Nicaragua und Venezuela.
>
> *Aber Israel wurde 62 Mal verurteilt.*

---

[4] «Rubio, Cardin Introduce Senate Resolution Condemning Anti-Israel Efforts at United Nations», Presseveröffentlichung, 4. Januar 2017, http://www.rubio.senate.gov/public/.

Oder denken Sie an die folgende Liste mit Terrororganisationen: IS, Al-Qaida, Boko Haram, Al Fatah, Hamas, Hisbollah und Islamischer Dschihad. Die Einzige von ihnen, die vom Menschenrechtsrat der Vereinten Nationen verurteilt wurde, ist der IS und das auch nur ein einziges Mal!

Aber Israel wurde 62 Mal ermahnt.[5]

Sich über die Voreingenommenheit der UN gegen Israel zu beschweren, scheint gerechtfertigt. In seinem Buch *The Rise of ISIS* (Der Aufstieg des IS) bemerkt Jay Sekulow, dass «die UN ihre antiisraelische Haltung auf vielerlei Weise deutlich gemacht hat. Während des Konflikts zwischen der Hamas und Israel im Jahr 2014 weigerten sich die Vereinten Nationen beispielsweise, die Praktik der Hamas anzuprangern, menschliche Schutzschilde in Gefahrenzonen einzusetzen, und machte Israel verantwortlich, als palästinensische Zivilisten umkamen». Ausserdem: «Als UN-Beamte herausfanden, dass die Hamas Raketen in UN-Einrichtungen wie z. B. Schulen versteckte, wurden diese Raketen der Hamas zurückgegeben, statt sie zu konfiszieren.»[6] Joel Richardson beklagte verständlicherweise, dass «sich die Vereinten Nationen zu einem Israel hassenden Ungetüm verwandelt haben».[7]

Auch ausserhalb der UN verbünden sich Nationen auf der ganzen Welt gegen Israel. Ein paar Wochen nachdem Obama zum sofortigen Handeln aufgerufen hatte, um die Zweitstaatenlösung im israelisch-palästinensischen Konflikt zu retten, fand

[5] David Reagan, «The World's Hatred of Israel: Prophecy Fulfilled», Lamb & Lion Ministries, http://christianprophecy.org/articles/the-worlds-hatred-of-israel/

[6] Tim LaHaye und Ed Hindson, *Target Israel* (Eugene, OR: Harvest House, 2015), iBooks Edition.

[7] Joel Richardson, zitiert in «End Times Harbinger: Nations Gang Up on Israel», *WorldNetDaily,* 14. Januar 2017, http://www.wnd.com/2017/01/end-times-harbinger-nations-gang-up-on-israel/#!.

in Paris ein Treffen von 70 Nationen statt, die über eine Lösung des Nahostkonflikts diskutierten. Zwei Tage vor dem Treffen berichtete *Yahoo News*:

> Etwa 70 Länder und internationale Organisationen beabsichtigen auf einer Konferenz, neue Anstrengungen hinsichtlich einer Zweistaatenlösung im Nahen Osten zu unternehmen ... nur wenige Tage bevor Donald Trump das Amt übernimmt und Israel uneingeschränkte Unterstützung verspricht. Das Pariser Treffen hat zum Ziel, den eingeschlafenen israelisch-palästinensischen Friedensprozess neu zu beleben trotz der Befürchtungen neuer Gewalttaten, wenn Trump das Versprechen einlöst, die umkämpfte Stadt Jerusalem als Israels Hauptstadt anzuerkennen. Doch weder Israel noch die Palästinenser werden in Paris anwesend sein, und der israelische Ministerpräsident Benjamin Netanjahu hat die Konferenz als «manipuliert» abgetan.[8]

Einen Tag *nach* dem Treffen wurde berichtet:

> Aussenminister und andere Diplomaten aus etwa 70 verschiedenen Ländern kamen am Sonntag nach Paris mit der Absicht, die Friedensgespräche zwischen Israel und den Palästinensern wieder in Gang zu bringen. ... «Wir sind hier, um entschieden zu wiederholen, dass die Zweistaatenlösung die einzig mögliche ist», sagte der französische Aussenminister Jean-Marc Ayrault in seinen einleitenden Bemerkungen zu hochrangigen Delegierten auf der Konferenz. ... Der israeli-

---

[8] «Paris Meeting to Push for Mideast Peace with Eye on Trump», *Yahoo News*, 13. Januar 2017, https://sg.news.yahoo.com/paris-meeting-push-mideast-peace-eye-trump-140311246.html.

sche Ministerpräsident Benjamin Netanjahu weigerte sich zu kommen und prangerte die Konferenz von Anfang an als voreingenommen gegenüber Israel an. «Es ist eine manipulierte Konferenz, manipuliert von den Palästinensern und der französischen Schirmherrschaft, um weitere antiisraelische Standpunkte einzunehmen», sagte er. ... US-Aussenminister John Kerry nahm an den Gesprächen am Sonntag teil, um «sicherzustellen, dass Amerikas Interesse an einer Zweistaatenlösung weiterhin besteht». ... Von Trumps neu gewählter Regierung wird erwartet, dass sie eine gänzlich andere Richtung einschlägt.[9]

In Bezug auf die biblische Prophetie ist dies alles von Bedeutung. Joseph Farah bemerkt: «Als ehemaliger Nahostkorrespondent und Prophetiestudent mit 40-jähriger Erfahrung kann ich mit Sicherheit und Enttäuschung sagen, dass aus diesem Treffen nichts Gutes entstehen wird.»[10] Mein Freund Jan Markell warnte verständlicherweise:

> Israel ist besorgt, dass Runde zwei eines internationalen Angriffs in Arbeit ist. Dieses Mal könnte ihnen eine Zweistaatenlösung aufgezwungen werden. In Joel 4,2 lesen wir, dass das Land Israel in den letzten Tagen «verteilt» sein wird. Joel 4 macht auch klar, dass die Nationen, die für die Teilung von Gottes Land verantwortlich sind, gerichtet werden. Israel ist der einzige Ort, den Gott «mein Land» nennt. Er wacht eifersüchtig darüber. Er will nicht, dass es geteilt wird.[11]

---

[9] «Paris Summit Urges Two-State Solution to Israeli-Palestinian Conflict», *NPR*, 15. Januar 2017, http://www.npr.org/sections/thetwo-way/2017/01/15/509939635/dozens-of-diplomats-gather-in-paris-for-israel-palestinian-peace-talks.

[10] «End Times Harbinger: Nations Gang Up on Israel».

[11] Jan Markell, zitiert in «End Times Harbinger».

In Joel 4,2 sagt Gott: «Da werde ich alle Heidenvölker versammeln und sie ins Tal Josaphat hinabführen; und ich werde dort mit ihnen ins Gericht gehen wegen meines Volkes und meines Erbteils Israel, weil sie es unter die Heidenvölker zerstreut und mein Land verteilt haben.» Markell sagt: «Die Palästinenser wollen keine Zweistaatenlösung. Sie wollen die Ausrottung Israels, so wie wir es kennen, und eine Einstaatenlösung – Palästina.»[12]

Mittlerweile kommt es allerorts wieder zu deutlichen Ausbrüchen von Antisemitismus. Tim LaHaye und Ed Hindson zitieren eine europäische Studie unter 6000 Personen, die sich als Juden zu erkennen gaben. Die Ergebnisse bestätigen, dass sich die Situation verschlechtert:

- Zwei Drittel der Befragten sagten, dass Antisemitismus ein ernstes Problem in ihrem Land ist; drei von vier waren der Ansicht, dass es sich in den letzten fünf Jahren noch verschlechtert hat.
- Nahezu ein Viertel meinte, sie würden wegen Sicherheitsbedenken manchmal an keinen jüdischen Veranstaltungen teilnehmen oder jüdische Orte aufsuchen. Fast zwei von fünf Personen vermeiden es normalerweise, ihre jüdische Identität öffentlich zu zeigen, wie z. B. durch das Tragen des Davidsterns.
- Fast jeder Dritte hat schon einmal über Auswanderung nachgedacht, weil sie sich als Juden nicht sicher fühlen.[13]

2015 lasen wir in der Aprilausgabe von *U. S. News & World Report*: «Siebzig Jahre nach dem Holocaust greift der Antisemi-

[12] Markell in «End Times Harbinger».
[13] LaHaye und Hindson, *Angriffsziel Israel.*

tismus wieder gefährlich um sich in Europa. Von Toulouse bis Paris, von London bis Berlin, von Brüssel bis Kopenhagen werden Juden bedrängt, angegriffen und sogar getötet.»[14]

Newsweek veröffentlichte einen Artikel mit dem Titel: «Exodus: Warum die europäischen Juden erneut fliehen». In dem Artikel lesen wir von einigen der jüngsten Ereignisse:

> Frankreich hat die schlimmste Gewalt erlebt, aber der Antisemitismus verbreitet sich über ganz Europa. ... In Grossbritannien gab es etwa 100 antisemitische Vorfälle. ... In Berlin musste eine Menge von antiisraelischen Demonstranten davon abgehalten werden, eine Synagoge anzugreifen. Im belgischen Lüttich stellte ein Cafébesitzer ein Schild mit der Aufschrift auf: Hunde sind willkommen, aber Juden ist der Zutritt nicht erlaubt. ... Doch für viele französische und europäische Juden kommt die Gewalt nicht überraschend. Siebzig Jahre nach dem Holocaust blüht der älteste Hass der Welt von Amiens bis Athen wieder auf.[15]

Ein vor Kurzem vom Pew Research Center veröffentlichter Bericht lässt erkennen, dass Juden in 34 von 45 europäischen Ländern verfolgt werden. Weltweit haben antisemitische Belästigungen ein Siebenjahreshoch erreicht. In einem Bericht von Lamb and Lion Ministries heisst es:

> In ganz Europa, und besonders in Griechenland, Frankreich und Belgien, sehen Juden ihre religiöse Freiheit bedroht und wie ihre Friedhöfe verwüstet und ihre Synagogen entweiht

[14] *U. S. News & World Report*, zitiert in Reagan, «The World's Hatred of Israel».
[15] Adam Lebor, «Exodus: Why Europe's Jews Are Fleeing Once Again», Newsweek, 29. Juli 2014, http://www.newsweek.com/2014/08/08/exodus-why-europes-jews-are-fleeing-once-again-261854.html.

werden. Sie erleben auch vermehrt persönliche Angriffe, die häufig zum Tod führen. In Frankreich ist die jährliche Zahl von antisemitischen Vorfällen zurzeit sieben Mal höher als in den 1990ern. 2014 hat sie sich verdoppelt.[16]

Keine US-amerikanische Unterstützung Israels bei der kommenden Invasion Hesekiels

Gegenwärtig sieht es so aus, als wolle Präsident Donald Trump die einst starken Beziehungen zu Israel wiederherstellen. Trotzdem können wir definitiv sagen, dass *keine* Nation – *nicht einmal die Vereinigten Staaten* – Israel zur Seite steht, wenn ein riesiges Militärbündnis aus dem Norden in Israel einmarschieren wird. Zu dieser Koalition, die in der Endzeit in Israel einfallen wird, gehören Russland und eine Reihe muslimischer Staaten: Iran, Sudan, die Türkei, Libyen, Kasachstan, Kirgisien, Usbekistan, Turkmenistan, Tadschikistan, Armenien und möglicherweise Nord-Afghanistan (Hes 38,1-6). (Über diese Invasion werde ich ausführlich im nächsten Kapitel sprechen.)

Die Schrift macht deutlich, dass Israel allein sein wird, wenn dieser Angriff stattfindet. Zugegeben, ein paar Nationen werden einen schwachen Protest gegen diese Invasion erheben. In Hesekiel 38,13 lesen wir: «Dann werden Saba und Dedan und die Kaufleute von Tarsis und alle ihre jungen Löwen zu dir [den Invasionstruppen] sagen: Bist du gekommen, um Beute zu machen? Hast du deine Menge gesammelt, um zu plündern, um Silber und Gold zu nehmen, um Vieh und Güter wegzuführen und grossen Raub an dich zu reissen?»

Saba und Dedan beziehen sich auf das geografische Gebiet, das heute Saudi-Arabien ist. Arnold Fruchtenbaum schreibt: «Saba und Dedan sind Länder in Nordarabien, was zeigt, dass

[16] Reagan, «The World's Hatred of Israel».

die russische Präsenz im Nahen Osten zumindest von ein paar arabischen Staaten nicht gutgeheissen wird.»[17]

Tarsis hingegen ist viel schwerer zu lokalisieren. Einige Bibelausleger glauben, das alte Tarsis könnte sich auf das heutige Spanien beziehen. Andere halten es für Grossbritannien. Wiederum andere sagen, es könnten die Kolonien Westeuropas und die Nationen gemeint sein, die später aus ihnen hervorgegangen sind – einschliesslich der Vereinigten Staaten. Ganz andere meinen, Tarsis könnte praktisch alle westlichen Staaten in der Endzeit repräsentieren, wozu natürlich auch wieder die Vereinigten Staaten gehören würden.

Daher sind einige aufgrund von Hesekiel 38,13 der Ansicht, dass die Vereinigten Staaten zu den Nationen zählen, die gegen die massive Invasion Israels in Hesekiel protestieren werden. Es ist aber nur ein schwacher Protest ohne militärische Unterstützung. Meiner persönlichen Einschätzung zufolge ist nicht klar, welche geografische Region mit Tarsis gemeint ist. Unumstritten ist aber die Tatsache, dass Israel ganz allein stehen wird, wenn die Invasion beginnt.

Eine Schwächung der Vereinigten Staaten

Laut der prophetischen Schrift werden die Vereinigten Staaten Israel bei der Invasion nicht nur nicht zur Rettung kommen, sie werden in der biblischen Prophetie nicht einmal erwähnt, mit Ausnahme einiger allgemeiner Anspielungen auf «die Heidenvölker» (z. B. Hag 2,6-7; Jes 66,18-20). Das wirft die Frage auf: *Warum nicht?*

In meinen anderen Büchern über biblische Prophetie habe ich die Position vertreten, dass die Vereinigten Staaten in der

[17] Arnold Fruchtenbaum, *The Footsteps of the Messiah* (San Antonio, TX: Ariel Publishers, 2004), S. 111–112.

Endzeit wahrscheinlich an Macht eingebüsst haben werden, während das wiedererstandene Römische Reich – eine Art Vereinigte Staaten von Europa – zur Supermacht jener Zeit wird. Eine Schwächung der Vereinigten Staaten würde erklären, 1) warum es Israel während der Invasion nicht zur Hilfe kommt, und 2) warum es in der biblischen Prophetie offensichtlich nicht erwähnt wird.

Es gibt eine ganze Reihe von Faktoren, mit denen sich eine Schwächung der Vereinigten Staaten in der Endzeit erklären liesse. Einer ist eine atomare Explosion auf dem Boden der USA. Wenn eine einzige grosse Stadt – wie New York City, Los Angeles, Chicago oder Dallas – zerstört würde, hätte das verheerende Auswirkungen auf die ohnehin schon brüchige und hoch verschuldete US-amerikanische Wirtschaft. Da die Grenzen des Landes nicht hundertprozentig abzusichern sind, könnten Terroristen ohne Weiteres eine Atombombe einschmuggeln. Nach wie vor werden die Vereinigten Staaten von Ländern wie Iran und Nordkorea nuklear bedroht und auch Russland könnte einen Erstschlag ausführen.

Ein atomarer Angriff könnte Teil des islamischen Dschihads sein. Radikale islamische Fundamentalisten sind bekannt für ihren Einsatz von Waffen und Sprengstoffen, um ihre Version des Islams zu verteidigen. Wenn sie Atomwaffen in die Hände bekommen könnten, würden sie sie mit Sicherheit gegen die Vereinigten Staaten einsetzen.

Die Vereinigten Staaten könnten auch durch einen «elektromagnetischen Puls-Angriff» (EMP) geschwächt werden. Eine einzige Atomwaffe, die in einer Höhe von wenigen hundert Kilometern über den USA explodiert, würde der Nation katastrophalen Schaden zufügen. Eine solche Rakete könnte leicht von einem Frachter vor der Küste der Vereinigten Staaten abgeschossen werden. Der von einer solchen Waffe ausgehende elektromagnetische Impuls würde wahrscheinlich elektronische Systeme und Informationssysteme schwer beschädigen, von denen wir Amerikaner abhängig sind. In grosser Gefahr befänden sich elektronische Kontrollzentralen, die Infrastruktur von Strom-, Sensoren- und Schutzsystemen aller Art, Computer, Mobiltelefone, Telekommunikation, Autos, Schiffe, Flugzeuge, Züge, Transportwesen, Energieproduktion, Bank- und Finanzwesen, Notdienste und sogar die Lebensmittel- und Wasserversorgung. Alles, was in irgendeiner Weise von Strom abhängig ist, ist gefährdet. Grosse Sorgen macht amerikanischen Geheimdiensten die Tatsache, dass der Iran beobachtet wurde, wie er Raketen von einem Frachter aus mehrere hundert Kilometer hoch in die Atmosphäre geschossen hat.

Die Schwächung der Vereinigten Staaten durch einen moralischen Zusammenbruch ist ebenfalls denkbar. Viele Statistiken zeigen den moralischen und geistlichen Niedergang im Land. Wenn die Abwärtsspirale immer weitergeht, könnte es durchaus sein, dass Gott sich dazu entschliesst, die Nation zu richten (s. Hi 12,23; Dan 2,20-21; Röm 1,18-28).

Ein weiterer Grund, weshalb die Vereinigten Staaten geschwächt werden könnten, ist, dass sie Israel in der Endzeit den Rücken zuwenden. Wie wir wissen, hat Gott Abraham und seinen Nachkommen in 1. Mose 12,3 verheissen: «Ich will segnen, die dich segnen, *und verfluchen, die dich verfluchen*» (Hervorhebung durch den Autor). Diese uralte Verheissung hat Gott nie zurückgenommen. Wehe diesem Land, sollte je der Tag kommen, an dem sich die Vereinigten Staaten gegen Israel wenden! Es ist gut, wenn wir uns daran erinnern, dass Gott hält, was Er verspricht, und Er wird diejenigen segnen, die Israel segnen, und sich gegen die stellen, die gegen Israel sind.

Tim LaHaye und Ed Hindson schreiben:

> Angesichts der Verheissung Gottes an Israel in 1. Mose 12,3 können wir folgern, dass Amerikas Zukunft eng an die Art von Beziehung geknüpft ist, die es zu Israel unterhält. In all den Jahrzehnten, in denen Amerika Israel als Verbündeter zur Seite stand, wurde die Nation gesegnet. Wir müssen aber auch erkennen, dass Gott Seinen Segen wegnimmt, sollten die USA Israel nicht länger unterstützen. Nicht nur Israel braucht Amerika, Amerika braucht auch Israel.[18]

Schon seit Langem glaube ich, dass die Entrückung der Gemeinde die Vereinigten Staaten schwächen könnte. Wir können durchaus sagen, dass die negativen Folgen der Entrückung in Amerika grösser sein werden als in den meisten anderen Staaten. Das liegt am hohen Anteil an Christen in den USA. Nach der Entrückung werden viele Arbeitnehmer nicht mehr bei der Arbeit erscheinen. Viele Rechnungen und Hypotheken werden unbezahlt bleiben. Viele Geschäftsführer werden ihren Unternehmen nicht länger vorstehen. Viele Polizeibeamte und andere Gesetzeshüter werden nicht mehr da sein, um den Frieden aufrechtzuerhalten. Die Verbrechensrate wird steigen. Das plötzliche Verschwinden von Millionen von Menschen wird eine Panik zur Folge haben, und der Aktienmarkt wird so stark einbrechen wie nie zuvor. Sie können sich vorstellen, wie verheerend diese Entwicklungen für die Vereinigten Staaten sein werden.

In Bezug auf die Entrückung gilt es noch einen weiteren Faktor zu berücksichtigen: *Danach werden alle Israel unterstützenden Christen nicht mehr auf der Erde sein.* Das wird zweifelsohne zu dem steigenden Antisemitismus beitragen, der in der Drangsalszeit zu erwarten ist.

---

[18] LaHaye und Hindson, *Angriffsziel Israel.*

Werden sich die Vereinigten Staaten letzten Endes auf die Seite des Antichristen stellen?

Es ist absolut denkbar, dass die USA nach der Entrückung der Gemeinde dem vom Antichristen angeführten wiedererstandenen Römischen Reich unterstehen werden. Da viele US-Bürger ihre Wurzeln in Europa haben, wäre es nur natürlich, wenn die Vereinigten Staaten in der Endzeit ein Verbündeter dieser römischen Grossmacht würden. Sollte dies der Fall sein, werden sich die Vereinigten Staaten in die globalisierte Weltordnung einfügen, die sich in der Drangsalszeit durchsetzen wird.

Ich sage es nur sehr ungern, aber wenn es am Ende der Drangsalszeit zu Harmageddon kommt, werden sich wohl auch US-amerikanische Truppen gegen Israel versammeln und sich letztlich gegen den Herrn bei Seinem zweiten Kommen stellen. In Sacharja 12,3 lesen wir: «Und es soll geschehen an jenem Tag, dass ich Jerusalem zum Laststein für *alle Völker* machen werde; alle, die ihn heben wollen, werden sich gewisslich daran wund reissen» (Hervorhebung durch den Autor). Der Ausdruck «alle Völker» schliesst natürlich auch die Vereinigten Staaten ein.

Auch in Sacharja 14,2 lesen wir: «Da werde ich *alle Heidenvölker* bei Jerusalem zum Krieg versammeln» (Hervorhebung durch den Autor). Auch hier dürfte «alle Heidenvölker» die USA einschliessen.

In Offenbarung 16,14 heisst es dann, dass die «Könige der Erde und des ganzen Erdkreises» versammelt werden «zum Kampf ... an jenem grossen Tag Gottes, des Allmächtigen.» Mit den «Königen der Erde» ist natürlich auch der Präsident der Vereinigten Staaten gemeint.

Die Entrückung könnte indirekt zu all dem und mehr führen. Es ist leicht vorstellbar, wie sich eine USA *ohne Christen* mit dem wiedererstandenen Römischen Reich zusammentut und ein

Bündnis mit dem Antichristen gegen Israel eingeht. Das ist eine ernüchternde Möglichkeit.

In diesen Tagen ist Unterscheidungsvermögen gefragt!

7

Sturm aus dem Norden: Die herannahende «Invasion Hesekiels»

Das Buch Hesekiel wurde vom Propheten Hesekiel, dem Sohn Busis, zwischen 593 und 570 v. Chr. geschrieben. Gott hatte ihn in den Prophetendienst berufen, als er etwa 30 Jahre alt war. Zu diesem Zeitpunkt wurde er gerade zum Priester ausgebildet. Wie alle anderen Juden seiner Zeit musste er jedoch bald im babylonischen Exil leben, das insgesamt 70 Jahre dauerte. Hesekiels Botschaften waren somit für seine jüdischen Mitbürger im Exil.

Hesekiels Name bedeutet wörtlich «Gott ist stark» oder «von Gott gestärkt». Um die Menschen weiterhin mit ihren Sünden zu konfrontieren und sie im Exil trösten zu können, benötigte Hesekiel ganz sicher Gottes Kraft.

Eine der wichtigsten Endzeitprophezeiungen in der Bibel findet sich in Hesekiel 38–39. In dieser Passage sagte der Prophet – vor etwa 2600 Jahren –, dass eine riesige Streitmacht aus dem Norden in Israel einfallen würde, nachdem Israel wieder zu einer Nation geworden ist (Hes 37). Das Ziel dieser Truppen wird die völlige Auslöschung des jüdischen Volkes sein. Mark Hitchcock sagt, der Bibel zufolge ist Israels grösste Bedrohung «nicht der IS, sondern vielmehr eine russisch-islamische Allianz, zu der ganz entscheidend auch der Iran gehören wird.

Diese Bedrohung wird den IS absolut in den Schatten stellen und eine Schlüsselrolle in Gottes Endzeitdrama spielen».[1]

Aus welchen Nationen wird diese Streitmacht bestehen? Hesekiel 38,1-6 nennt Rosch, Magog, Mesech und Tubal, Persien, Kusch, Put, Gomer und das Haus Togarma. Vergleicht man Hesekiels Prophezeiung mit alten historischen Aufzeichnungen, archäologischen Entdeckungen und aktuellen linguistischen Studien, wird die Identität dieser unterschiedlichen Nationen deutlich:

Rosch bezieht sich offensichtlich auf das heutige Russland. Es lassen sich auch beträchtliche historische Beweise finden, dass ein Ort namens Rosch – manchmal werden auch alternative Schreibweisen verwendet wie Rus, Ros und Rox – in der antiken Welt bekannt war, und sogar auf dem Territorium des heutigen Russlands lag. In ägyptischen Inschriften taucht Rosch unter der Bezeichnung Rasch auch als Ortsname auf (ca. 2600 v. Chr.). Eine Inschrift, die auf 1500 v. Chr. zurückgeht, spricht von einem Land Reschu, das nördlich von Ägypten lag (so wie das heutige Russland).

Rosch (oder seine Entsprechungen) findet sich auch in mehreren anderen alten Dokumenten. Rosch im Gebiet des heutigen Russlands anzusiedeln, ist eine Überlieferung der christlichen Gemeinde, die bis auf das Jahr 438 n. Chr. zurückgeht. In Hesekiel 39,2 heisst es, dass Rosch «vom äussersten Norden» kommt. Der Begriff «Norden» ist in Bezug auf Israel zu verstehen. Wenn man auf einer Karte von Israel eine Linie nach Norden zieht, stösst man direkt auf Russland.

Magog bezieht sich auf das geografische Gebiet im Süden der ehemaligen Sowjetunion und schliesst wahrscheinlich diese

---

[1] Mark Hitchcock, *Isis, Iran, Israel* (Eugene, OR: Harvest House, 2016), iBooks Edition.

früheren Sowjetrepubliken ein: Kasachstan, Kirgisien, Usbekistan, Turkmenistan und Tadschikistan und möglicherweise auch Teile von Nordafghanistan. Die ganze Region wird interessanterweise von Muslimen dominiert, die mehr als genug religiöse Motivation haben, gegen Israel aufzumarschieren.

Mesech und Tubal meinen das geografische Gebiet südlich des Schwarzen und Kaspischen Meeres zur Zeit Hesekiels – die heutige Türkei. Mesech und Tubal sind offensichtlich die Musku und Tabal in assyrischen Inschriften oder die Moscher (Moschoi) und Tibarener in griechischen Schriften, die auf dem Gebiet der heutigen Türkei lebten. Das bestätigte der antike Historiker Herodot.

Persien ist der heutige Iran. 1935 wurde aus Persien der Iran und 1979 die Islamische Republik Iran. Die östlichen und westlichen Grenzen des antiken Persiens waren weiter gefasst als die des heutigen Iran, daher könnte sich Persien auf den Iran und Gebiete im Osten und Westen davon beziehen, die ebenfalls islamisch sind. Der Iran hasst Israel und will es ausradieren.

Kusch bezieht sich auf das geografische Territorium südlich von Ägypten am Nil – heute als Sudan bekannt. Der Sudan ist ein extremer islamischer Staat, der einen ähnlich grossen Hass auf Israel hat wie der Iran. Diese Nationen sind bereits so enge Verbündete, dass ein gemeinsamer Widerstand gegen Israel keineswegs unerwartet käme. Der Sudan ist berüchtigt für seine terroristischen Verbindungen und gewährte Osama bin Laden in den Jahren 1991 bis 1996 Unterschlupf.

Put, ein Land westlich von Ägypten, ist das heutige Libyen. Allerdings war das antike Put grösser als das heutige Libyen. Somit könnten sich die Grenzen Puts (Hes 38–39) über Libyen hinaus erstrecken und möglicherweise Teile Algeriens und Tunesiens einschliessen.

Gomer bezieht sich wahrscheinlich auf Teile des geografischen Territoriums der heutigen Türkei. Der antike Historiker Josephus sagte, Gomer wurde von denen gegründet, die die Griechen Galater nannten. Zu neutestamentlichen Zeiten lebten die Galater im Gebiet der Zentraltürkei. Folglich gibt es eine direkte Verbindung des antiken Gomer zur heutigen Türkei. Ausserdem behaupten viele, Gomer sei ein Verweis auf die antiken Kimmerier oder Kimmerioi. Aus der Geschichte wissen wir, dass die Kimmerier ab etwa 700 v. Chr. auf dem geografischen Gebiet der heutigen Türkei lebten.

Haus Togarma bezieht sich ebenfalls auf die heutige Türkei. «Haus Togarma» ist im Hebräischen ein zusammengesetztes Wort, und Hesekiel 38,6 macht deutlich, dass das Haus Togarma im äussersten Norden lag. Also muss sich das Haus Togarma nördlich von Israel befinden, was auf die heutige Türkei zutrifft.

Die Prophezeiung über diese angreifenden Nationen hat etwas Faszinierendes, das sofort meine Aufmerksamkeit erregt. Erstens hat es diese spezielle, von Hesekiel beschriebene Verbindung von Nationen in der Geschichte noch nie gegeben. Heute ist davon aber etwas sichtbar. Alle diese Staaten pflegen gegenseitige Beziehungen. Das lässt die Vorstellung glaubwürdig erscheinen, dass wir in der Endzeit leben und zurzeit die Bühne für diese Invasion bereitet wird.

Zweitens machte eine Allianz zwischen diesen Nationen zur Zeit Hesekiels nicht viel Sinn. Sie lagen nicht einmal in der Nähe. Jemand, der damals lebte, wird sich gefragt haben: «Warum sollten diese geografisch weit auseinanderliegenden Länder in Israel einmarschieren wollen?»

Heute jedoch ergibt ein Bündnis dieser Staaten durchaus Sinn, da sie bis auf Russland alle islamisch sind. In den Tagen Hesekiels existierte der Islam ja nicht einmal. Daher konnten die damals lebenden Menschen diese Verbindung nicht erkennen – heute hingegen ist sie offensichtlich. Diese Staaten sind überwiegend islamisch und ihr Hass auf Israel wird die Invasion motivieren.

Was ist mit dem Irak?

Aus Hesekiel 38,1-6 wissen wir, dass dieses Bündnis aus dem Norden aus Russland, Iran, Sudan, der Türkei, Libyen, Kasachstan, Kirgisien, Usbekistan, Turkmenistan, Tadschikistan, Armenien und möglicherweise Nord-Afghanistan bestehen wird. Was aber ist mit dem Irak?

Es ist durchaus möglich, dass der Irak Teil dieses Invasionsbündnisses sein wird. Dies sage ich, weil wir ausser den in Hesekiel 38,1-6 genannten Nationen den Ausdruck «und viele Völker mit dir» (V. 15) finden. Der Irak könnte zu diesen «vielen Völkern» gehören.

Die Invasion Hesekiels – eine Endzeitprophezeiung

Woher wissen wir, dass Hesekiel 38–39 eine Endzeitprophezeiung ist? Zunächst einmal war sich Hesekiel darüber im Klaren, dass die Dinge, über die er sprach, «zur letzten Zeit» (Hes 38,8.16) erfüllt würden. Das Alte Testament benutzt Begriffe wie «zur letzten Zeit» (und ähnliche Ausdrücke) für die Zeit direkt vor dem zweiten Kommen des Messias, um Sein Tausendjähriges Reich auf der Erde aufzurichten. Genauer gesagt, solche Begriffe werden im Allgemeinen in Bezug auf Israel während der zukünftigen Drangsalszeit verwendet.

Zweitens hat es nie eine Invasion Israels in dem von Hesekiel 38–39 beschriebenen Ausmass gegeben. Ebenso wenig wie eine Invasion, die die in dieser Stelle erwähnten Nationen umfasste. Da die Prophezeiung noch nicht erfüllt wurde, muss sie sich in der Zukunft erfüllen.

Ausserdem bestätigte Hesekiel, dass die Invasion stattfindet, *nachdem* Israel aus der ganzen Welt – «aus den Heidenvölkern» (Hes 38,12) – in ein verödetes Land gesammelt wurde. Die einzige Sammlung der Juden, die dieser Beschreibung entspricht, ist die, die wir heutzutage sehen – genauer gesagt seit 1948, als Israel zu einem Staat wurde.

Da die Kapitel 36–37 wörtlich erfüllt wurden (d. h., da die Juden gegenwärtig aus vielen Ländern nach Israel zurückkehren), ist es vernünftig und konsequent, anzunehmen, dass die Kapitel 38–39 ebenso wörtlich erfüllt werden. Das stimmt mit der allseits bekannten Tatsache überein, dass alle biblischen Prophezeiungen im Alten Testament wörtlich erfüllt wurden.

Gog – der Befehlshaber des Militärbündnisses aus dem Norden

In Hesekiel 38 verweist das Wort «Gog» auf den mächtigen Führer, der das in Israel einmarschierende Militärbündnis in der Endzeit anführt. Gog wird als «Fürst von Rosch, Mesech und Tubal» bezeichnet (V. 2). Dieser Begriff kommt elf Mal in Hesekiel 38–39 vor, was schon seine wichtige Rolle bei dieser endzeitlichen Invasion andeutet.

«Gog» könnte ein Eigenname sein oder auch nicht. In 1. Chronik 5,4 finden wir einen ganz anderen Gog. Dort lesen wir, die Söhne Joels waren «sein Sohn Schemaja, dessen Sohn Gog, dessen Sohn Simei» und andere. Dieser Vers deutet zumindest an, dass der Begriff als Eigenname verwendet werden kann. Es scheint jedoch, dass der Begriff im Kontext von Hesekiel 38–39 nicht als Eigenname beabsichtigt ist.

Der Begriff könnte sich stattdessen auf eine königgleiche Rolle beziehen – wie die eines Pharaos, Cäsaren, Zaren oder Präsidenten. Wörtlich bedeutet er «hoch», «Höchster», «eine Höhe» oder «ein hoher Berg». Dieser einem Zar ähnliche militärische Führer wird offensichtlich ein Mann von grossem Ansehen sein, der enormen Respekt verlangt.

Wir müssen verstehen, dass Gog kein anderer Name für den Antichristen ist. Eine solche Schlussfolgerung führt ins prophetische Chaos. Der Antichrist führt das wiedererstandene Römische Reich an (Dan 2; 7), während Gog der Führer einer aus Russland und einer Reihe von muslimischen Staaten bestehenden Invasionsarmee ist (Hes 38,1-6). Ausserdem stellt Gogs Invasion nach Israel eine direkte Herausforderung dar für den Bund, den der Antichrist mit Israel schliesst (Dan 9,27). Gog steht nur für kurze Zeit im Rampenlicht (alles ist vorbei, wenn Gott die Invasionstruppen vernichtet; Hes 39), während der Antichrist in der Drangsalszeit für einen bedeutenden Zeitraum an der Macht ist.

Einige haben sich gefragt, ob der russische Präsident, Wladimir Putin, Gog sein könnte. Obwohl Joel Rosenberg – Autor von *Epicenter: Why Current Rumblings in the Middle East Will Change Your Future* – nicht glaubt, dass man definitiv sagen kann, dass Putin Gog ist, schliesst er die Möglichkeit auch nicht völlig aus:

> Sage ich, dass Putin Gog ist, der russische Diktator, den der hebräische Prophet Hesekiel beschreibt und der ein Bündnis mit dem Iran und anderen Ländern im Nahen Osten schliesst, um Israel «zur letzten Zeit» anzugreifen? Nein, das tue ich nicht. Zur Zeit dieser Ausgabe von *Epicenter* ist es nach wie vor zu früh für eine solch klare Schlussfolgerung. Aber ich bleibe dabei, dass die Möglichkeit nicht ausgeschlossen werden kann. Auch wenn noch nicht klar ist, dass Putin Gog ist, so ist er ihm doch mit Sicherheit ähnlich.[2]

---

[2] Joel Rosenberg, *Epicenter: Why the Current Rumblings in the Middle East Will Change Your Future* (Carol Stream, IL: Tyndale House, 2006), S. 731.

Das Motiv der Invasion

Die Muslime hassen die Juden nicht nur, weil sie glauben, das Land Israel gehöre nach göttlichem Recht ihnen (angeblich haben sie es von Allah bekommen), sie wollen auch Israels Reichtum (s. Hes 38,11-12). Hesekiel sagt, die Eindringlinge wollen Israels «Silber und Gold» und «Vieh» und «Güter» (38,13).

In Israel leben einige reiche Leute – über 6600 Millionäre mit einem Gesamtvermögen von mehr als 24 Milliarden Dollar. Ausserdem sind die Bodenschätze des Toten Meeres – u. a. 45 Milliarden Tonnen von Natrium, Chlor, Schwefel, Kalium, Calcium, Magnesium und Bromid – Billionen von Dollar wert. In jüngster Zeit wurden auch Gas- und Ölvorkommen in Israel entdeckt. Die drei bis fünf Billionen Kubikfuss umfassenden Gasreserven unter israelischem Boden könnten bis zu 6 Milliarden Dollar wert sein. Alles in allem, wer das Land Israel kontrolliert, kann sich auf einen unvorstellbar grossen wirtschaftlichen Aufschwung freuen. Aufgrund seiner strategisch guten Lage könnte Russland das Land Israel auch aus militärischer Sicht für begehrenswert halten.

Vorbedingung – Israel muss in Frieden im Land leben

Eine Vorbedingung für diese endzeitliche Invasion ist, dass Israel in Sicherheit und Ruhe lebt. In seiner Prophezeiung sagt Hesekiel zu den einmarschierenden Nationen: «Nach vielen Tagen sollst du aufgeboten werden; zur letzten Zeit wirst du in das Land kommen, das dem Schwert entkommen und aus vielen Völkern wieder gesammelt worden ist, auf die Berge Israels, die die ganze Zeit verödet waren; es wurde aber aus den Völkern herausgeführt, und *sie wohnen nun alle in Sicherheit*» (Hes 38,8; Hervorhebung durch den Autor). Zur Zeit der Invasion wird Israel ein «offenes Land» und «ohne Mauern» sein und «weder Riegel noch Tore» haben (V. 11). Das «Volk Israel wohnt in Sicherheit» (V. 14).

Vom zeitlichen Standpunkt aus betrachtet, kann die Invasion des nördlichen Militärbündnisses erst stattfinden, wenn dieser Zustand von Sicherheit und Ruhe in Israel existiert. Und wie wird es dazu kommen? Es gibt mindestens zwei mögliche Szenarios.

Szenario 1: Eine gegenwärtige Realität. Eine Möglichkeit ist, dass Israel *heute schon* in einem Zustand relativer Sicherheit lebt. Israels derzeitiges Mass an Sicherheit könnte auf einer Reihe von relevanten Faktoren basieren, zu denen zählen ...

- Israels gut ausgerüstete Armee
- Israels erstklassige Luftwaffe
- Israels effektives Raketenabwehrsystem
- Israels starke Wirtschaft
- und Israels historisch starke Beziehung zu den Vereinigten Staaten (auch wenn diese Freundschaft aktuell geschwächt ist)

Ein Prophetieexperte sagte:

> Der hebräische Prophet geht nicht so weit zu sagen, dass es einen umfassenden Friedensvertrag mit Israel und all seinen Nachbarn geben wird oder dass alle oder zumindest die meisten Feindseligkeiten im Nahen Osten ausgeräumt sein müssen. Er macht aber klar, dass das jüdische Volk «zur letzten Zeit» (Hes 38,16) vor dem russisch-iranischen Angriff «in Sicherheit» in dem «Land, das dem Schwert entkommen» ist, leben muss (Hes 38,8).[3]

Nimmt man Israels gegenwärtiges militärisches Potenzial und seine historisch starke Beziehung zu den Vereinigten Staaten,

---

[3] Rosenberg, *Epicenter*, S. 68–69.

könnte man sagen, dass Israel «in Sicherheit» im Land wohnt. Einer der Vertreter dieser Sicht ist Arnold Fruchtenbaum:

> Diese Sicherheit ist nicht auf einen Zustand des Friedens zurückzuführen, sondern auf das Vertrauen in die eigene Stärke. Das ... ist eine gute Beschreibung des heutigen Israels. Seit ihrer Gründung hat die israelische Armee vier grosse Kriege geführt und jeden schnell gewonnen. Heute ist Israel sicher und vertraut darauf, dass seine Armee jede Invasion arabischer Staaten abwehren kann. Folglich lebt Israel in Sicherheit.[4]

Szenario 2: Eine zukünftige Realität. Eine andere, von vielen Christen vertretene Sicht ist, dass Israel erst in der Zukunft einen Zustand des Friedens erleben wird. Befürworter dieser Sicht meinen, seit der Staatsgründung von 1948 ist Israel stets in höchster Alarmbereitschaft gewesen, da es permanent von allen arabischen und muslimischen Nachbarn gefährdet ist. Es gab nie eine Zeit, in der Israel nicht wachsam sein musste. Aufgrund der anhaltenden Konflikte und Spannungen im Nahen Osten hat eine westliche Führungsperson nach der anderen versucht, einen Friedensvertrag für die Region auszuhandeln. Stabilität im Nahen Osten und am Persischen Golf hat in der ganzen Welt höchste Priorität, insbesondere was den ununterbrochenen Strom von Öl auf den Weltmarkt angeht.

Daher glauben manche, dass Israel erst wirklich in Sicherheit leben wird, wenn der Führer des wiedererrichteten Römischen Reiches – eines europäischen Superstaates – einen Friedensbund mit Israel unterzeichnet. Dieses Ereignis wird dann den Beginn der Drangsalszeit einläuten (Dan 9,27). Dieser Führer – der Antichrist – wird scheinbar das Unmögliche erreichen und

[4] Arnold Fruchtenbaum, *The Footsteps of the Messiah*, Logos Bible Software.

dem Nahen Osten Frieden bringen. Nach der Unterzeichnung des Vertrags wird Israel ein verstärktes Gefühl von Sicherheit erleben. Diese Sicherheit wird durch die militärische Stärke des mächtigsten politischen Führers der Welt gewährleistet.

Beachten Sie, Daniel 9,27 nennt diesen Friedenspakt «einen festen Bund». Dieser Ausdruck hat einige zu der Schlussfolgerung veranlasst, dass der Frieden, den Israel und der Nahe Osten erleben werden, ein *auferlegter* Frieden ist – d. h., auferlegt vom Antichristen. Ein erzwungener Frieden, der von militärischer Stärke gestützt wird.

Meine Einschätzung: Obwohl beide Sichtweisen ihre Vorteile haben, glaube ich, dass sich Israel bereits in einem Zustand relativer Sicherheit befindet. Meiner Ansicht nach ergibt es am meisten Sinn, wenn die Invasion irgendwann nach der Entrückung, aber noch *vor* Beginn der Drangsalszeit stattfindet. Der Prophetiegelehrte Thomas Ice stimmt mir zu und meint, die Invasion würde irgendwann «in den Tagen, Wochen, Monaten oder sogar Jahren zwischen der Entrückung und dem Beginn der 7-jährigen Drangsalszeit stattfinden».[5] Diese Sicht wird von einer Reihe von Argumenten gestützt:

1. Nach der Entrückung wird sich die Welt wahrscheinlich in einem chaotischen Zustand befinden. Die Entrückung wird eine verheerende Wirkung auf die Vereinigten Staaten haben, in denen eine grosse christliche Bevölkerungsschicht lebt. Russland und seine muslimischen Verbündeten könnten «den Moment ausnutzen» und es für den idealen Zeitpunkt für einen massiven Angriff auf Israel halten, das bis dahin unter dem Schutz der USA stand.

[5] Thomas Ice, «Ezekiel 38 and 39», Part 1, Pre-Trib Research Center, http://www.pre-trib.org/articles/view/ezekiel-38-39-part-1.

2. Nachdem Gott Russland und die muslimischen Invasoren vor der Drangsalszeit vernichtet hat, könnte die Tür offen sein für den schnellen Aufstieg des Antichristen als Führer des wiedererrichteten Römischen Reiches – eines europäischen Superstaates. Thomas Ice bemerkt: «Ich habe immer gedacht, eine der Stärken dieser Sicht ist die Art und Weise, in der sie die Bühne für das biblische Szenario der Drangsalszeit bereiten könnte. Wenn der Drangsalszeit eine fehlgeschlagene Invasion Israels (durch Russland und seine muslimischen Verbündeten) unmittelbar vorausgeht, dann würde der gegenwärtig in der Welt bestehende russische und muslimische Einfluss grösstenteils aus dem Weg geräumt sein und es könnte eine eurozentrische Ausrichtung stattfinden.»[6]
3. Nachdem die muslimischen Invasoren vor der Drangsalszeit vernichtet wurden, kann der Antichrist viel leichter einen Friedenspakt mit Israel schliessen (Dan 9,27), der Israel Schutz zusichert. Das macht Sinn, weil Israel dann viel einfacher zu beschützen ist, wenn die muslimischen Streitkräfte nicht mehr da sind.
4. Dieses Szenario könnte erklären, weshalb Israel in der Lage ist, auf dem Tempelberg in Jerusalem den jüdischen Tempel zu errichten. Sind die muslimischen Streitkräfte erst einmal vernichtet, wird der Widerstand der Muslime erheblich geringer ausfallen.
5. Wenn die Invasion nach der Entrückung stattfindet und die Entrückung sich mindestens dreieinhalb Jahre vor Beginn der Drangsalszeit ereignet, könnten die bei der Invasion verwendeten Waffen in den sieben Jahren vor Mitte der Drangsalszeit vollständig verbrannt werden (Hes 39,9-10),

[6] Ice, «Ezekiel 38 and 39», Part 1.

wenn Israel gezwungen ist, aufgrund der Verfolgung durch den Antichristen aus Jerusalem zu flüchten (Mt 24,15-21). Daher könnte zwischen der Entrückung und dem Beginn der Drangsalszeit ein beträchtlicher Zeitraum liegen.

Wenn es so kommt, sollten wir Folgendes bedenken: Wenn wir zurzeit sehen, wie die Bühne für die Invasion aus Hesekiel bereitet wird, dann muss die Entrückung noch viel näher sein.

Gegenwärtige russisch-muslimische Allianzen

Wir wissen, dass die muslimischen Nationen eine starke Motivation für einen Angriff auf Israel haben. Aber manche mag der Gedanke überraschen, dass Russen und Muslime gemeinsame Sache machen gegen Israel. Aus historischer Sicht besteht bereits ein Präzedenzfall für eine derartige Partnerschaft. Wie schon im vorangegangenen Kapitel geschildert, lieferte Russland den muslimischen Truppen Waffen, Munition, Geheimdienstinformationen und militärische Ausbildung, als Ägypten, Syrien und andere arabisch-islamische Länder 1973 Israel angriffen. Auch im Sechstagekrieg von 1967, als Ägypten, Jordanien und Syrien gegen Israel kämpften, standen die Russen kurz vor einem Angriff, machten aufgrund einer US-Intervention letztlich aber einen Rückzieher.

1982 enthüllte der damalige israelische Ministerpräsident Menachem Begin, dass im Libanon ein geheimes, aber riesiges russisches Waffenlager in tief unter der Erde liegenden Kellern entdeckt worden war – offensichtlich eingerichtet für den Einsatz bei einer zukünftigen Bodeninvasion in Israel. Gefunden wurden grosse Mengen an Munition, gepanzerte Fahrzeuge, Panzer, kleine und schwere Waffen, Kommunikationsmittel und anderes militärisch nützliches Zubehör. Ein Grossteil war hoch entwickeltes Ausrüstungsmaterial, wie es militärische Eliteeinheiten benutzen. Es wurde so viel entdeckt, dass Hunderte von Lastwagen zum Abtransport nötig waren. Israels Führer gaben zu, dass sie von derart weitläufigen Plänen für eine zukünftige Bodenoffensive in ihrem Land nichts gewusst hatten.

Klar scheint, dass die Russen politische, militärische und wirtschaftliche Bündnisse mit der arabischen und islamischen Welt aufbauen wollen. Russland ist bestrebt, *der* wichtigste Akteur im Nahen Osten zu werden.

Russland und Iran

Die starken Beziehungen Russlands zu muslimischen Nationen werden besonders deutlich an der derzeitigen russisch-iranischen Partnerschaft. Im Lauf der letzten zehn Jahre haben die beiden Staaten verstärkt zusammengearbeitet, vor allem in militärischer Hinsicht. Das ist von grosser Bedeutung, denn eine solche Allianz hat es in der Geschichte dieser beiden Nationen bisher noch nie gegeben. Früher war die Beziehung zwischen Russland und dem Iran durch blanken Hass gekennzeichnet. Aber die Umstände haben sich verändert. Nach dem Iran-Irak-Krieg (1980–1988) musste der Iran sein Militär ganz neu aufbauen. Russland benötigte das Geld aus Waffenverkäufen. Der Rest ist Geschichte.

Heute gibt der Iran etwa eine halbe Milliarde Dollar für den Kauf von militärischer Ausrüstung aus Russland aus. In seinem Buch *Tehran Rising* teilt uns Ilan Berman mit: «Getragen von seinen wachsenden Beziehungen zum Kreml gab die iranische Regierung Ende 2000 Pläne für ein riesiges 25 Jahre umspannendes nationales Militärerneuerungsprogramm bekannt – das Verbesserungen bei Luftabwehr, Seekriegsführung und Landstreitkräften vorsieht, fast gänzlich basierend auf Technologie und Waffenlieferungen aus Russland.»[7] Das Modernisierungs-

---

[7] Ilan Berman, *Tehran Rising* (New York: Rowman and Littlefield, 2005), S. 57–58.

programm umfasst den Kauf von Kampfflugzeugen für die iranische Luftwaffe, Hilfe beim Bau von Militär-U-Booten, Flugabwehrsysteme, Boden-Luft-Raketensysteme, Radarstationen, Infanteriekampffahrzeuge, Marinelandungsboote und Patrouilleausrüstung.[8] In der Vergangenheit hat Russland dem Iran auch bei seinem Atomprogramm geholfen.

Ein 2016 erschienener Bericht bestätigt ein neues Militärabkommen zwischen Russland und dem Iran, das es russischen Düsenjets gestattet, den Luftwaffenstützpunkt Hamadan im Westen des Iran zu nutzen, um gegen syrische Rebellen vorzugehen. Das ist das erste Mal, dass das islamische Regime im Iran einer ausländischen Macht – in diesem Fall Russland – erlaubt hat, iranisches Territorium als Operationsbasis für Militäroffensiven gegen ein anderes Land in der Region zu benutzen.[9]

Von ebenso grosser Bedeutung ist, dass der iranische Antisemitismus mittlerweile ein beispielloses Ausmass erreicht hat. Erst 2016 erklärten die iranischen Führer, dass der Iran nun das Potenzial besässe, Israel zu zerstören. Der stellvertretende Befehlshaber der Iranischen Revolutionsgarde prahlte damit, «mehr als 100 000 Raketen» zu besitzen, bereit, im Herzen der jüdischen Nation einzuschlagen.[10] Er sagt: «Heute sind die Grundlagen zur Auslöschung und zum Zusammenbruch des Zionisten-Regimes mehr gegeben als jemals

---

[8] Berman, S. 57–58.

[9] Kenneth R. Timmerman, «The Turkey-Russia-Iran Axis», *Front Page*, 22. August 2016, http://www.frontpagemag.com/fpm/263922/turkey-russia-iran-axis-kenneth-r-timmerman.

[10] Hazel Torres, «Iran Ready for ‹Annihilation› of Israel: ‹More than 100,000 Missiles Ready to Strike at the Heart of Jewish Nation›», *Christianity Today*, 7. Juli 2016, https://www.christianity-today.com/article/iran.ready.for.annihilation.of.israel.more.than.100000.missiles.ready.to.strike.at.the.heart.of.jewish.nation/90017.htm.

zuvor.»[11] Ahmad Karimpour, ein wichtiger Berater der Quds-Eliteeinheit der Iranischen Revolutionsgarde, bestätigte ebenfalls, dass «der Iran Israel in acht Minuten zerstören könnte, wenn der oberste Führer, Ayatollah Ali Khamenei, den Befehl dazu geben würde».[12]

Uns wird versichert, dass «Zehntausende weiterer hochpräziser Langstreckenraketen mit dem erforderlichen Zerstörungspotenzial in der ganzen islamischen Welt positioniert wurden. Sie warten nur auf den Befehl, den Knopf zu drücken, sodass der verfluchte schwarze Punkt von der geografischen Landkarte der Welt ein für allemal ausgelöscht wird».[13]

Warum hassen die Iraner Israel so sehr? Ali Akbar Velayati, aussenpolitischer Berater des Revolutionsführers Ali Khamenei, sagt, der Iran würde Israel nicht anerkennen, weil «es eine unrechtmässige Existenz ist». «Der Iran glaubt, dass Israel den Palästinensern das Land geraubt hat.»[14] Sie wollen das Land zurück. Es gehört Allah.

Russland und Türkei

Auch zur Türkei hat Russland in letzter Zeit eine Beziehung aufgebaut. Das kommt etwas überraschend, da die Türkei doch lange der NATO verpflichtet war.

---

[11] Torres, «Iran Ready for ‹Annihilation› of Israel.» S. auch Majid Rafizadeh, «Iran: ‹More than 100 000 Missiles Are Ready to Strike Israel›», *Front Page*, 12. Juli 2016, http://www.frontpagemag.com/fpm/263442/iran-more-100000-missiles-are-ready-strike-israel-dr-majid-rafizadeh.

[12] Rafizadeh, «Iran: ‹More than 100 000 Missiles Ready to Strike Israel›».

[13] Elad Benari, «Iranian commander: Ground is ready to destroy ‹Zionist regime›», *Arutz Sheva*, 7. Juli 2016, http://www.israelnationalnews.com/News/News.aspx/214609.

[14] «Iranian Official: We Will Not Recognize Israel», Middle East Monitor, 30. Juni 2016, https://www.middleeastmonitor.com/20160630-iranian-official-we-will-not-recognize-israel/

Im Juli 2016 gab es einen versuchten Staatsstreich in der Türkei, der auf der ganzen Welt für Schlagzeilen sorgte. Der türkische Präsident Recep Tayyip Erdoğan wusste nichts von der bevorstehenden Bedrohung. Wladimir Putin, der russische Präsident, warnte ihn etwa eine Stunde vorher. Erdoğan beeilte sich, der Gefahr zu entkommen.

Nach dem vereitelten Staatsstreich bemängelte Erdoğan die seines Erachtens wenig zufriedenstellende Unterstützung der NATO. Der damalige US-Aussenminister John Kerry erklärte, es wäre unklug, wenn sich US-Truppen gegen türkisches Militärpersonal stellen würden, da «die Handlungen Konsequenzen für das NATO-Bündnis haben könnten».[15]

Es kam noch schlimmer: Die USA lehnten es ab, mit der Türkei zu kooperieren und den führenden Kopf hinter dem versuchten Staatsstreich vor Gericht zu bringen. Der Staatsstreich wurde dem ehemaligen türkischen Imam Fethullah Gülen, dem Gründer der Gülen-Bewegung, zugeschrieben. Während ich dies hier schreibe, wohnt Gülen in Saylorsburg, Pennsylvania. Erdoğan möchte ihn verständlicherweise gerne an die Türkei ausgeliefert sehen, aber US-Beamte haben gesagt, die Türkei müsse das US-amerikanische Rechtsverfahren durchlaufen.

Es dauerte nicht lange, bis Erdoğan Wladimir Putin auf einer anschliessenden Pressekonferenz «mein lieber Freund» nannte. Erdoğan sagte enge Beziehungen für die Zukunft zu – inklusive einer militärischen Allianz.

Das bedeutet ein geschwächtes Verhältnis zur NATO, was dem Weissen Haus grosse Sorgen bereitet. Ein Nahostexperte meint: «Erdoğans jüngste Annäherungen an Putin senden den Vereinigten Staaten und ihren Verbündeten die Botschaft, dass

---

[15] «As Russia and Turkey Cozy Up, U. S. Influence at Stake in Middle East», *The Kansas City Star*, 18. August 2016, http://kansascitystar.com/opinion/editorials/article96504882.html.

die Türkei neue Freunde in der Region machen kann. Es scheint, als würde der russische Führer die Risse im NATO-Bündnis für sich zu nutzen wissen.»[16]

Momentan sind die Dinge im Nahen Osten in Bewegung. Ein Nahostexperte drückt es so aus:

> Es ist eine äusserst dynamische Situation. Ich denke, der türkische Präsident Erdoğan hat die NATO und ebenso die EU im Grunde aufgegeben – er orientiert sich gegenwärtig mehr nach Osten. Da die Türkei und Russland nun miteinander ins Gespräch kommen – insbesondere über militärische Bündnisse –, bieten sich ganz neue Möglichkeiten nicht nur für eine bilaterale Kooperation [zwischen den beiden], sondern auch für eine interessante regionale Zusammenarbeit.[17]

Ein anderer Kommentator meint:

> Die Türkei und der Iran bewegen sich gleichzeitig auf Russland zu, während Russland seine militärische und strategische Reichweite ausdehnt, alles zum Nachteil der Vereinigten Staaten und unserer Verbündeten. Das wird gewaltige Auswirkungen auf die ganze Region haben und der US-Verbündete Israel wird sich isoliert einer riesigen feindseligen mit Atomwaffen bestückten Allianz gegenübersehen. ... Wer der biblischen Prophetie glaubt, erkennt in dieser neuen Ausrichtung einen weiteren Schritt in Richtung der Allianz, die in Hesekiel 38–39 erwähnt wird.[18]

---

[16] «As Russia and Turkey Cozy Up, U. S. Influence at Stake in Middle East».

[17] Sergei Karpukhin, «US Apoplectic as Turkey Pivots Eastward», *RT Op-Edge*, 19. August 2016, https://www.rt.com/op-edge/356489-turkey-russia-cooperation-us, Einfügung dient dem besseren Verständnis.

[18] Timmerman, «The Turkey-Russia-Iran Axis».

Am 27. Juli 2017 berichtete Joel Rosenberg in seinem Blog, dass «dieser einst loyale und zuverlässige NATO-Verbündete jetzt plane, ein fortschrittliches, hochmodernes Militärsystem von Zar Putin zu kaufen, mitten in den wachsenden politischen, wirtschaftlichen und militärischen Beziehungen zwischen Russland und der Türkei».[19] Dieses Militärsystem beinhaltet S-400-Raketen, die in der Lage sind, Ziele am Boden und in der Luft zu zerstören, einschliesslich ballistischen Raketen und Marschflugkörpern.

Russland und andere muslimische Länder

Russlands Vorgehen in der letzten Zeit scheint deutlich zu machen, dass es ausser mit dem Iran und der Türkei weitere politische, militärische und wirtschaftliche Bündnisse mit muslimischen Nationen sucht und *auch weiterhin suchen wird*. Es ist nicht ohne Bedeutung, dass etwa 20 Millionen Menschen in Russland Muslime sind. Ausserdem stehen auf russischem Boden mehr als 7000 muslimische Moscheen.

Das alles bedeutet, dass das von Hesekiel prophezeite Militärbündnis aus dem Norden in unseren Tagen langsam, aber sicher Gestalt annimmt – mit Allianzen oder strategischen Abkommen zwischen Russland, Iran, der Türkei, Libyen, verschiedenen ehemaligen Sowjetrepubliken und anderen Nationen. Der Tag scheint näher zu kommen.

So gross und mächtig dieses Militärbündnis auch sein mag, Gott wird es letzten Endes vollständig vernichten. Mehr darüber im nächsten Kapitel.

---

[19] Joel Rosenberg, «Turkey Continues Moving to the Dark Side: Erdogan Cuts Major Military Deal with Russia», Joel C. Rosenberg's *Flash Traffic* Blog, 27. Juli 2017, https://flashtrafficblog.wordpress.com.

8

Gottes Sieg über das Bündnis aus dem Norden

Der Blick auf eine Landkarte macht deutlich, wie klein Israel ist, verglichen mit den angrenzenden islamischen Gebieten. Allein hat Israel praktisch keine Chance, gegen das riesige Militärbündnis aus dem Norden zu bestehen. Und dennoch, entgegen aller Erwartungen wird Israel keinen Schaden nehmen. Wie kann das sein? Die Schrift zeigt, dass Gott selbst Israel beschützen wird.

Das sollte niemanden überraschen, denn Gott wacht schon lange über Israel. Einst hat er Seinem Volk verheissen: «Keiner Waffe, die gegen dich geschmiedet wird, soll es gelingen» (Jes 54,17). Bei der Erfüllung dieser Verheissung sehen wir im Alten Testament oft, wie Gott die entscheidende Rolle im Kampf gegen Israels Feinde spielte (z. B. 2Mo 15,3; Ps 24,8). Gott wird manchmal sogar mit militärischen Begriffen beschrieben: «HERRN der Heerscharen» (2Sam 6,2.18).

Diese gegen Sein Volk Israel marschierende islamische Streitmacht wird Gott erzürnen. Er bestätigt: «Mir wird das Zornesfeuer in mein Angesicht steigen» (Hes 38,18). Das lässt sich auch so übersetzen: «Da wird die Zornesglut in mir auflodern» (Menge Bibel), oder: «Da wird mein Grimm in meiner Nase aufsteigen» (Elberfelder 2003). Verständlicherweise verspricht Gott: «Und ich sage es in meinem Eifer, im Feuer meines Zornes; wahrlich, zu jener Zeit wird es ein grosses Erdbeben geben im Land Israel»

(V. 19). Solche Worte bringen zum Ausdruck, mit welch ungehemmter Intensität Gott Rache an denen nimmt, die Sein Bundesvolk angreifen. Trotz ihrer Grösse wird die Invasionstruppe Israels höchstem Beschützer nicht gewachsen sein.

Die Schrift sagt oft, dass Gott nichts unmöglich ist (Jer 32,17). Er hat die Macht, alles zu tun, was Er will. Die Schrift sagt etwa 56 Mal, dass Gott allmächtig ist (z. B. Offb 19,6). Über Ihn wird gesagt, dass Er reich an Macht ist (Ps 147,5) und unvergleichliche Kraft und Stärke besitzt (2Chr 20,6; Eph 1,19-21). Niemand kann Seine Hand zurückhalten (Dan 4,32). Niemand kann aus Seiner Hand erretten (Jes 43,13) und Seine Pläne durchkreuzen (14,27). Für Ihn ist nichts unmöglich (Mt 19,26; Jer 32,17.27) und nichts zu wunderbar (1Mo 18,14). Die Schrift macht deutlich, dass dieser allmächtige Gott die Invasion des Militärbündnisses aus dem Norden vereiteln wird.

Die Bibel teilt uns auch mit, dass Gott stets wachsam ist: «Siehe, der Hüter Israels schläft noch schlummert nicht» (Ps 121,4). Die Eindringlinge mögen ihren Erfolg für sicher halten, aber Gott sieht alles. Er passt immer auf Sein Volk auf. Wer Israel angreift, hat keine Aussicht auf Erfolg.

Die Angreifer werden die Wahrheit kennenlernen, dass der Gott Israels *ein Gott des Gerichts* ist. Daran erinnert uns J. I. Packer in seinem Klassiker *Knowing God* (Gott kennen):

> Die Realität des göttlichen Gerichts erweist sich auf den Seiten der biblischen Geschichte als Tatsache. Gott richtete Adam und Eva, indem Er sie aus dem Garten Eden vertrieb und Flüche über ihr zukünftiges Leben auf der Erde aussprach (1Mo 3). Gott richtete die verdorbene Welt zur Zeit Noahs durch eine Flut, die die Menschheit vernichtete (1Mo 6–8). Gott richtete Sodom und Gomorra durch eine vulkanische Katastrophe (1Mo 18–19). Gott richtete die ägyptischen

Antreiber der Israeliten, so wie Er es zuvor gesagt hatte (s. 1Mo 15,14), und liess die Schrecken der zehn Plagen über sie kommen (2Mo 7–12). Gott richtete die Menschen, die das Goldene Kalb anbeteten, und gebrauchte die Leviten als ihre Henker (2Mo 32,26-35). Gott richtete Nadab und Abihu, weil sie fremdes Feuer darbrachten (3Mo 10,1ff.). Ebenso richtete Er später Korah, Dathan und Abiram, die vom Erdboden verschlungen wurden. Gott richtete Achan für seinen frevelhaften Diebstahl; er und seine Familie wurden ausgelöscht (Jos 7). Gott richtete Israel für seine Untreue Ihm gegenüber, nachdem sie Kanaan betreten hatten, und Er liess sie unter die Herrschaft anderer Völker kommen (Ri 2,11ff.; 3,5ff.; 4,1ff.).[1]

Genau *dieser* Gott – allmächtig und stets wachsam – wird das Militärbündnis aus dem Norden in Seiner Souveränität richten, wenn es in Israel einfällt. Das Gericht wird umfassend, effektiv und absolut tödlich sein. Die islamischen Invasionstruppen werden ausgelöscht.

Gottes vierfaches Gericht über die Invasionsarmeen

Die Invasionstruppen – bestehend aus Russland, Iran, Sudan, der Türkei, Libyen, Kasachstan, Kirgisien, Usbekistan, Turkmenistan, Tadschikistan, Armenien und möglicherweise Nord-Afghanistan – werden scheinbar nicht aufzuhalten sein. Israel scheint dem Untergang geweiht. Menschlich gesehen, wird es für das kleine Israel keine Möglichkeit geben, diesen Tsunami abzuwehren.

Aber dann greift Gott durch ein vierfaches Gericht ein!

---

[1] J. I. Packer, *Knowing God* (Downers Grove, IL: InterVarsity, 1983), S. 126.

Ein gewaltiges Erdbeben (Hes 38,19-20). Hesekiel beschreibt ein von Gott gewirktes Erdbeben von riesigen Ausmassen: «Auch die Berge sollen einstürzen, die Felswände fallen und alle Mauern zu Boden sinken» (Hes 38,20). Zahllose feindliche Soldaten werden sterben. Der Transport kommt völlig zum Erliegen, und die Armeen der multinationalen Streitkräfte stürzen in ein völliges Chaos. Gott sagt, «alle Menschen, die auf Erden sind ... werden vor mir erbeben» (V. 20).

Die Invasionstruppen bekämpfen sich gegenseitig (Hes 38,21). Die Invasionstruppen werden auf einmal anfangen, aufeinander zu schiessen und sich gegenseitig zu töten. Das mag zumindest teilweise auf das Durcheinander zurückzuführen sein, das sich an das gewaltige Erdbeben anschliesst. Mein ehemaliger Mentor John F. Walvoord, der jetzt beim Herrn ist, meint: «In dem Chaos bricht die Kommunikation unter den Invasionstruppen zusammen, und sie werden anfangen, sich gegenseitig zu bekämpfen. Jeder wird das Schwert gegen seinen Bruder richten (Hes 38,21). Angst und Panik werden die Streitkräfte erfassen, sodass jede Armee wahllos auf die andere schiessen wird.»[2]

Das Chaos wird von der Tatsache verstärkt, dass die Armeen der verschiedenen Nationen unterschiedliche Sprachen sprechen – inklusive Russisch, Farsi, Arabisch und Türkisch. Die Kommunikation wird bestenfalls schwierig sein. Vielleicht richten sich auch die Russen und die muslimischen Nationen gegeneinander. Oder sie verdächtigen die Gegenseite inmitten des Chaos, ein doppeltes Spiel zu treiben, und eröffnen deswegen das Feuer aufeinander. Auf jeden Fall wird es unzählige Tote geben.

Ausbruch von Krankheiten (Hes 38,22 a). Nach dem Erdbeben und dem Kampf gegeneinander werden überall zahllose

---

[2] John F. Walvoord und Roy B. Zuck, Hrsg., *The Bible Knowledge Commentary* (Wheaton, IL: Victor, 1985), Logos Bible Software.

Leichen herumliegen. Aufgrund der zerstörten Transportwege können die verwundeten Soldaten nicht weggeschafft oder Nahrung und Medizin ins Kriegsgebiet gebracht werden. Unterdessen fallen die toten Körper den Vögeln und anderen Raubtieren zum Frass. Das alles fördert den Ausbruch von Seuchen, die laut Hesekiel viele weitere Opfer fordern werden.

Natürlich besteht heutzutage auch die Möglichkeit biologischer Kriegsführung – auch bekannt als bakteriologische Kriegsführung. Diese Art von Krieg beinhaltet, dass die feindliche Armee mit tödlichen biologischen Mitteln wie Bakterien, Viren und Pilzen infiziert wird. Die Invasionstruppen führen solche Kampfstoffe möglicherweise bei sich, um sie gegen Israel einzusetzen. Doch stattdessen könnten sie sie nach dem grossen Erdbeben gegeneinander verwenden. Ob nun biologische Waffen zum Einsatz kommen oder nicht, viele Eindringlinge werden an Krankheiten sterben.

Sintflutartige Regenfälle, Hagelsteine, Feuer und Schwefel (Hes 38,22 b). Gott wird auch sintflutartige Regenfälle (mit schweren Überschwemmungen), Hagelsteine, Feuer und Schwefel auf die Invasionstruppen herabprasseln lassen. Einige Bibelausleger meinen, das gewaltige Erdbeben könnte zum Ausbruch von Vulkanen in der Gegend führen, die geschmolzenes Gestein und brennenden Schwefel (Vulkanasche) in die Atmosphäre schleudern. Dies würde auf die feindlichen Truppen herabfallen und sie völlig vernichten.

Die Ironie all dessen ist kaum zu übersehen. Das Militärbündnis aus dem Norden wird versuchen, alle Juden in Israel zu töten, aber stattdessen kommen sie selbst um. Sie werden versuchen, Israel zu besiegen, aber letztlich werden sie selbst von der Macht Gottes besiegt. Sie werden versuchen, ein neues Land (Israel) in Besitz zu nehmen, letzten Endes aber in diesem Land begraben werden.

Auch nach all dem wird Gott noch nicht mit ihnen fertig sein. Er sagt: «Und ich werde Feuer senden gegen Magog und gegen die, welche auf den Inseln sicher wohnen» (Hes 39,6). Der Begriff «Magog» bezieht sich offensichtlich auf das geografische Gebiet im Süden der ehemaligen Sowjetunion – und schliesst möglicherweise diese früheren Sowjetrepubliken ein: Kasachstan, Kirgisien, Usbekistan, Turkmenistan und Tadschikistan und eventuell auch Teile des heutigen Nord-Afghanistans. In dieser prophetischen Passage wird uns mitgeteilt, dass Gott Feuer auf diese Region der Welt und auf Magogs Verbündete regnen lassen wird, «welche auf den Inseln sicher wohnen». Das könnte Russland und andere Ziele einschliessen, die einst zur Sowjetunion gehörten.

Dieses Feuergericht wird katastrophal sein. Joel Rosenberg bemerkt:

> Das deutet darauf hin, dass an diesem Gerichtstag Ziele in ganz Russland und der ehemaligen Sowjetunion sowie Verbündete Russlands auf übernatürliche Weise heimgesucht und teilweise oder vollständig zerstört werden. Es könnte auf Atomraketensilos, Militärbasen, Radaranlagen, Verteidigungsdienste, Geheimdienstzentralen und andere Regierungsgebäude verschiedenster Art begrenzt sein. Zu diesen Zielen könnten aber ebenso gut auch religiöse Zentren gehören wie Moscheen, Madrasas, Islamschulen und -universitäten und andere Einrichtungen, die Hass gegen Juden und Christen predigen und zur Vernichtung Israels aufrufen. Wie dem auch sei, wir haben mit umfangreichen Kollateralschäden zu rechnen, und viele Zivilisten werden in grosser Gefahr sein.[3]

---

[3] Joel Rosenberg, *Epicenter* (Carol Stream, IL: Tyndale House, 2006), S. 163–164.

In ihrem Buch *Target Israel* meinen Tim LaHaye und Ed Hindson, dass die Menschen auf den Inseln oder an der Küste vernichtet werden, weil sie möglicherweise zu denen gehören, die entweder planen oder heimlich teilnehmen am Angriff auf Israel: «Gott wird sogar die geheimen Terroristen besiegen, die gegen Israel streiten. Er wird Israel selbst vor den geheimen Bemühungen gegen das Volk schützen. Gottes Eingreifen wird Israel retten und vor jedem möglichen Angriff bewahren.»[4]

Dieses Gericht wird jede mögliche Vergeltungsmassnahme oder jeden zukünftigen Versuch einer Invasion vollkommen zunichte machen. Russland und diese islamischen Staaten werden Israel zukünftig nicht mehr angreifen können! Das Gericht Gottes wird absolut sein. Gott wird Seine Verheissung an Israel erfüllt haben: «Keiner Waffe, die gegen dich geschmiedet wird, soll es gelingen» (Jes 54,17).

Wir müssen auch feststellen, dass Israels Rettung in dem uralten Bund begründet liegt, den Gott mit Seinem Freund Abraham schloss. In 1. Mose 12,3 hatte Gott Abraham verheissen: «Ich will segnen, die dich segnen, und *verfluchen, die dich verfluchen*» (Hervorhebung durch den Autor). Mit dieser Invasion haben Russen und Muslime gezeigt, dass sie Israel zutiefst verachten. Deshalb wird Gott die Invasionstruppen verfluchen und sie vernichten.

Gottes Erhebung

Die an dieser Invasion beteiligten muslimischen Streitkräfte werden Israel mit Leidenschaft angreifen, um ihren Gott, Allah, zu ehren. Man kann sich gut vorstellen, wie diese Muslime beim

---

[4] Tim LaHaye und Ed Hindson, *Target Israel* (Eugene, OR: Harvest House, 2015), iBooks Edition.

Angriff «Allahu Akbar» («Allah ist der Grösste») rufen. Indem Er diese muslimischen Eindringlinge vernichtet, wird der wahre Gott zeigen, dass Er allein Gott ist. Vor den Augen der zusehenden Welt wird Er ein mächtiges Zeugnis von sich selbst ablegen und beweisen, dass Er – und nicht Allah – der einzig wahre Gott ist:

- Gott bestätigt: «So will ich mich gross und heilig erweisen und mich zu erkennen geben vor den Augen vieler Völker; und sie sollen erkennen, dass ich der HERR bin!» (Hes 38,23).
- Über die Eindringlinge sagt Gott: «Sie sollen erkennen, dass ich der HERR bin» (Hes 39,6).
- Anschliessend bestätigt Er: «Die Heidenvölker sollen erkennen, dass ich, der HERR, der Heilige in Israel bin!» (Hes 39,7).
- Über die Israeliten sagt Gott: «Daran sollen sie erkennen, dass ich, der HERR, ihr Gott bin» (Hes 39,28).

Kurz gesagt: Die Vernichtung des Militärbündnisses aus dem Norden wird eindrucksvoll Gottes Macht, Herrlichkeit und Majestät bezeugen. Es wird ein Zeugnis für den einzig wahren Gott sein, im Gegensatz zu dem falschen Gott des Islam. Nach Jahwes mächtigem Gericht über die Invasoren wird auf dem Schlachtfeld niemand mehr «Allahu Akbar» rufen.

Das alles ähnelt dem Zeugnis, das Gott von sich gab, als Er die Juden aus der ägyptischen Sklaverei befreite – von den Ägyptern, die ebenfalls an falsche Götter glaubten:

- Zu Seinem Volk sagte Gott: «Ihr sollt erkennen, dass ich, der HERR, euer Gott bin, der euch aus den Lasten Ägyptens herausführt» (2Mo 6,7).

- Zum Pharao sagte Er: «Daran sollst du erkennen, dass ich der HERR bin» (2Mo 7,17). «Damit du erkennst, dass ich, der HERR, inmitten des Landes bin» (8,18). «Damit du erkennst, dass die Erde dem HERRN gehört!» (9,29).
- Über die Ägypter sagte Gott: «Die Ägypter sollen erkennen, dass ich der HERR bin! ... Die Ägypter sollen erkennen, dass ich der HERR bin» (2Mo 14,4.18).

Die einmarschierenden Muslime werden ein ebenso böses Erwachen erleben wie damals die Ägypter.

Begräbnis der feindlichen Invasoren

Wenn Soldaten auf dem Schlachtfeld fallen, werden ihre toten Körper normalerweise von ihren eigenen Leuten zusammengetragen und begraben. Das wird nach der Invasion aus Hesekiel aber unmöglich sein, da alle feindlichen Soldaten tot sein werden. In diesem Fall werden die toten Eindringlinge von den Juden Israels beerdigt.

Mit der Beerdigung wird sofort nach der Vernichtung des nördlichen Militärbündnisses begonnen. Die Zahl der getöteten Eindringlinge wird erschütternd sein. Es wird so viele Opfer geben, dass nur ein tiefes Tal ihre Leichname aufnehmen kann (Hes 39,11). Ganze sieben Monate wird es dauern, sie alle zu beerdigen.

Nach den sieben Monaten wird ein weiterer jüdischer Suchtrupp durch das Land reisen, um eine letzte «Säuberungsaktion» durchzuführen. Sie werden nach Knochen suchen, die von den ersten Beerdigungsteams übersehen wurden. Das wird erforderlich sein, um das Land von all der Unreinheit zu säubern, die durch die Knochen der Toten entstanden war (s. 4Mo 19,11-22; 5Mo 21,1-9). Die Fundstellen der Knochen werden markiert, und Totengräber bringen sie später zur Grabstätte – dem Tal des Heerhaufens von Gog (Hes 39,11).

Das Verbrennen der feindlichen Waffen

Nachdem Gott das Militärbündnis aus dem Norden vernichtet hat, wird es eine weitere Aufgabe der Israelis sein, die feindlichen Waffen sieben Jahre lang einzusammeln und zu verbrennen. Wenn es so lange dauert, alle Waffen zu verbrennen, dürfte von allen toten Soldaten ein stattliches Arsenal zusammenkommen.

Das bringt uns zu einem interessanten Punkt. Wenn die Waffen sieben Jahre lang parallel zur 7-jährigen Drangsalszeit verbrannt werden, wie kann Israel dann zur Mitte der Drangsalszeit aus Jerusalem fliehen? Jesus warnte, wenn der Antichrist zur Mitte der Drangsalszeit sein Hauptquartier in Jerusalem aufrichtet, werden die Juden die Stadt augenblicklich verlassen müssen:

> Dann fliehe auf die Berge, wer in Judäa ist; wer auf dem Dach ist, der steige nicht hinab, um etwas aus seinem Haus zu holen, und wer auf dem Feld ist, der kehre nicht zurück, um seine Kleider zu holen. Wehe aber den Schwangeren und den Stillenden in jenen Tagen! Bittet aber, dass eure Flucht nicht im Winter noch am Sabbat geschieht (Mt 24,16-20).

Dieser Exodus aus Jerusalem stellt aber ein Problem dar: Wie können die Juden die Waffen weiterhin – für insgesamt sieben Jahre – verbrennen, wenn sie zur Mitte der Drangsalszeit auf der Stelle aus Jerusalem flüchten müssen?

Eine mögliche Lösung: Die Juden nehmen die Waffen bei ihrer Flucht einfach mit. Der Grund dafür könnte ein Mangel an brennbaren Materialien in diesen Tagen sein. In Offenbarung 8,7 lesen wir, dass dies der Fall sein wird: «Der dritte Teil der Bäume verbrannte, und alles grüne Gras verbrannte.» Brennbare Materialien werden in dieser Zeit also von grossem Wert sein.

Eine andere mögliche Lösung ist, dass die Invasion aus Hesekiel mindestens dreieinhalb Jahre vor Beginn der Drangsalszeit stattfindet. Dann könnten die Waffen zur Mitte der Drangsalszeit vollständig verbrannt sein.

Bedenken Sie, dass die Drangsalszeit nicht unbedingt nach der Entrückung anfangen muss. Nichts in der Schrift steht der Möglichkeit im Weg, dass zwischen der Entrückung und dem Beginn der Drangsalszeit einige Jahre vergehen. Das Zeichen für den Beginn der Drangsalszeit ist die Unterzeichnung des Bundes zwischen dem Antichristen und Israel (Dan 9,26-27). Somit ist es denkbar, dass sich die in Hesekiel beschriebene Invasion etwa dreieinhalb Jahre vor Beginn der Drangsalszeit ereignet.

Die Machtverhältnisse verschieben sich

Nachdem Gott das grosse Militärbündnis aus dem Norden vernichtet hat, werden sich die politischen und religiösen Machtverhältnisse in der Welt verschieben. Es wird die Lage für den Antichristen deutlich verbessern.

Genauer gesagt, die Vernichtung der Invasoren aus dem Norden wird dem Antichrist den Aufstieg an die Macht ebnen. Sind Russland und eine Reihe ölreicher muslimischer Staaten erst einmal aus dem Weg geräumt, werden weitaus weniger Nationen die politische Macht besitzen, seine Autorität herauszufordern, wenn er gegen Anfang der Drangsalszeit die Macht ergreift. Wie der Prophetiegelehrte Arnold Fruchtenbaum es ausdrückt: «Das östliche Machtgleichgewicht wird mit dem Fall der russischen Streitkräfte und seiner muslimischen Verbündeten sowie der Vernichtung Russlands selbst zusammenbrechen. Danach ist der Weg frei für eine Eine-Welt-Regierung.»[5]

---

[5] Arnold Fruchtenbaum, *The Footsteps of the Messiah* (San Antonio, TX: Ariel Ministries, 2003), Logos Bible Software.

John Walvoord äussert sich ähnlich:

> Ist Russland erst einmal aus dem Weg, wird das Oberhaupt des wiedererrichteten Römischen Reiches die Mittelmeerregion kontrollieren und sich zum Diktator der ganzen Welt machen. Den Schriften zufolge wird die Regierung des neuen Römischen Reiches nicht nur über das ganze Territorium des alten Römischen Reiches herrschen, sondern seine Oberherrschaft auch auf jeden Volksstamm, jede Sprache und jede Nation ausweiten (vgl. Offb 13,4-8). Die Kapitel 38 und 39 von Hesekiel passen hervorragend in das prophetische Bild, und die Niederlage Russlands und seiner Militärstreitkräfte könnte für den in der Schrift dargestellten Weltherrscher der Anlass sein, seine Weltregierung aufzurichten.[6]

Dadurch wird es für den Antichrist auch leichter sein, einen Friedensbund mit Israel zu schliessen (Dan 9,27), der Israel Schutz garantiert. Muslimische Streitkräfte sind dann keine Bedrohung mehr.

Das würde zudem erklären, warum Israel seinen Tempel zu diesem frühen Zeitpunkt in der Drangsalszeit wieder aufbauen könnte. Würden die Muslime am Anfang der Drangsalszeit noch eine wichtige politische Rolle spielen und den Tempelberg in Jerusalem kontrollieren, wäre es für Israel sehr schwer, irgendetwas auf dem Tempelberg zu errichten. Wenn die muslimischen Armeen aber vor Beginn der Drangsalszeit von Gott vernichtet werden, wäre dieses grosse Hindernis für den Wiederaufbau des Tempels beseitigt. Der muslimische Widerstand wäre wesentlich geringer.

---

[6] John F. Walvoord, *The Return of the Lord* (Grand Rapids: Zondervan, 1979), S. 139–140.

Die gegenwärtige islamische Bedrohung Israels

Während ich dies hier schreibe, drohen islamische Führer weiterhin damit, dass Israel schon bald der Vergangenheit angehören wird. Sie behaupten, die Welt wird schon bald erfahren, wie es ist, in einer Welt ohne Israel und den Vereinigten Staaten zu leben. Sie versprechen, Israel bald auszulöschen. Uns wird gesagt, dass Israel in naher Zukunft ein Massenfriedhof für das jüdische Volk sein wird. Derartige unheilvolle Drohungen sind sehr aufschlussreich, wenn wir berücksichtigen, dass uns der Prophet Hesekiel vor Tausenden von Jahren die «Geschichte im Voraus» verriet, als er offenbarte, dass die zukünftigen Invasoren «heraufziehen wie eine finstere Wolke, die das Land bedecken will» (Hes 38,16).

Was die Endzeitereignisse angeht, sollten wir keine Daten festsetzen (s. Apg 1,7) oder uns an Sensationsmache beteiligen (s. Mk 13,32-37). Vielmehr ruft uns Jesus auf, die Zeiten gut zu beobachten (s. Mt 16,1-3; Lk 21,29-33). Eine intensive Betrachtung des heutigen Weltgeschehens scheint anzudeuten, dass die Dinge auf die Militärinvasion zusteuern, die Hesekiel vor so langer Zeit vorausgesehen hat. Eines Tages wird es mit Sicherheit so weit sein. Gott selbst versichert jedem: «Siehe, es kommt und es wird geschehen! ... Das ist der Tag, von dem ich geredet habe» (Hes 39,8).

Beachten Sie, wie die Bühne heute bereitet wird:

- Mehrere islamische Staaten bereiten sich derzeit darauf vor, Israel anzugreifen.
- Das Motiv der islamischen Nationen für einen Angriff auf Israel ist blanker Hass auf die Juden. Sie wollen das Heilige Land zurück – Land, von dem sie glauben, dass es ihnen von Allah versprochen wurde.
- Russische Allianzen mit muslimischen Nationen – wie dem Iran und der Türkei – wachsen und festigen sich.

- Der Präzedenzfall für eine russische Partnerschaft mit muslimischen Staaten gegen Israel ist bereits gegeben.

Verständlicherweise *bleibt Israel zurzeit in höchster Alarmbereitschaft.*

9

Daniels 70 Wochen: Die kommende Drangsalszeit

Der alte Prophet Daniel offenbarte eine Menge über Israels Zukunft – einschliesslich Israels zukünftigem Leiden. In dieser Hinsicht glich er seinem Zeitgenossen Hesekiel.

Daniel war Gott kompromisslos treu, und wer ihn kannte, war sich seiner Gerechtigkeit und Weisheit bewusst (s. Hes 14,14.20; 28,3). Als Jugendlicher wurde er 605 v. Chr. von König Nebukadnezar als Gefangener nach Babylon gebracht. Zu diesem Zeitpunkt war er wahrscheinlich 15 oder 16 Jahre alt. Damals wusste er noch nicht, dass er den Rest seines Lebens dort verbringen sollte – etwa 85 Jahre oder mehr. Er wurde zu einem Regierungsbeamten, der den Staat im Umgang mit den deportierten Juden unterstützte.

Das war eine wichtige Aufgabe, da es nach dem Sieg Babylons über Juda drei gesonderte Deportationen gab. Die erste, bei der auch Daniel und seine Freunde dabei waren, ereignete sich 605 v. Chr. Die zweite, zu der Daniels Zeitgenosse Hesekiel gehörte, war 597 v. Chr. Die dritte fand 586 v. Chr. statt, als die Babylonier Jerusalem und den Tempel zerstörten.

Daniel schrieb das biblische Buch, das seinen Namen trägt (s. Dan 8,15.27; 9,2; 10,7; 12,4-5). Sein Buch heisst nicht nur «Daniel», weil er zu den Hauptfiguren in diesem Buch zählt, sondern auch, weil es in biblischen Zeiten üblich war, ein Buch mit dem Namen des Autors zu betiteln. Teile des Buches handeln von Daniels Erfahrungen und den Königen, die über Babylon herrschten, und andere Abschnitte befassen sich mit Israels Zukunft.

Das Buch Daniel gehört in die Kategorie der apokalyptischen Literatur. Diese Art von Literatur ist eine spezielle literarische Form, die unter Juden und Christen entstand, um bestimmte Geheimnisse über Himmel und Erde zu offenbaren, vor allem hinsichtlich der zukünftigen Welt. Sie ist oft durch Visionen gekennzeichnet – und im Buch Daniel gibt es reichlich davon.

Die apokalyptische Literatur hat bestimmte Themen gemeinsam: 1) Ein wachsendes Gefühl der Hoffnungslosigkeit, da die bösen Mächte stärker werden; 2) die Verheissung, dass der souveräne Gott eingreifen wird; 3) Visionen mit einer himmlischen Perspektive, die den Lesern hilft, die gegenwärtigen Leiden zu ertragen; 4) Gottes Eingreifen beim Überwinden und Zerstören des Bösen; 5) der Aufruf an die Gläubigen, ein gerechtes Leben zu führen; 6) der Aufruf, in der Versuchung durchzuhalten; und 7) Gottes endgültige Rettung und Wiederherstellung, verbunden mit der Verheissung, unter Seinem Volk zu wohnen. Alle diese Themen finden wir im Buch Daniel und in der Offenbarung.

Daniels Prophezeiung über die siebzig Wochen

In Daniel 9,20-27 lesen wir Folgendes:

> Während ich noch redete und betete und meine Sünde und die Sünde meines Volkes Israel bekannte und meine Bitte für den heiligen Berg meines Gottes vor den HERRN, meinen Gott, brachte, ja, während ich noch redete und betete, rührte mich der Mann Gabriel an ... um die Zeit des Abendopfers. Und er unterwies mich und redete mit mir und sprach: Daniel, jetzt bin ich ausgegangen, um dich Verständnis zu lehren! Als du anfingst zu beten, erging ein Wort, und ich bin gekommen,

> es dir zu verkünden; denn du bist ein viel geliebter Mann. So achte nun auf das Wort und verstehe das Gesicht!
>
> Über dein Volk und über deine heilige Stadt sind 70 Wochen bestimmt, um der Übertretung ein Ende zu machen und die Sünden abzutun, um die Missetat zu sühnen und eine ewige Gerechtigkeit herbeizuführen, um Gesicht und Weissagung zu versiegeln und ein Allerheiligstes zu salben. So wisse und verstehe: Vom Erlass des Befehls zur Wiederherstellung und zum Aufbau Jerusalems bis zu dem Gesalbten, dem Fürsten, vergehen 7 Wochen und 62 Wochen; Strassen und Gräben werden wieder gebaut, und zwar in bedrängter Zeit.
>
> Und nach den 62 Wochen wird der Gesalbte ausgerottet werden, und ihm wird nichts zuteil werden; die Stadt aber samt dem Heiligtum wird das Volk des zukünftigen Fürsten zerstören, und sie geht unter in der überströmenden Flut; und bis ans Ende wird es Krieg geben, fest beschlossene Verwüstungen. Und er wird mit den Vielen einen festen Bund schliessen eine Woche lang; und in der Mitte der Woche wird er Schlacht- und Speisopfer aufhören lassen, und neben dem Flügel werden Gräuel der Verwüstung aufgestellt, und zwar bis die fest beschlossene Vernichtung sich über den Verwüster ergiesst.

Diese Passage ist voller prophetischer Einblicke. Beachten Sie, dass der Engel Gabriel zu Daniel sagte: «Daniel, jetzt bin ich ausgegangen, um dich Verständnis zu lehren!» (Dan 9,22). Gabriel kam zu Daniel, um ihn über das zu informieren, was in der unmittelbaren und fernen Zukunft auf sein Volk, die Juden, wartete. Erinnern Sie sich, Gabriel wird in der Bibel an anderer Stelle als jemand dargestellt, der dem Volk Gottes Offenbarungen über Gottes Absichten und Pläne bringt. Er erschien nicht nur Daniel (Dan 8,16; 9,21), sondern überbrachte Zacharias auch 500 Jahre später die Botschaft der Geburt Johannes des Täufers und kündigte der Jungfrau Maria die Geburt Jesu an (Lk 1,11-17.26-38).

Gabriel teilte Daniel mit, dass dem jüdischen Volk «70 Wochen bestimmt» sind. Als Gabriel erklärte, was in diesen «70 Wochen» geschehen sollte, gab er Daniel einen prophetischen Zeitplan für das Volk Israel. Genauer gesagt, Israels Zeitplan war aufgeteilt in 70 Gruppen von je sieben Jahren, insgesamt also 490 Jahre (d. h., 7 mal 70). Am Ende dieser 490 Jahre werden sechs Dinge geschehen:

1. Israels Abfall vom Glauben wird beim zweiten Kommen Jesu Christi enden. Dann wird es Busse tun, dass es Jesus Christus als seinen Messias und Gott verworfen hat.
2. Israels Sünde wird weggenommen, da es nun Jesus Christus vertraut (s. Hes 37,23; Röm 11,20-27).
3. Da Israel beim zweiten Kommen Christi Busse über seine Ablehnung des Messias tut, wird das von Ihm erwirkte Sühneopfer am Kreuz den Juden die Errettung bringen.
4. Im Tausendjährigen Reich wird Christus Seinem Bundesvolk vollkommene Gerechtigkeit schenken (s. Jes 60,21; Jer 23,5-6).
5. Alle alttestamentlichen Bundesverheissungen an Israel werden «versiegelt» – also vollständig erfüllt im Tausendjährigen Reich. (In diesem Kontext ist eine «unversiegelte» Prophezeiung eine nicht erfüllte Prophezeiung.)
6. Im Tausendjährigen Reich wird das Allerheiligste geweiht sein (s. Hes 41–46).

Gabriel unterschied die ersten 69 «Siebenerpaare» vom letzten «Siebenerpaar». Mit anderen Worten, er trennte die ersten 483 Jahre (69 mal 7) von den letzten 7 Jahren (ein «Siebenerpaar»).

Damit wollte Gabriel deutlich machen: Zwischen dem Erlass zum Wiederaufbau Jerusalems bis zum Kommen des Messias (dem ersten Kommen Jesu Christi, nicht Seinem zweiten) sollte ein Zeitraum von 483 Jahren liegen. Als Jesus auf einem Esel nach Jerusalem hineinritt, um sich zum Messias Israels zu erklären, geschah das auf den Tag 483 Jahre, nachdem der Befehl zur Wiederherstellung und zum Aufbau Jerusalems erteilt wurde.

Nach diesen 483 Jahren wurde Gottes prophetische Uhr durch das Kommen des Messias angehalten. Daniel beschrieb eine Lücke zwischen diesen 483 Jahren und den letzten 7 Jahren in Israels prophetischem Zeitplan.

Laut Daniel 9,26 sollten in diesem Zeitraum mehrere Ereignisse stattfinden: 1) Der Messias wird getötet werden (oder «ausgerottet»). 2) Die Stadt Jerusalem und ihr Tempel würden zerstört werden (was im Jahr 70 n. Chr. geschah). 3) Die Juden würden von diesem Zeitpunkt an Schwierigkeiten und Entbehrungen erleiden.

Anschliessend gab Gabriel Daniel Informationen über die noch weiter entfernt liegende prophetische Zukunft. Er beschrieb den Beginn der letzten sieben Jahre (oder das letzte «Siebenerpaar»): «Und er wird mit den Vielen einen festen Bund schliessen eine Woche lang» (Dan 9,27).

Das bedeutet, die letzte Jahrwoche beginnt für Israel in der Endzeit, wenn der Antichrist einen Siebenjahresvertrag schliesst (Dan 9,27). Ist dieser Friedensbund erst einmal unterzeichnet, fängt die 7-jährige Drangsalszeit an. Die Unterschrift markiert den Beginn eines sieben Jahre dauernden Countdowns bis zum zweiten Kommen Christi, das direkt nach der Drangsalszeit erfolgen wird.

Von Bedeutung ist, dass der vom Antichristen unterzeichnete Vertrag als «fester Bund» bezeichnet wird (Dan 9,27). Das hat einige Prophetiegelehrte zu der Schlussfolgerung veranlasst, dass der Antichrist dem Nahen Osten einen *auferlegten* oder *erzwungenen* Frieden bringen wird. Mark Hitchcock bemerkt: «Als Kopf eines mächtigen, multinationalen Bündnisses wird er [der Antichrist] die Macht und Fähigkeit haben, mit Israel und möglicherweise seinen Nachbarn einen Friedensbund auszuarbeiten und durchzusetzen.»[1]

John Walvoord drückt es so aus:

> Wenn ein nicht jüdischer Herrscher [der Antichrist] über zehn Staaten Israel einen Friedensvertrag auferlegt, wird der Grund dafür seine überlegene Machtposition sein und nicht aufgenommene Friedensverhandlungen. Ein solcher Vertrag wird die dafür erforderlichen Punkte enthalten: die Festlegung der Grenzen Israels, die Aufnahme von Handelsbeziehungen zu den islamischen Nachbarstaaten – Dinge, die gegenwärtig nicht gegeben sind –, und ganz besonders wichtig, Schutz vor Angriffen von aussen. Das wird zur Entspannung der militärischen Einsatzbereitschaft Israels beitragen.[2]

Interessanterweise findet sich der 7-jährige Zeitraum für die Drangsalszeit auch in anderen alten Werken der jüdischen Literatur wieder. In seinem hilfreichen Buch *Maranatha: Our Lord Come!* (Maranatha: Unser Herr kommt!) schreibt Renald Showers:

> Im Babylonischen Talmud heisst es: «Unsere Rabbis lehrten: In dem 7-jährigen Kreis, an dessen Ende der Sohn Davids kommen wird … am Schluss des Septenniums wird der Sohn Davids kommen.»

---

[1] Mark Hitchcock, *Is the Antichrist Alive Today?* (Sisters, OR: Multnomah, 2003), iBooks Edition.

[2] John F. Walvoord, *Major Bible Prophecies: 37 Crucial Prophecies that Affect You Today* (Grand Rapids: Zondervan, 1993), S. 319.

> Raphael Patai sagte über den messianischen Text: «Die Vorstellung setzte sich fest, dass dem Kommen des Messias grosse, zunehmende Leiden vorangehen. ... Diese werden sieben Jahre dauern. Und dann, ganz unerwartet, wird der Messias kommen.»[3]

Als der Engel Gabriel Daniel über diesen 7-jährigen Zeitraum belehrte, warnte er, dass «er [der Antichrist] in der Mitte der Woche [d. h., nach dreieinhalb Jahren des insgesamt sieben Jahre dauernden Zeitraums] Schlacht- und Speisopfer aufhören lassen wird» (Dan 9,27; Einfügungen dienen dem besseren Verständnis). In der ersten Hälfte der 7-jährigen Drangsalszeit werden die Juden ihren Tempel wieder aufbauen (Mt 24,15-16; s. auch Dan 9,27; 12,11) und das jüdische Opfersystem wieder einsetzen. Aber zur Mitte der Drangsalszeit wird der Antichrist die jüdischen Opfer verbieten. Ab diesem Zeitpunkt wird es keinem Menschen auf der Erde erlaubt sein, jemand anderen als den Antichristen anzubeten. Der Antichrist wird sich selbst als Gottheit ausgeben und von der ganzen Erde Anbetung verlangen (s. 2Thes 2,4). Auf diese Weise wird der Antichrist den Charakter des Teufels annehmen, der ihn antreibt (s. 2Thes 2,9; s. auch Hes 28,11-19; Jes 14,12-17).

Danach warnt Gabriel vor dem Gräuel des Antichristen: «Neben dem Flügel werden Gräuel der Verwüstung aufgestellt» (Dan 9,27). Später in Daniel 11,31 lesen wir eine ähnliche Prophezeiung über den Antichristen: «Es werden auch von seinen Truppen zurückbleiben und das Heiligtum, die Zuflucht, entweihen und das beständige Opfer abschaffen und den Gräuel der Verwüstung aufstellen.»

---

[3] Renald Showers, *Maranatha: Our Lord Come!* (Bellmawr, NJ: Friends of Israel, 1995), S. 21.

Der Ausdruck «Gräuel der Verwüstung» vermittelt die empfundene Schande oder den Schrecken beim Anblick einer barbarischen, götzendienerischen Tat im heiligen Tempel Gottes (Dan 9,27; 11,31; 12,11). So einen Gräuel gab es schon einmal in der Geschichte Israels. Antiochus Epiphanes entweihte den jüdischen Tempel, indem er in ihm einen Altar des Zeus aufrichtete und anschliessend ein Schwein – ein unreines Tier – darauf schlachtete.

Weitere Klarheit über den zukünftigen «Gräuel der Verwüstung» finden wir im Neuen Testament. Es wird zur Mitte der Drangsalszeit geschehen, wenn der Antichrist – «der Mensch der Sünde» (2Thes 2,3) – im jüdischen Tempel ein Bild von sich aufstellt (s. Dan 9,27; Mt 24,15). Das bedeutet, dass sich der Antichrist praktisch anstelle von Gott auf den Thron setzt und sich als Gott ausgibt (vgl. Jes 14,13-14; Hes 28,2-9). Diese gotteslästerliche Tat wird den Tempel völlig entweihen, verunreinigen und somit verwüsten. Anschliessend wird der Antichrist – der Weltherrscher – von der Welt verlangen, ihn anzubeten und ihm Ehre zu geben. Wer sich weigert, wird verfolgt, und viele werden den Märtyrertod sterben.

Die Drangsalszeit ist der «Tag des Herrn»

Die zukünftige 7-jährige Drangsalszeit ist identisch mit dem zukünftigen «Tag des Herrn». Das bedeutet, der Bund des Antichristen mit Israel markiert nicht nur den Beginn der Drangsalszeit, sondern auch den Beginn des Tages des Herrn.

Der Ausdruck «Tag des Herrn» wird in der Bibel mit unterschiedlicher Bedeutung verwendet. Die alttestamentlichen Propheten gebrauchten ihn gelegentlich, um ein Ereignis zu beschreiben, das in naher Zukunft erfüllt werden sollte. Ein andermal bezogen sie sich damit auf ein Ereignis in der fernen eschatologischen Zukunft (die zukünftige Drangsalszeit). Der unmittelbare Kontext, in dem der Ausdruck verwendet wird, deutet im Allgemeinen an, welche Bedeutung gemeint ist.

In beiden Fällen zeichnet sich der Tag des Herrn durch Gottes übernatürliches Eingreifen aus, um das Gericht über die Sünde in der Welt zu bringen. Der Tag des Herrn ist eine Zeit, in der Gott die Geschichte aktiv und direkt kontrolliert und lenkt, statt durch indirekte Mittel zu wirken.

Die neutestamentlichen Schreiber gebrauchen den Ausdruck im Allgemeinen ebenso für das Gericht, das seinen Höhepunkt in der 7-jährigen endzeitlichen Drangsalszeit finden wird (s. 2Thes 2,2; Offb 16–18), wie für das Gericht, das die neue Erde nach dem Tausendjährigen Reich einleitet (2Petr 3,10-13; Offb 20,7–21,1; s. auch Jes 65,17-19; 66,22; Offb 21,1). Das Thema des endzeitlichen Gerichts über die Sünde zieht sich wie ein roter Faden durch viele Hinweise auf den Tag des Herrn.

So beschreibt Jesaja 34,1-8 beispielsweise einen Tag des Herrn, an dem Gott alle Nationen der Erde richten wird: «Denn der HERR ist zornig über alle Heidenvölker und ergrimmt über ihr ganzes Heer. Er hat über ihnen den Bann verhängt und sie zur Schlachtung dahingegeben» (V. 2). Keiner der bisherigen Tage des Herrn hat jemals das Gericht Gottes über alle Nationen beinhaltet. Das lässt erkennen, dass der Tag des Herrn in Jesaja 34 noch zukünftig sein muss – d. h., sich auf die Drangsalszeit bezieht.

In ähnlicher Weise sprechen Joel 4,1-16 und Sacharja 14,1-3 und 12-15 von einem zukünftigen Tag des Herrn, an dem das Gericht Gottes über alle Armeen der Nationen kommen wird, wenn sie sich am Ende der Drangsalszeit zum Krieg gegen Israel sammeln. Offenbarung 19,11-21 macht deutlich, dass Christus mit diesen Armeen Krieg führen wird, wenn Er als König der Könige und Herr der Herren aus dem Himmel auf die Erde kommt.

Auch der Apostel Paulus zeigt in 1. Thessalonicher 5,1-11 auf, dass dieser eschatologische Tag des Herrn noch in der Zukunft liegt. Paulus warnt davor, dass dieser Tag eine plötzliche, unausweichliche Zerstörung über die unerretteten Menschen der Welt bringt. Der Kontext von 1. Thessalonicher 5 weist klar auf die endzeitliche Drangsalszeit hin. Das wird eine vollkommen einmalige Zeit des Gerichts sein, anders als jeder andere Zeitraum in der Menschheitsgeschichte. Randall Price schreibt:

> Das aussergewöhnliche Wesen der Drangsalszeit ist gekennzeichnet von Ausdrücken wie «gross ist dieser Tag, keiner ist ihm gleich» (Jer 30,7), oder «wie es noch keine gab, seitdem es Völker gibt» (Dan 12,1). Diese Ausdrücke betonen die Einzigartigkeit dieses speziellen Gerichts, während die begleitenden, kontextuellen Beschreibungen der Folgen solcher Gerichte für Gott und Israel bestätigen, dass es eine noch nie da gewesene Zeit in Israels bisheriger Geschichte ist.[4]

Ausserdem macht die Schrift deutlich, dass Israel den ganzen sieben Jahre umfassenden Zeitraum hindurch zu leiden hat. «Die Erfahrung des endzeitlichen Gerichts der Drangsalszeit wird durch Geburtswehen veranschaulicht. ... So wie die Frau die ganze Zeit der Wehen vor der Geburt ertragen muss, muss Israel durch die ganze 7-jährige Drangsalszeit gehen.»[5]

Christen werden diesem Tag glücklicherweise durch die Entrückung entgehen (s. Joh 14,1-3; 1Kor 15,51-53; 16,22; 1Thes 1,10; 4,13-18; 5,9.23; 2Thes 2,1.3; Offb 3,10). Das ist ein Grund, weshalb die Schrift die Entrückung «die glückselige Hoffnung» nennt (Tit 2,13-14).

---

[4] Randall Price, «An Overview of the Tribulation», Rapture Ready, http://www.raptureready.com/2015/01/16/an-overview-of-the-tribulation-by-randall-price/

[5] Price, «An Overview of the Tribulation».

Das Wesen der Drangsalszeit (Tag des Herrn)

Das englische Wort *tribulation* (Drangsal) stammt von einem lateinischen Wort mit der Bedeutung «pressen» (wie Trauben). Es bezieht sich auf Zeiten von Unterdrückung, Leiden und Not. Das griechische Wort (*thlipsis*) wird auf verschiedene Weise übersetzt mit «Drangsal», «Bedrängnis», «Angst» und «Verfolgung». Das Wort wurde benutzt für 1) Menschen, die «grosse Drangsal» durch Kriegskatastrophen erleben (Mt 24,21); 2) eine Frau, die ein Kind zur Welt bringt (Joh 16,21); 3) die Bedrängnisse Christi (Kol 1,24); 4) Menschen, die von Armut und Mangel bedrängt werden (Phil 4,14); 5) grosse Bedrängnis und Herzensnot (2Kor 2,4); und 6) einen Abschnitt in der Endzeit, in dem es eine noch nie da gewesene Drangsal geben wird (Offb 7,14).

Alle Christen werden in ihrem Leben ein gewisses Mass an Bedrängnis erleben. Jesus selbst sagte zu den Jüngern: «In der Welt habt ihr Bedrängnis» (Joh 16,33). Auch Paulus und Barnabas meinten, dass «wir durch viele Bedrängnisse in das Reich Gottes eingehen müssen» (Apg 14,22). Aber eine solch allgemeine Bedrängnis unterscheidet sich aufgrund folgender Fakten von der endzeitlichen Drangsalszeit:

1. Die Schrift spricht von einer bestimmten Zeit der Drangsal am Ende des Zeitalters (Mt 24,29-35).
2. Diese Zeit wird so schwer sein, dass kein anderer Zeitraum in der vergangenen oder zukünftigen Geschichte damit vergleichbar ist (V. 21).
3. Sie wird verkürzt werden um der Auserwählten willen (V. 22), da ansonsten kein Fleisch sie überleben könnte.
4. Sie wird als eine Zeit der Drangsal für Jakob bezeichnet, da sie ein Gericht über Israel ist, das den Messias ablehnte (Jer 30,7; Dan 12,1-4). Israel wird herausgegriffen werden, um in dieser Zeit zu leiden.

5. Die Nationen werden ebenfalls für ihre Sünde und Ablehnung Christi gerichtet (Jes 26,21; Offb 6,15-17).
6. Diese Drangsalszeit wird sieben Jahre dauern (Dan 9,24.27).
7. Diese Zeit wird so schlimm sein, dass sich die Menschen verstecken und sogar sterben wollen (Offb 6,16).

Die Drangsalszeit – der «Tag des Herrn» – wird gekennzeichnet sein von Zorn (Jes 26,20-21; Zeph 1,15.18), Gericht (Offb 14,7), Versuchung (Offb 3,10), Drangsal (Jer 30,7), Verwüstung (Dan 9,27; Joe 1,15), Finsternis (Am 5,18) und Strafe (Jes 24,20-21). Einfach ausgedrückt, es findet sich keine Bibelstelle, die die Schwere dieser Zeit, die über die Erde kommen wird, auch nur im Geringsten verringert.

Die Schrift sagt deutlich, dass diese Drangsalszeit die *ganze* Welt betrifft. Offenbarung 3,10 bezeichnet diesen Zeitraum als die «Stunde der Versuchung, die über den ganzen Erdkreis kommen wird». Auch Jesaja sagt über diese Zeit: «Siehe, der HERR wird das Land entvölkern und verwüsten, er wird sein Angesicht entstellen und seine Bewohner zerstreuen» (Jes 24,1). Vers 17 sagt im selben Sinne: «Grauen, Grube und Garn kommen über dich, du Bewohner der Erde!»

Über den Ursprung der Drangsalszeit sagt die Schrift, dass in diesem Zeitraum sowohl der Zorn Gottes als auch der des Teufels zum Ausdruck kommt – vor allem aber der Zorn Gottes. Über die Drangsalszeit lesen wir, dass sie der «Tag des Zornes des HERRN» ist (Zeph 1,18). Die Erde wird den «Zorn des Lammes» zu spüren bekommen (Offb 6,16). «Der HERR wird von seinem Ort ausgehen, um die Bosheit der Erdenbewohner an ihnen heimzusuchen» (Jes 26,21). Der Zorn des Teufels wird sichtbar in Offenbarung 12,4.13.17. Die Drangsalszeit verfolgt eine dreifache Absicht:

1. Die Reinigung des jüdischen Volkes

Die Drangsalszeit wird das jüdische Volk reinigen und es vorbereiten auf seine Wiederherstellung und Sammlung im Tausendjährigen Reich nach dem zweiten Kommen Christi (s. Jes 6,9-13; 24,1-6; Sach 13,7-9; Hes 20,34.37-38; Joh 12,37-41; Röm 11,26-27).[6] Letztlich wird sie eine messianische Erweckung unter dem auf der ganzen Welt zerstreuten jüdischen Volk entstehen lassen (5Mo 4,27-30; Mt 24,14; Offb 7,1-4). Diesen jüdischen Aspekt der Drangsalszeit hebt Gerald Stanton in seinem Buch *Kept from the Hour* (Bewahrt vor der Stunde) hervor:

> Die Drangsalszeit gilt in erster Linie den Juden. Diese Tatsache wird deutlich im Alten Testament (5Mo 4,30; Jer 30,7; Hes 20,37; Dan 12,1; Sach 13,8-9), in der Rede Christi auf dem Ölberg (Mt 24,9-26) und im Buch der Offenbarung (Offb 7,4-8; 12,1-2; 17 usw.). Diese Zeit handelt vom «Volk Daniels», dem Kommen des «falschen Messias», dem Predigen des «Evangeliums vom Reich», der Flucht am «Sabbat», dem Tempel und der «heiligen Stätte», dem Land Judäa, der Stadt Jerusalem, den zwölf «Stämmen der Kinder Israels», dem «Sohn Moses», «Zeichen» am Himmel, dem «Bund» mit dem Tier, dem «Heiligtum» und der «Opfergabe» im Tempel – das alles spricht von Israel und beweist, dass die Drangsalszeit im Grossen und Ganzen eine Zeit ist, in der sich Gott mit Seinem alten Volk beschäftigt, bevor es in das verheissene Reich eingeht. Die vielen noch an Israel zu erfüllenden alttestamentlichen Prophezeiungen deuten ebenfalls auf eine zukünftige Zeit hin, in der sich Gott mit dieser Nation befasst (5Mo 30,1-6; Jer 30,8-10 usw.).[7]

---

[6] J. Dwight Pentecost, *Things to Come* (Grand Rapids: Zondervan, 1964), iBooks Edition.

[7] Gerald Stanton, *Kept from the Hour* (Grand Rapids: Zondervan, 1956), S. 30–31.

2. Gericht

Ausserdem wird die Drangsalszeit das Gericht über die Nationen der Welt bringen, die Christus ablehnen (Jes 13,9; 24,19-20; Hes 37,23; Sach 13,2; 14,9; 5Mo 30,7; Mt 25,31-46). Am Ende der Drangsalszeit wird es weit weniger böse Menschen auf der Erde geben als noch zu Beginn. «Die gewaltsame Reduzierung der ungläubigen Weltbevölkerung wird ein Ergebnis des göttlichen Gerichts sein, das in der Drangsalszeit ausgeschüttet wird (Offb 6–18) und seinen Höhepunkt in der Schlacht von Harmageddon unter dem König und Messias findet (Offb 19). Am Ende der Drangsalszeit wird er sowohl die rebellischen Juden als auch die unterdrückerischen Heiden reinigen (Hes 20,33-38; Mt 25,31-46).»[8]

3. Der Abschluss der Zeiten der Heiden

Die Drangsalszeit wird «die Zeiten der Heiden» beenden (Lk 21,24; s. Jes 24,21-23; 59,16-20; s. auch Mt 24,29-31; Mk 13,24-27; Röm 11,25). Der Ausdruck «die Zeiten der Heiden», den Christus in Lukas 21,24 gebraucht, meint die Zeit der heidnischen Herrschaft über Jerusalem. Diese Zeit begann mit der babylonischen Gefangenschaft im Jahr 606 v. Chr. Die «Zeiten der Heiden» hatten sich 70 n. Chr. bereits fest etabliert, als Titus und seine römischen Soldaten in Jerusalem einfielen und den jüdischen Tempel zerstörten. Das schliesst allerdings nicht die Möglichkeit einer vorübergehenden jüdischen Kontrolle über Jerusalem aus, die höchstens bis zum zweiten Kommen Christi andauern wird. Die Zeiten der Heiden werden bis in die 7-jährige Drangsalszeit hineinreichen (Offb 11,2) und erst mit dem zweiten Kommen Jesu Christi beendet werden (s. Lk 21,24).

---

[8] Price, «An Overview of the Tribulation».

Gott macht aus etwas Schlechtem Gutes

Seit die Juden Christus im 1. Jahrhundert n. Chr. abgelehnt haben, hat Gott Israel mit Blindheit und Verhärtung gestraft. Der Apostel Paulus schrieb: «Denn ich will nicht, meine Brüder, dass euch dieses Geheimnis unbekannt bleibt, damit ihr euch nicht selbst für klug haltet: Israel ist zum Teil Verstockung widerfahren, bis die Vollzahl der Heiden eingegangen ist» (Röm 11,25).

Hintergrund ist, dass die Juden in Israel keine Glaubensbeziehung zu Gott suchten, sondern durch Werke (s. Gal 2,16; 3,2.5.10). Um durch das Gesetz gerechtfertigt zu werden, muss man natürlich das ganze Gesetz halten (Jak 2,10). Dazu aber ist kein Mensch in der Lage. Die Juden stolperten über den «Stein des Anstosses» – Jesus Christus (Röm 9,31-33). Jesus passte nicht zu ihrer vorgefassten Meinung über den Messias (Mt 12,24), deshalb lehnten sie ihn ab. Da sie den Messias verworfen hatten, kam das Gericht einer teilweisen Blindheit und Verhärtung über Israel. So verlor Israel seine privilegierte Stellung vor Gott und das Evangelium wurde den Nationen gepredigt, um die Juden eifersüchtig zu machen, damit sie errettet würden (Röm 11,11).

Seit dieser Zeit gehören die Menschen aus den Nationen, die an Jesus geglaubt haben, zur Gemeinde Gottes. Auch die gläubigen Juden sind Teil der Gemeinde Gottes in diesem Zeitalter (s. Eph 3,3-5.9; Kol 1,26-27).

Die gute Nachricht ist, dass Israels Verhärtung und Verwerfung nur vorübergehend ist. Wenn sie gegen Ende der Drangsalszeit bei Harmageddon in einer aussichtslosen Situation stecken werden, wird Israel letztlich seinen Messias erkennen und sich zu Ihm wenden, um vor den Invasionstruppen des Antichristen gerettet zu werden (Sach 12,10; s. auch Röm 10,13-14). Dann wird ein Überrest Israels errettet werden (Röm 11,25).

Wie bereits bemerkt, wird dies erst geschehen, *wenn Gott Israel in der Drangsalszeit gereinigt hat.* In dieser Zeit werden zwei Drittel der Juden sterben. Der Prophetiegelehrte John Walvoord schrieb:

> Sacharja beschreibt Israels Reinigung in dieser schwierigen Zeit mit den folgenden Worten: «Und es soll geschehen, spricht der HERR, dass im ganzen Land zwei Drittel ausgerottet werden und umkommen, ein Drittel aber soll darin übrig bleiben. Aber dieses letzte Drittel will ich ins Feuer bringen und es läutern, wie man Silber läutert, und ich will es prüfen, wie man Gold prüft» (Sach 13,8-9). Sacharjas Prophezeiung zufolge werden zwei Drittel der Kinder Israels im Land umkommen, aber das übrig gebliebene Drittel wird geläutert werden und auf die Rettung Gottes beim zweiten Kommen Christi warten.[9]

In ihrem Buch *Israel Under Fire* (Israel unter Beschuss) rücken John Ankerberg, Dillon Burroughs und Jimmy DeYoung das alles für uns in die richtige Perspektive:

> Der alte jüdische Prophet Sacharja sagt, dass in dieser Zeit der Prüfung zwei von drei Juden getötet werden (Sach 13,8). Bei der gegenwärtigen jüdischen Bevölkerung in der Welt wären das etwas über 8 Millionen Juden. Das wird der schlimmste Holocaust sein, der jemals auf der Erde stattfindet. All diese Prophezeiungen werden erfüllt werden, wenn das jüdische Volk in der Drangsalszeit unter Beschuss gerät.[10]

---

[9] John F. Walvoord, *Israel in Prophecy* (Grand Rapids: Zondervan, 1978), http://walvoord.com/series/319.

[10] John Ankerberg, Dillon Burroughs und Jimmy DeYoung, *Israel Under Fire: The Prophetic Chain of Events That Threatens the Middle East* (Eugene, OR: Harvest House, 2009), Kindle Edition.

Obwohl heute viele Juden nach Israel zurückkehren und der jüdische Überrest am Ende errettet wird, muss Israel zuerst durch die Drangsalszeit gehen, um gereinigt und zur Busse gebracht zu werden. Alles, was zurzeit in Israel und im Nahen Osten geschieht, muss als Auftakt zur Drangsalszeit, der Zeit der Leiden für Israel, angesehen werden. Auch wenn man kaum daran denken mag, aber eine Mehrheit der nach Israel zurückgekehrten Juden (Hes 37) – vorausgesetzt, sie leben am Anfang der Drangsalszeit noch – wird das Ende *nicht* erleben. In dieser schrecklichen Zeit werden zwei Drittel ihr Leben verlieren.

Und dennoch lautet die gute Nachricht, dass der gläubige jüdische Überrest in das Tausendjährige Reich Christi eingehen wird und alle im abrahamitischen, davidischen und im Neuen Bund verheissenen Segnungen geniessen kann. Das wird ein grandioser Tag sein!

10

Der Konflikt über den Wiederaufbau des jüdischen Tempels

Der Tempel stand schon immer im Mittelpunkt der jüdischen Anbetung. David, Israels Hirte und König, wollte den ersten Tempel für Gott bauen. Weil er aber ein Krieger war, schloss ihn das aus. Sein Sohn Salomo wurde gesegnet, um diese Aufgabe auszuführen (1Kö 6–7; 2Chr 3–4).

Salomo baute den Tempel anhand der Pläne, die direkt von Gott stammten. Der Tempel hatte ein Heiligtum und ein Allerheiligstes. Das Heiligtum war der äussere Hauptraum. In ihm standen der goldene Weihrauchaltar, der Tisch mit den Schaubroten, fünf Paar Leuchter sowie verschiedene Geräte, die beim Opfern verwendet wurden. Doppelte Türen führten in das Allerheiligste. In diesem Raum befand sich die Bundeslade. Sie stand zwischen zwei hölzernen Cherubim oder Engeln, von denen jeder über drei Meter hoch war. Die Schrift sagt, dass Gott sich im Allerheiligsten in einer Herrlichkeitswolke zeigte (s. 1Kö 8,10-11). Zum Bedauern des jüdischen Volkes wurde Salomos Tempel 587 v. Chr. von König Nebukadnezar und seiner babylonischen Armee zerstört. Seine Männer raubten all die wertvollen Gegenstände, die im Tempel gefunden wurden.

Diese Gegenstände waren heilig. Die Babylonier glaubten, ihr Raub würde zeigen, dass die babylonischen Götter den Gott Israels besiegt hatten. Allerdings wussten die Babylonier nicht, dass es der einzig wahre Gott Judas war, der ihnen Sein eigenes

Volk ausgeliefert hatte, um es zu züchtigen (s. 5Mo 28,64; Jer 25,8-14).

In 1. Könige 7,48-51 werden die heiligen Gegenstände aufgeführt, die zum Tempel gehörten: «Den goldenen Altar und den goldenen Tisch, auf dem die Schaubrote lagen, und die Leuchter ... Lampen und Lichtscheren aus Gold. Dazu Schüsseln, Messer, Sprengschalen, Pfannen und Räucherpfannen aus feinem Gold. Auch die Angeln an den Türen des inneren Hauses, des Allerheiligsten, und an den Türen der Tempelhalle waren aus Gold.»

Nach 70 Jahren des Exils in Babylon gestattete König Kyrus von Persien den Juden die Rückkehr nach Jerusalem. Sie durften die verschiedenen Tempelgeräte mitnehmen, die Nebukadnezars Männer geraubt hatten.

Die aus dem Exil zurückgekehrten Juden begannen 538 v. Chr. mit dem Wiederaufbau des Tempels, aber bald schon ging ihnen die Puste aus. Sie wurden mutlos. Eine der wichtigsten Aufgaben der Propheten Haggai und Sacharja bestand darin, sie zum Weitermachen zu ermutigen. Der Tempel wurde schliesslich 515 v. Chr. fertig. Aber er war nicht annähernd so schön wie Salomos Originaltempel. Für die zurückgekehrten Juden war das ziemlich entmutigend. «Aber viele der alten Priester und Leviten und Familienhäupter, die den früheren Tempel gesehen hatten, weinten laut, als der Grund für dieses Haus vor ihren Augen gelegt wurde» (Esr 3,12). Er hatte nur wenig von seiner ehemaligen Pracht und war nur ein schwaches Spiegelbild des Originals. Zudem fehlte diesem Tempel die Bundeslade, die nie wieder gefunden wurde. Er hatte auch nur einen siebenarmigen Leuchter (die unter Salomo bestehenden zehn Leuchter wurden nie wieder gefunden). Dieser geringere Tempel überdauerte ca. 500 Jahre.

Schnell vorwärts in die Zeit des Neuen Testaments. Im Jahr 19 v. Chr. begann König Herodes der Grosse mit enormen Wiederaufbaumassnahmen am Tempel. Er glaubte, mit einem wunderschön aussehenden Tempel könnte er sich sowohl bei seinen jüdischen Untertanen einschmeicheln als auch die römischen Autoritäten beeindrucken. Die Arbeiten am Tempel wurden 64 n. Chr. abgeschlossen. Er war viel grösser und prachtvoller – und mit mehr Gold ausgestattet – als selbst der salomonische Tempel. Es war ein riesiges, cremefarbenes Gebäude, das am Tag besonders hell erstrahlte. Von Norden nach Süden mass der Tempel ca. 450 Meter und von Osten nach Westen fast 300 Meter.

Gerade mal sechs Jahre nach seiner Fertigstellung wurde dieser herrliche Tempel von den römischen Armeen des Titus zerstört. Was für eine Ironie, dass für seine Zerstörung ausgerechnet die verantwortlich waren, die Herodes in Rom beeindrucken wollte.

Der Tempel in der Drangsalszeit

Der herodianische Tempel ist nicht der letzte, der auf dem Tempelberg stehen wird. Die alten Propheten sagten, dass es in der zukünftigen 7-jährigen Drangsalszeit noch einen weiteren jüdischen Tempel geben wird.

Von diesem Endzeittempel wissen wir, weil Jesus in Seiner Rede auf dem Ölberg* vor einem katastrophalen Ereignis warnte, das mit dem Antichristen und dem Tempel zu tun haben würde: «Wenn ihr nun den Gräuel der Verwüstung, von dem durch den Propheten Daniel geredet wurde, an heiliger Stätte stehen seht ... dann fliehe auf die Berge, wer in Judäa ist» (Mt 24,15-16).

Den Gegenstand der Verwüstung habe ich im vorangegangenen Kapitel kurz angesprochen. Der «Gräuel der Verwüstung» bezieht sich insbesondere auf die Verunreinigung des Tempels

* Die Rede wurde so genannt, weil Jesus «auf dem Ölberg sass», als Er sie hielt (Mt 24,3).

durch den Antichristen, der sich nicht nur persönlich in den Tempel setzen, sondern dort auch ein Bild von sich selbst aufstellen wird (s. Offb 13,14-15; 14,9.11; 15,2; 16,2; 19,20; 20,4). Das wird in der Mitte der Drangsalszeit passieren.

Stellen Sie sich vor, Sie wären ein Jude und würden diese abscheuliche Tat mit ansehen. Die prophetische Schrift macht deutlich, dass dieser barbarische, götzendienerische Akt bei Juden Entrüstung und Entsetzen verursachen wird. Dadurch wird der Tempel gänzlich entweiht. Das hebräische Wort, das zur Beschreibung dieses Aktes verwendet wurde, bedeutet, etwas «beschmutzen» oder «stinken». Somit bezieht es sich auf etwas, das einem ein ekelhaftes Gefühl gibt, und im übertragenen Sinne moralisch abscheulich und widerlich ist.

Wie im vorherigen Kapitel erwähnt, fand 168 v. Chr. in einem geringeren Masse ein ähnlicher Gräuel statt. Damals errichtete Antiochus Epiphanes – der von 175 v. Chr. bis zu seinem Tod im Jahr 164 v. Chr. über das Seleukidenreich herrschte und die Juden grausam verfolgte – dem Zeus einen Altar im Tempel und schlachtete darauf ein Schwein (ein unreines Tier). Antiochus kann als ein Prototyp des zukünftigen Antichristen angesehen werden.

Der falsche Prophet, der erste Stellvertreter des Antichristen, wird dem im Tempel aufgestellten Bild des Antichristen auf irgendeine Weise «Leben» geben. Wir erfahren, dass das Bild in der Lage sein wird, zu sprechen (Offb 13,15). Dieser Vers hat unter Prophetiestudenten zu einigen Diskussionen geführt. Manche glauben, das Bild des Tieres wird durch technische Hilfsmittel lediglich den Eindruck erwecken, als würde es atmen und sprechen, ähnlich computergesteuerten Sprachrobotern heute. Andere halten den Einsatz eines holografischen Bildes für möglich. Wieder andere glauben an eine Beteiligung des Übernatürlichen. Vergessen Sie nicht, dass der Teufel überaus intelligent ist und auch über die begrenzte Fähigkeit verfügt, die Kräfte der Natur zu manipulieren, wie es bei Hiob geschah (s. Hi 1–2). Mit seinem wissenschaftlichen Verständnis und seiner Fähigkeit, die Naturgewalten zu manipulieren, ist er imstande, den Anschein zu erwecken, dass das Bild lebendig ist. Wie auch immer die Erklärung ausfallen mag, viele Menschen auf der Erde werden getäuscht und glauben an etwas Übernatürliches.

Das «Leben» in dem Bild und seine Fähigkeit zu sprechen, unterscheiden es von typischen Götzen. In Psalm 135,15-17 ist die Rede von Götzen, die kein echtes Leben haben: «Die Götzen der Heiden sind Silber und Gold, von Menschenhand gemacht. Sie haben einen Mund und reden nicht, Augen haben sie und sehen nicht; Ohren haben sie und hören nicht, auch ist kein Odem in ihrem Mund.» Ähnliches sagt Habakuk 2,19: «Wehe dem, der zum Holz spricht: ‹Wache auf!› und zum stummen Stein: ‹Steh auf!› Kann er denn lehren? Siehe, er ist in Gold und Silber gefasst, und es ist gar kein Geist in ihm!»

Das Bild des Antichristen – das im Gegensatz zu den toten Götzen des Alten Testaments sprechen kann – wird den Menschen in der Drangsalszeit gottähnlich erscheinen. Es soll die Menschen weltweit dazu bringen, den Antichristen anzubeten. Der Antichrist wird dieselbe Art von Anbetung anstreben, wie sie Christus in neutestamentlichen Zeiten erfahren hat (s. Mt 2,11; 28,9.17; Joh 9,38; 20,28).

In 2. Mose 34,14 lesen wir: «Denn du sollst keinen anderen Gott anbeten. Denn der HERR, dessen Name ‹Der Eifersüchtige› ist, ist ein eifersüchtiger Gott.» Da der Antichrist Anbetung verlangt, nimmt er ganz offenkundig die Position Gottes ein. Das im Tempel aufgestellte Bild ist ein Symbol seiner angeblichen Gottheit. Es wird den Tempel völlig verunreinigen und entweihen, wie Jesus es vorausgesagt hatte (Mt 24,15).

Bedenken Sie auch: Dass der Antichrist behauptet, Gott zu sein, stimmt mit der Tatsache überein, dass er vom Teufel angetrieben wird (2Thes 2,9). Schliesslich hat der Teufel schon einmal versucht, den Platz Gottes einzunehmen (s. Jes 14,13-14). Der Antichrist wird den Charakter dessen annehmen, der ihn antreibt.

Erinnern Sie sich auch daran, dass Jesus den Tempel während Seines dreijährigen Dienstes reinigte (Mk 11,15-19). Im Gegensatz dazu wird der Antichrist den Tempel verunreinigen, wenn er «sich in den Tempel Gottes setzt als ein Gott und sich selbst für Gott ausgibt» (2Thes 2,4). Der Antichrist ist wirklich das Gegenteil von Christus.

Wenn der Antichrist behauptet, Gott zu sein, wird sich die Lage für die in Jerusalem lebenden Juden rasch verschlechtern. In Seiner Rede auf dem Ölberg weist Jesus darauf hin, wie schlimm es wird und dass die Juden in der Stadt um ihr Leben fliehen werden müssen:

> Wenn ihr nun den Gräuel der Verwüstung, von dem durch den Propheten Daniel geredet wurde, an heiliger Stätte stehen seht (wer es liest, der achte darauf!), dann fliehe auf die Berge, wer in Judäa ist; wer auf dem Dach ist, der steige nicht hinab, um etwas aus seinem Haus zu holen, und wer auf dem Feld ist, der kehre nicht zurück, um seine Kleider zu holen. Wehe aber den Schwangeren und den Stillenden in jenen Tagen! Bittet aber, dass eure Flucht nicht im Winter noch am Sabbat geschieht (Mt 24,15-20).

Mit anderen Worten, wenn sich diese schrecklichen Bedingungen zu zeigen beginnen, bittet Jesus die in Jerusalem lebenden Juden inständig, nicht an ihre persönlichen Sachen zu denken und sich eilends aus der Stadt zu begeben. Zeit, die mit dem Einsammeln von Hab und Gut verbracht wird, könnte den Unterschied zwischen Leben und Tod ausmachen. Ab diesem Zeitpunkt wird die Not des jüdischen Volkes dramatisch zunehmen (s. Jer 30,7).

Wiederaufnahme der jüdischen Opfer und ihr plötzliches Ende

In der ersten Hälfte der Drangsalszeit werden im jüdischen Tempel Tieropfer dargebracht. Dann aber wird der Antichrist dafür sorgen, dass sie wieder eingestellt werden. In Daniel 9,27 lesen wir: «Und er wird mit den Vielen einen festen Bund schliessen eine Woche lang [sieben Jahre]; und in der Mitte der Woche [d. h., nach dreieinhalb Jahren] wird er Schlacht- und Speisopfer aufhören lassen» (Einfügungen dienen dem besseren Verständnis). John Walvoord erklärt, das ganze levitische System würde für dreieinhalb Jahre in Jerusalem wieder eingesetzt. Nachdem der Antichrist die Kontrolle über die ganze Welt erlangt hat, «wird er auch den religiösen Bereich beherrschen und sich von der Welt anbeten lassen (2Thes 2,4; Offb 13,8). Dazu wird er allen organisierten Religionen ein Ende setzen. Er wird sich als der rechtmässige König und Gott der Welt und als Israels Friedensfürst ausgeben und sich anschliessend gegen Israel wenden und es vernichten und entweihen.»[1]

Gegenwärtige Bemühungen zum Wiederaufbau des Tempels

Prophezeiungen über den Tempel in der Drangsalszeit – den wieder aufgebauten Tempel – werden wahrscheinlich nicht vor Beginn dieses Zeitraums erfüllt werden. Aber schon heute wird die Bühne für den Wiederaufbau bereitet.

---

[1] John F. Walvoord, «Revelation», *The Bible Knowledge Commentary,* New Testament Edition, Hrsg. John F. Walvoord und Roy B. Zuck (Colorado Springs: David C. Cook, 1983), The Bible App Edition.

So wie es vor grossen Erdbeben oft zu Erschütterungen (oder Erdstössen) kommt, kündigen sich die Prophezeiungen, die in Verbindung mit dem wieder aufgebauten Tempel stehen, jetzt schon an. Jemand sagte mal, dass Prophezeiungen ihre Schatten vorauswerfen. Ich glaube, das stimmt. Prophezeiungen, die sich speziell auf den Wiederaufbau des Tempels beziehen, werfen zurzeit ihre Schatten voraus.

Gershon Salomon, ein Nachkomme in der zehnten Generation von Jerusalemern und Gründer und Leiter der Temple Mount Faithful-Organisation, glaubt nicht nur, dass der Messias schon bald kommt, sondern auch dass Gott ihn berufen hat, den Weg dafür zu bereiten. Er gründete die Temple Mount Faithful-Organisation im Jahr 1967 mit dem Ziel, 1) den Tempelberg von der islamischen Besetzung zu befreien, 2) den Tempelberg zu weihen, und 3) den jüdischen Tempel wieder aufzubauen. In den letzten vier Jahrzehnten war Salomon damit beschäftigt, Schriften zu publizieren, in ganz Israel Vorträge zu halten und jeden zu belehren, der davon hören will, wie wichtig es ist, den jüdischen Tempel vor der Rückkehr des Messias aufzurichten – was seines Erachtens schon sehr bald der Fall sein wird.[2]

Rabbi Yisrael Ariel ist eine weitere Person, die sich dem Wiederaufbau des Tempels verschrieben hat. 1987 gründete er das Tempelinstitut:

> Das Tempelinstitut ist eine Gruppe von Gelehrten, angeführt von Rabbi Israel Ariel. Diese Führungspersonen haben die alttestamentlichen Anforderungen zur Vorbereitung der Priester, priesterlichen Gewänder, Musikinstrumente und der Geräte für Opferung und Anbetung im Tempel studiert. Diese Rabbis

[2] Joel Rosenberg, *Epicenter: Why the Current Rumblings in the Middle East Will Change Your Future* (Carol Stream, IL: Tyndale House, 2008), S. 566.

> haben bereits Handwerker beauftragt, die zur Inbetriebnahme des dritten Tempels notwendigen Gegenstände anzufertigen.[3]

Ariel möchte die Menschen über den Tempel informieren, den Wiederaufbau des Tempels vorantreiben und Tempelutensilien und andere Gegenstände herstellen. Er sagt: «All diese Gegenstände sind passend und einsatzbereit für den Dienst im Heiligen Tempel.» Dazu gehören der siebenarmige Leuchter, der goldene Weihrauchaltar, der goldene Schaubrottisch, priesterliche Gewänder, die vom Hohenpriester getragene Krone aus reinem Gold, Räucherpfannen und Schaufeln, die Mizrak (ein Gefäss, in dem das Blut der Opfergaben transportiert wurde), das Becken aus Erz, Steingefässe, in denen die Asche der roten jungen Kuh gesammelt wird, und Ähnliches. Diese Dinge werden vom Tempelinstitut in Jerusalem vorgefertigt, sodass alles bereit ist, wenn der Tempel schliesslich wieder aufgebaut ist.[4]

Das Tempelinstitut bereitet seit etwa 30 Jahren hinter den Kulissen den Wiederaufbau des Tempels vor:

> Das Tempelinstitut hat sich verpflichtet, alles Mögliche zu tun, um auf dem Tempelberg den dritten jüdischen Tempel zu bauen. ... Es obliegt jederzeit jedem von uns, den Wiederaufbau des Heiligen Tempels vorzubereiten. Durch die Arbeit des Tempelinstituts in den letzten drei Jahrzehnten ist die Vorbereitung auf den Tempel nicht länger ein Traum, sondern eine Realität, an der sich jeder beteiligen kann.[5]

---

[3] John Ankerberg, Dillon Burroughs und Jimmy DeYoung, *Israel Under Fire: The Prophetic Chain of Events That Threatens the Middle East* (Eugene, OR: Harvest House, 2009), Kindle Edition.

[4] Rosenberg, *Epicenter*, S. 569–574; s. auch Ed Hindson, *15 Future Events that Will Shake the World* (Eugene, OR: Harvest House, 2014), iBooks Edition.

[5] Arutz Sheva Staff, «Preparation for Temple No Longer a Dream», *Israel National News*, 8. August 2016, http://www.israelnationalnews.com/News/News.aspx/216112.

Viele Juden beten drei Mal pro Tag an der Westmauer in Jerusalem und rufen: «Möge unser Tempel an diesem Tag hier in der heiligen Stadt wieder aufgebaut werden.»[6] Viele Juden sehen eine Verbindung zwischen dem Bau dieses Tempels und der Rückkehr des Messias. Meir Kahana, ein orthodoxer Jude, sagte: «Ich weiss, an dem Tag, an dem der dritte Tempel fertiggestellt ist, wird der Messias kommen.»[7]

Ausserdem wollen die Juden den Tempel exakt *auf dem Tempelberg* in Jerusalem wieder aufbauen. Rabbi Ben-Dahan bestätigt: «Wir sind alle hier, um zu erklären, dass wir nach Jerusalem zurückgekehrt sind, und so Gott will, werden wir die Herzen [des Volkes] vorbereiten, damit auch sie zum Tempelberg zurückkommen und den Tempel bauen. Wir schämen uns nicht zu sagen: Wir wollen den Tempel auf dem Tempelberg wieder aufbauen.»[8]

Für Studenten der biblischen Prophetie ist das eine ziemlich aufregende Entwicklung, da die Tempelbergbewegung ein deutliches Zeichen für das baldige Kommen des Messias darstellt. «Obschon in den letzten 2000 Jahren der Wunsch bestand, einen weiteren Tempel in Jerusalem zu bauen, hat es noch nie so viele Fortschritte in diese Richtung gegeben. Für viele ist dies ein klarer Beweis, dass die Rückkehr des Herrn wirklich nahe ist.»[9]

Gegenwärtig ist der Tempelberg natürlich ein gefährlicher, höchst explosiver Ort. Joel Rosenberg erklärt es so:

> Sicherheitsexperten halten den Tempelberg für die gefährlichste Quadratmeile auf dem Planeten. Die israelische Polizei und die Geheimdienste führen um den Ort herum verstärkte

---

6 Ankerberg, Burroughs und DeYoung, *Israel Under Fire*.
7 Meir Kahana, zitiert in Ankerberg, Burroughs und DeYoung, Israel Under Fire.
8 Eliran Aharon, «We're Not Embarrassed to Say It: We Want to Rebuild the Temple», *Israel National News*, 15. August 2016, http://www.israelnationalnews.com/ News/News.aspx/216358.
9 Ankerberg, Burroughs und DeYoung, Israel Under Fire.

> Sicherheitsmassnahmen durch, um jüdische und andere Extremisten davon abzuhalten, den Felsendom und die Al-Aqsa-Moschee in die Luft zu jagen. Ein solcher Angriff wäre letzten Endes nicht nur moralisch falsch, er wäre auch unglaublich gefährlich. Würden der Dom und die Moschee irgendwie durch einen Terroranschlag zerstört, könnte das einen Krieg schrecklichen Ausmasses auslösen und den Zorn einer Milliarde Muslime gegen Israel richten.[10]

Einige Prophetiestudenten sind der Ansicht, dass der jüdische Tempel eventuell gebaut werden könnte, ohne den Felsendom anzutasten. Die beiden Gebäude könnten nebeneinanderstehen. Eine derartige Vorstellung ist aber nicht realisierbar. Muslime würden es sich nicht gefallen lassen, wenn nebenan ein jüdisches Heiligtum stünde, was übrigens auch umgekehrt für Juden gilt. Ausserdem steht der Felsendom exakt an der Stelle, wo die vorherigen jüdischen Tempel standen. Daher muss der Tempel der Drangsalszeit genau dort gebaut werden.

In jüngster Zeit gab es noch weitere Entwicklungen, die auf einen baldigen Wiederaufbau des jüdischen Tempels hindeuten. Nach 1600 Jahren Abwesenheit wurde der Sanhedrin wieder eingeführt. Zu biblischen Zeiten war der Sanhedrin der oberste Gerichtshof und das gesetzgebende Gremium der Juden und bestand aus 71 Rabbis.

Die Wiedereinführungszeremonie fand in der israelischen Stadt Tiberias am Westufer des Sees von Galiläa statt. Genau an dieser Stelle kam der Rat 425 n. Chr. zum letzten Mal zusammen.

Ich denke, David Reagan hat recht, wenn er sagt: «In Anbetracht der prophetischen Bedeutung dieser Ereignisse halte ich das Wiederaufleben des Sanhedrin für einen weiteren Schritt

---

[10] Rosenberg, *Epicenter*, S. 562–563.

hin zum Wiederaufbau eines jüdischen Tempels.»[11] Ähnlich äussert sich Thomas Ice: «Die Wiedereinführung des Sanhedrin ist als Vorbote des Wiederaufbaus des Tempels und des Kommens des Messias anzusehen. Orthodoxe Juden glauben, dass ein Gremium wie der Sanhedrin heute nötig ist, um den Wiederaufbau des Tempels zu beaufsichtigen und den Messias zu identifizieren, sollte Er erscheinen.»[12]

Alles scheint sich in Position zu bringen für den baldigen Wiederaufbau des Tempels. Wie Arnold Fruchtenbaum sagt:

> Das Tempelinstitut in Jerusalem hat die Instrumente zur Anbetung im jüdischen Tempel rekonstruiert; jüdische Männer, die als Nachkommen Aarons ermittelt wurden, bekannt als Kohanim, werden in rituellen Praktiken ausgebildet, um als Tempelpriester zu dienen; und nun haben wir die Einrichtung eines massgebenden Gremiums, das zum Volk Israel in Fragen der jüdischen Religion spricht.[13]

Der neue Sanhedrin kommt jetzt einmal monatlich in Jerusalem zusammen. Vermutlich wird der Rat anstreben, das höchste Regierungsgremium des modernen Israel zu werden.

In Bezug auf den Tempel ist ein neuer Sanhedrin nötig, da «nur der Sanhedrin den Mann auswählen kann, der als Hohenpriester im Tempel dient».[14] Jetzt, wo der Sanhedrin eingesetzt wurde, wird die Wahl des Hohenpriesters, ist sie erst einmal erforderlich, einfacher sein.

---

[11] David Reagan, «The Rebirth of the Sanhedrin: What is its Prophetic Significance?» Lamb & Lion Ministries, http://christianprophecy.org/articles/the-rebirth-of-the-sanhedrin/

[12] Thomas Ice, «Is It Time for the Temple?», http://www.pre-trib.org/articles/view/is-it-time-for-temple.

[13] Arnold Fruchtenbaum, *Ariel Ministries Newsletter* (Herbst 2004/Winter 2005), S. 4.

[14] Ankerberg, Burroughs und DeYoung, *Israel Under Fire.*

Natürlich kann der Tempel erst wieder aufgebaut werden, wenn die entsprechenden Baupläne existieren. Zu diesem Ziel hat der neue Sanhedrin einen Aufruf zu solchen Plänen gestartet: «Die Gruppe wird ein Forum von Architekten und Ingenieuren ins Leben rufen, die mit den Bauplänen des Tempels beginnen – ein Schritt, der voller religiöser und politischer Sprengkraft steckt.»[15] Unterdessen «rufen sie das jüdische Volk auf, sich an der Beschaffung von Materialien zu beteiligen, die dem Wiederaufbau des Tempels dienen – einschliesslich dem Sammeln und Vorbereiten von vorgefertigten, zerlegbaren Teilen, die zur schnellen Montage gelagert und bereitgestellt werden sollen ‹so wie bei König David›».[16]

Wie zuvor schon angemerkt, ist das eine grosse Hindernis, das dem Wiederaufbau des Tempels im Weg steht, der muslimische Felsendom, der genau an der Stelle steht, wo der Tempel gebaut werden muss. Dieses Gebäude muss weichen, bevor der Tempel entstehen kann.

Ich halte den Wiederaufbau des jüdischen Tempels für wahrscheinlich, nachdem Gott die muslimischen Armeen während der in Hesekiel beschriebenen Invasion vernichtet hat. Würden die Muslime am Anfang der Drangsalszeit noch dieselbe Macht haben wie heute, wäre es für Israel sehr schwierig, seinen Tempel zu bauen. Doch wenn Gott erst einmal alle muslimischen Armeen vor (oder zumindest direkt zu) Beginn der Drangsalszeit vernichtet hat, ist dieses Haupthindernis aus dem Weg geräumt.

Es ist absolut denkbar, dass die Invasion in Hesekiel dreieinhalb Jahre vor Beginn der Drangsalszeit stattfindet (s. Kap

---

15 «New ‹Sanhedrin› Plans Rebuilding of Temple: Israeli Rabbinical Body Calls for Architectural Blueprint», *WorldNetDaily* (8. Juni 2005), http://www.wnd.com/2005/06/30709/

16 «New ‹Sanhedrin› Plans Rebuilding of Temple», WorldNetDaily.

7). Das würde bedeuten, dass die muslimischen Armeen noch deutlich vor der Drangsalszeit vernichtet werden.

Ein anderes vorstellbares Szenario ist, dass der Antichrist selbst – nachdem Gott die muslimischen Eindringlinge vernichtet hat – den Juden erlaubt, ihren Tempel wieder aufzubauen als Teil des «festen Bundes», den er mit Israel schliessen wird (Dan 9,27). Mark Hitchcock meint: «Ein Schlüsselelement dieses Plans müsste die israelische Souveränität über den Tempelberg beinhalten.»[17] Ist dieser Bund erst einmal in Kraft – und von der ganzen Macht des Antichristen gestützt –, würde es nicht mehr als ein Jahr brauchen, die muslimischen Gebäude zu demontieren und den jüdischen Tempel wieder zu errichten.

In seinem Buch *The Coming Last Days Temple* (Der kommende Tempel der letzten Tage) schreibt Dr. Randall Price:

> Was hat das Ihnen und mir zu sagen? Es sagt uns, dass die Juden nicht nur mit ihrem Ziel begonnen haben, sondern auch nur noch einen Schritt entfernt sind, es zu erreichen! ... Der gegenwärtige Konflikt um den Tempelberg und die Entschlossenheit der jüdischen Aktivisten, sich auf das Ende dieses Konflikts vorzubereiten, haben den Schwung für die kurze Strecke gegeben, die es noch «hinter sich zu legen» gilt. Wir leben in einer Zeit, in der die Bauvorbereitungen kurz vor ihrem Abschluss stehen und mit ihr die Erfüllung der Prophezeiungen, die der Welt den kommenden Tempel der letzten Tage schon bald als eine Realität zeigen werden.[18]

---

[17] Mark Hitchcock, *Is the Antichrist Alive Today?* (Sisters, OR: Multnomah, 2003), iBooks Edition.

[18] Randall Price, *The Coming Last Days Temple* (Eugene, OR. Harvest House, 1999), S. 592.

Was bedeutet das alles?

Aus prophetischer Sicht finde ich all diese Entwicklungen höchst interessant. Ein Überblick:

- Die Grundvoraussetzung für den Wiederaufbau des jüdischen Tempels – Israel lebt wieder als Nation in seinem Heimatland – ist seit 1948 gegeben.
- Seitdem strömen die Juden aus der ganzen Welt zurück ins Heilige Land (wie in Hesekiel 36–37 vorausgesagt).
- Gegenstände, die bei der Anbetung im Tempel verwendet werden, werden zurzeit hergestellt.
- Der Sanhedrin wurde wieder eingeführt.
- Der Sanhedrin hat den Aufruf gestartet, Pläne für den Wiederaufbau des Tempels zu erstellen.
- Viele Juden und jüdische Rabbis wünschen und beten nicht nur für den Aufbau des Tempels, sie wollen ihn auch auf dem Tempelberg errichtet sehen.

Die Bühne ist bereitet.

11

Gottes jüdische Endzeitzeugen in der Drangsalszeit

Im Buch der Offenbarung werden zwei Gruppen von jüdischen Zeugen erwähnt. Beide werden in der zukünftigen Drangsalszeit in Erscheinung treten. Ich spreche von den 144 000 jüdischen Zeugen in Offenbarung 7 und 14 sowie den zwei prophetischen Zeugen in Offenbarung 11. Auch in der dunkelsten Zeit, die je über die Menschheit kommen wird, wird Gott Seine Stellvertreter auf der Erde haben und den Menschen den Weg zur Errettung weisen. Diese beiden Gruppen mit jüdischen Zeugen werden nicht zwangsläufig in höchster Alarmbereitschaft sein wie die anderen Juden in der Drangsalszeit, da Gott sie während ihres Dienstes auf übernatürliche Weise beschützt. Lassen Sie uns einige biblische Details anschauen.

Die 144 000 jüdischen Zeugen Gottes

In Offenbarung 7,2-8 lesen wir:

> Und ich sah einen anderen Engel, der von Sonnenaufgang heraufstieg, der hatte das Siegel des lebendigen Gottes; und er rief mit lauter Stimme den vier Engeln zu, denen es gegeben war, der Erde und dem Meer Schaden zuzufügen, und er sprach: Schädigt die Erde nicht, noch das Meer, noch die Bäume, bis wir die Knechte unseres Gottes an ihren Stirnen versiegelt haben!

Und ich hörte die Zahl der Versiegelten: 144 000 Versiegelte,
aus allen Stämmen der Kinder Israels.
Aus dem Stamm Juda 12 000 Versiegelte;
aus dem Stamm Ruben 12 000 Versiegelte;
aus dem Stamm Gad 12 000 Versiegelte;
aus dem Stamm Asser 12 000 Versiegelte;
aus dem Stamm Naphtali 12 000 Versiegelte;
aus dem Stamm Manasse 12 000 Versiegelte;
aus dem Stamm Simeon 12 000 Versiegelte;
aus dem Stamm Levi 12 000 Versiegelte;
aus dem Stamm Issaschar 12 000 Versiegelte;
aus dem Stamm Sebulon 12 000 Versiegelte;
aus dem Stamm Joseph 12 000 Versiegelte;
aus dem Stamm Benjamin 12 000 Versiegelte.

Zu biblischen Zeiten symbolisierte ein Siegel Eigentum (2Kor 1,22) und Schutz (Eph 1,14; 4,30). Diese jüdischen Gläubigen «gehören» Gott, und in Seiner Souveränität beschützt Er sie in ihrem Dienst während der Drangsalszeit (Offb 14,1-4; s. auch 13,16-18; 2Kor 1,22; Eph 1,13; 4,30).

Das Siegel, das Gottes jüdische Diener empfangen werden, scheint ein Gegenstück zu dem «Malzeichen des Tieres» zu sein, das alle annehmen, die dem Antichristen in der Drangsalszeit folgen werden (s. Offb 13,17; 14,11; 16,2; 19,20). Die Prophetieexperten Thomas Ice und Timothy Demy meinen: «Gottes Siegel an Seinen Zeugen ist höchstwahrscheinlich nicht sichtbar und soll sie vor dem Antichristen schützen. Der Antichrist hingegen bietet Schutz vor dem Zorn Gottes – ein Versprechen, das er nicht halten kann –, und sein Zeichen ist sichtbar und äusserlich.» Des Weiteren bemerken sie: «Zum ersten Mal in der Geschichte wird ein äusseres Zeichen diejenigen identifizieren, die Christus und Sein Evangelium der Sündenvergebung ablehnen.»[1]

Die 144 000 versiegelten Juden werden «aus allen Stämmen der Kinder Israels» kommen (Offb 7,4). Einige Christen haben darin bildlich die Gemeinde gesehen. Der Kontext macht jedoch klar, dass der Vers von 144 000 jüdischen Männern spricht – 12 000 aus jedem Stamm –, die in der zukünftigen Drangsalszeit leben werden (s. Offb 14,4). Die Tatsache, dass bestimmte Stämme und eine konkrete Anzahl von ihnen (zwölf) erwähnt werden, räumt die Möglichkeit aus, dass wir es hier mit einer Redewendung zu tun haben. An keiner Stelle der Schrift bedeuten die zwölf Stämme Israels etwas anderes als eben die zwölf Stämme Israels.

Manche wenden ein, dass nicht buchstäblich die Stämme Israels gemeint sind, da die alttestamentlichen Stämme Dan und Ephraim fehlen, und – im Gegensatz zu den alttestamentlichen Auflistungen – der Stamm Levi aufgenommen wurde. Dem müssen wir jedoch entgegnen, dass sich im Alten Testament nicht weniger als 20 verschiedene Stammeslisten finden, die von zehn bis dreizehn Stämme enthalten, auch wenn es meistens 12 sind (s. 1Mo 49; 5Mo 33; Hes 48). Folglich muss es nicht zwangsläufig zwei identische Listen mit den zwölf Stämmen Israels geben. Zwölf scheint die ideale Zahl bei der Auflistung der Stämme zu sein, und Offenbarung 7 und 14 halten sich daran.

Dass der Stamm Dan ausgelassen wurde, liegt offenbar daran, dass er sich zu vielen Gelegenheiten des Götzendienstes schuldig gemacht hatte und daher grösstenteils verschwand (3Mo 24,11; Ri 18,1.30; s. auch 1Kö 12,28-29). Wer sich am Götzendienst beteiligt und keine Busse tut, soll vom Segen Gottes ausgeschlossen werden.

---

[1] Thomas Ice und Timothy Demy, *The Coming Cashless Society* (Eugene, OR: Harvest House, 1996), S. 125–126, 80.

Der Stamm Ephraim beteiligte sich ebenfalls am Götzendienst und an heidnischer Anbetung (Ri 17; Hos 4,17) und wurde daher in der Liste in Offenbarung 7 nicht aufgenommen. Dass Joseph und Manasse in der Liste enthalten sind und die zwölf Stämme vervollständigen, macht durchaus Sinn.

Der Stamm Levi wurde in Offenbarung 7 wahrscheinlich aufgenommen, da die priesterliche Funktion des Stammes Levi mit dem Kommen Christi, dem endgültigen Hohenpriester, aufhörte. Die levitische Priesterschaft fand ihre Erfüllung in der Person Christi (Hebr 7–10). Da der priesterliche Dienst des Stammes Levi nicht weiter nötig war, bestand kein Grund mehr, diesen Stamm von den anderen zu unterscheiden und abzusondern. Somit wurde er in der Stammesliste im Buch der Offenbarung zu Recht aufgenommen. Noch einmal, der Kontext scheint deutlich zu machen, dass sich die 144 000 nicht auf die Gemeinde, sondern auf die Stämme Israels beziehen.

Interessanterweise hatte Gott die Juden ursprünglich zu Seinen Zeugen auserwählt. Ihre Aufgabe war es, allen anderen Völkern auf der Welt die gute Nachricht von Gott zu bringen (s. Jes 42,6; 43,10). Aber sie versagten – so sehr, dass sie Jesus während Seines kurzen irdischen Dienstes nicht als den Messias Gottes anerkannten. In der zukünftigen Drangsalszeit werden diese 144 000 Juden – die irgendwann zum Glauben an Jesus, den Messias Gottes, kommen werden – ihren Gott gegebenen Auftrag schliesslich erfüllen und Seine Zeugen auf der ganzen Welt sein.

Offensichtlich werden sie in der Drangsalszeit das Evangelium vom Reich predigen. In Matthäus 24,14 lesen wir, in der Drangsalszeit «wird dieses Evangelium vom Reich in der ganzen Welt verkündigt werden, zum Zeugnis für alle Heidenvölker». Obwohl die Juden grossflächig verfolgt und heimgesucht werden und sich die Herzen vieler Menschen gegen den Herrn verhärten, wird Gott in Seiner Gnade Zeugen auf der Erde haben, die bereit sind, Seine Botschaft von Jesus Christus und dem kommenden Reich zu verbreiten.

So wie Johannes der Täufer und Jesus häufig darüber predigten, dass das Reich Gottes nahe ist, werden es auch Gottes Zeugen in der Drangsalszeit tun. Jesus wird als der Messias Gottes präsentiert, als der König, der im bald kommenden Reich herrschen wird. Das Evangelium des Reiches ist die gute Nachricht, dass Christus kommt, um Sein irdisches Reich aufzurichten, und dass jene, die Ihn im Glauben annehmen, die Segnungen Seiner tausendjährigen Herrschaft geniessen werden.

Christen diskutieren darüber, wann genau die 144 000 Juden ihren Dienst aufnehmen werden. Meiner Meinung nach werden sie irgendwann am Anfang der Drangsalszeit auftauchen. Wahrscheinlich beginnen sie zu einem frühen Zeitpunkt in der Drangsalszeit mit dem Evangelisieren, da die gläubigen Märtyrer aus Offenbarung 6,9-11 – die aufgrund des Dienstes der 144 000 zum Glauben kommen – von den Streitkräften des Antichristen in der ersten Hälfte der Drangsalszeit hingerichtet werden.

Gut denkbar, dass diese Juden in ähnlicher Weise zum Glauben an Jesus kommen werden wie der Apostel Paulus, der selbst ein Jude war. In Apostelgeschichte 9,1-9 lesen wir, wie Paulus auf der Strasse nach Damaskus eine Begegnung mit dem auferstandenen Christus hatte. Etwas später bezeichnete er sich – in Bezug auf seine Bekehrung zu Christus – als «eine unzeitige Geburt» (1Kor 15,8). Damit spielte Paulus möglicherweise auf seine 144 000 jüdischen Brüder in der Drangsalszeit an, die eine ähnliche geistliche «Geburt» haben werden wie er – nur, dass Paulus weit vor ihnen geistlich geboren wurde. Wie Paulus werden diese jüdischen Zeugen ein mächtiges Zeugnis für Jesus Christus ablegen.

Wir erfahren, dass sich diese 144 000 jüdischen Zeugen «nicht mit Frauen befleckt haben; denn sie sind jungfräulich rein. Diese sind es, die dem Lamm nachfolgen, wohin es auch geht» (Offb 14,4). Diese keuschen Männer werden ihre ganze Aufmerksamkeit dem Dienst Christi widmen (s. 1Kor 7,26; auch Mt 19,12).

Sie sind «Erstlinge für Gott und das Lamm» (Offb 14,4). Als «Erstlinge» könnten die 144 000 die ersten von vielen sein, die in ihren sterblichen (noch nicht auferstandenen) Körpern direkt in das Tausendjährige Reich Christi eingehen werden. Oder vielleicht sind sie insofern Erstlinge, dass sie wie «Opfergaben von den Erstlingen» für Gott sind, makellos und vollkommen, sozusagen die Crème de la Crème.

Die Schrift sagt über diese Zeugen: «In ihrem Mund ist kein Betrug gefunden worden; denn sie sind unsträflich» (Offb 14,5). In einer antichristlichen Umgebung voller Betrug sagen sie die Wahrheit (Offb 12,9; 13,14; 19,20; s. auch Phil 2,15; Hebr 9,14; 1Petr 1,19; Jud 1,24).

Etwas später im Buch der Offenbarung erfahren wir, dass eine unvorstellbar grosse Menge von grässlichen Dämonen aus dem Abgrund freigelassen wird (Offb 9,2). Diese dämonischen Geister werden den Menschen auf der ganzen Welt schreckliche Wunden zufügen. Allerdings können diese bösen Geister nicht über die Grenzen hinausgehen, die Gott ihnen steckt (woran uns das Buch Hiob erinnert). So lesen wir, dass die 144 000 jüdischen Evangelisten vor ihren Qualen bewahrt werden. Wir können annehmen, dass wahrscheinlich auch die Bekehrten dieser 144 000 beschützt werden. Es scheint mit Gottes Gnade zu übereinstimmen, dass alle, die dem Herrn zum Heil geglaubt haben, auf spezielle Weise versiegelt und vor den Qualen bewahrt werden.

Noch etwas später erhalten wir in Offenbarung 14,1-5 eine Vorschau auf das, was nach dem zweiten Kommen Jesu Christi geschehen wird. In einem Panoramablick sieht Johannes Jesus, das Lamm Gottes, auf dem Berg Zion zusammen mit den 144 000 jüdischen Zeugen stehen. Dieser «Berg Zion» ist anscheinend der reale Hügel im irdischen Jerusalem. Berg Zion bezieht sich normalerweise auf den Hügel in Jerusalem, auf dem der jüdische Tempel erbaut wurde.

Die jüdischen Zeugen werden die ganze Drangsalszeit über das schützende Siegel Gottes an sich tragen (Offb 7,3-4) und können daher nicht getötet werden. Das bedeutet, dass sie am Ende der Drangsalszeit noch auf der Erde leben werden. Nach Seinem zweiten Kommen werden sie direkt in das Tausendjährige Reich Christi auf Erden eingeladen werden.

Ich denke, diese 144 000 jüdischen Zeugen stehen höchstwahrscheinlich in direkter Verbindung mit dem Gericht der Nationen (Mt 25,31-46), das nach dem zweiten Kommen Christi stattfinden wird. Die Nationen bestehen aus den Schafen und den Böcken, die die Erretteten und Verlorenen unter den Nationen repräsentieren. Laut Matthäus 25,32 sind sie miteinander vermischt und müssen durch ein spezielles Gericht getrennt werden.

Diese Nichtjuden werden danach beurteilt, wie sie die «Brüder» Christi behandelt haben. Wer sind diese Brüder? Wahrscheinlich sind es die 144 000 Juden aus Offenbarung 7 – die jüdischen Brüder Christi, die in der Drangsalszeit Zeugnis von Ihm ablegen. Stan Toussaint, Professor für Bibelauslegung am Dallas Theological Seminary, schreibt: «Am besten scheint es, wenn wir sagen, dass der Ausdruck ‹einem dieser meiner geringsten Brüder› den gottesfürchtigen Überrest Israels bezeichnet, der jedem Volk auf der Welt das Evangelium vom Reich verkünden wird.»[2]

---

[2] Stanley Toussaint, *Behold the King: A Study of Matthew* (Grand Rapids: Kregel, 2005), S. 291.

Merrill F. Unger ist derselben Ansicht:

> In der Drangsalszeit wird Gott in Seiner Souveränität 144 000 Juden berufen und erretten. ... Der Dienst der 144 000 erretteten Juden wird so herrlich und wunderbar sein und ihr Zeugnis so treu, dass sich der König auf Seinem Thron nicht schämt, sie «meine Brüder» zu nennen. Und noch mehr, Er wird sich so eng mit ihnen verbunden fühlen, dass alles, was ihnen getan oder nicht getan wurde, für Ihn so ist, als wäre es Ihm selbst passiert.[3]

J. Dwight Pentecost stellt fest, dass die 144 000 Juden

> unter dem Todesurteil des Tieres stehen werden. Sie werden sich weigern, das Zeichen des Tieres anzunehmen, und daher nicht kaufen oder verkaufen können. Folglich werden sie von der Gastfreundschaft, Nahrung und Unterstützung derer abhängig sein, denen sie dienen. Nur, wer ihre Botschaft annimmt, wird sein Leben in Gefahr bringen, weil er den Boten Gastfreundschaft gewährt. Daher gilt, was für sie getan wird, ist ein Beweis des Glaubens an Christus, d. h., was für sie getan wird, wird für Christus getan.[4]

Obschon der Antichrist und der falsche Prophet die Welt in der Drangsalszeit wirtschaftlich beherrschen werden (Offb 13), hat Gott nach wie vor alles unter Kontrolle. Die Erlösten Gottes werden den jüdischen Brüdern Christi zur Hilfe kommen, wenn sie auf der ganzen Welt von Christus zeugen. Diese Brüder werden in das Tausendjährige Reich Christi eingeladen.

---

[3] Merrill F. Unger, *Beyond the Crystal Ball* (Chicago: Moody, 1978), S. 134–135.

[4] J. Dwight Pentecost, *The Words and Works of Jesus Christ* (Grand Rapids: Zondervan, 1978), S. 410. S. auch J. Dwight Pentecost, *Things to Come* (Grand Rapids: Zondervan, 1978), S. 418.

Die zwei prophetischen Zeugen Gottes

Ausser den 144 000 jüdischen Zeugen wird Gott noch zwei mächtige prophetische Zeugen erwecken, die ähnliche Macht haben werden wie Mose und Elia. In Offenbarung 11,3 bestätigt Gott: «Und ich will meinen zwei Zeugen geben, dass sie weissagen werden 1260 Tage lang, bekleidet mit Sacktuch.» Diese beiden Zeugen werden mit erstaunlicher Macht Zeugnis ablegen vom wahren Gott, Seinem Gericht und Seiner Erlösung. Festzuhalten ist: Das Alte Testament verlangt, dass eine Sache von zwei Zeugen bestätigt wird (5Mo 17,6). David Jeremiah bemerkt:

> Zwei Engel bezeugten die Auferstehung des Erlösers. Zwei weiss gekleidete Männer bezeugten Seine Himmelfahrt. Gott beauftragt Seine Leute oft zu zweit. Denken Sie nur an Mose und Aaron, Josua und Kaleb, Serubbabel und Jeschua, Petrus und Johannes, Paulus und Silas, Timotheus und Titus. Die Jünger wurden zu zweit ausgesandt, und auch die Siebzig sollten jeweils zu zweit reisen. Diese beiden Zeugen werden sich an dieses Muster halten, wenn sie einen der wichtigsten Bussaufrufe aller Zeiten verkünden.[5]

Diese beiden Zeugen werden ihren Auftrag 1260 Tage lang ausführen – exakt dreieinhalb Jahre. An anderer Stelle wird dieser Zeitraum als «42 Monate» (Offb 11,2) und «eine Zeit und zwei Zeiten und eine halbe Zeit» beschrieben (12,14). («Eine Zeit» ist ein Jahr, «zwei Zeiten» sind zwei Jahre und «eine halbe Zeit» ist ein halbes Jahr.)

Bibelausleger diskutierten darüber, ob damit die ersten oder die letzten dreieinhalb Jahre der Drangsalszeit gemeint sind.

---

[5] David Jeremiah, *Agents of the Apocalypse* (Carol Stream, IL: Tyndale House, 2014), iBooks Edition.

Meiner Einschätzung nach wirken die beiden Zeugen ihre Wunder in den ersten dreieinhalb Jahren. Ihre Ermordung durch den Antichristen passt am besten zu anderen Ereignissen, die zur Mitte der Drangsalszeit stattfinden werden – wie z. B. der Erhöhung des Antichristen zu Gott. Ausserdem macht die Auferstehung der zwei Zeugen – nachdem sie drei Tage lang tot waren – zur Mitte der Drangsalszeit einen grösseren Eindruck auf die Welt als am Ende, direkt vor dem zweiten Kommen Christi in Herrlichkeit.

Beachten Sie, dass die zwei Zeugen «mit Sacktuch bekleidet» sein werden (Offb 11,3). «Sacktuch» besteht im Wesentlichen aus Kleidung aus Ziegen- oder Kamelhaaren, was in biblischen Zeiten symbolisch Trauer zum Ausdruck brachte (s. 1Mo 37,34). Die beiden Zeugen werden über den schrecklichen Zustand und die fehlende Busse in der Welt trauern.

Während ihres Dienstes werden viele die beiden Zeugen am liebsten tot sehen. Aber Offenbarung 11,5 sagt: «Und wenn jemand ihnen Schaden zufügen will, geht Feuer aus ihrem Mund hervor und verzehrt ihre Feinde; und wenn jemand ihnen Schaden zufügen will, muss er so getötet werden.» In der Bibel deutet Feuer oft auf den Zorn Gottes hin. In Nahum 1,6 lesen wir: «Sein Grimm ergiesst sich wie ein Feuer» (Nah 1,6). Gott sagt: «Damit mein Zorn nicht ausbricht wie ein Feuer, das niemand löschen kann» (Jer 4,4). Wer sich gegen die zwei Propheten Gottes stellt, wird den Zorn Gottes zu spüren bekommen.

In den Jahren ihres Dienstes werden die beiden Zeugen somit vom übernatürlichen Schutz Gottes bewahrt. In ähnlicher Weise wurde Jesus während Seines Dienstes beschützt. Nachdem Sein Dienst vorbei war, liess Gott es zu, dass Er am Kreuz starb. Doch bis dahin bestätigte Jesus wiederholt: «Meine Zeit ist noch nicht erfüllt» (Joh 7,8).

Ähnlich verhält es sich mit dem Dienst dieser beiden Zeugen: Erst wenn er vollendet ist, werden sie von den Soldaten des Antichristen getötet werden. Bis zu diesem Zeitpunkt wird ihnen keine Gefahr etwas anhaben können. Ihr Dienst wird dreieinhalb Jahre nicht aufzuhalten sein, bis «sie ihr Zeugnis vollendet haben» (Offb 11,7).

Die Schrift macht deutlich, dass die beiden prophetischen Zeugen wunderwirkende Kräfte besitzen, ähnlich wie Mose und Elia: «Diese haben Vollmacht, den Himmel zu verschliessen, damit kein Regen fällt in den Tagen ihrer Weissagung; und sie haben Vollmacht über die Gewässer, sie in Blut zu verwandeln und die Erde zu schlagen mit jeder Plage, sooft sie wollen» (Offb 11,6). Im Alten und im Neuen Testament setzte Gott oft Wunder ein, um Seine Boten zu beglaubigen (Apg 2,43; Röm 15,18-19; 2Kor 12,12). In der Drangsalszeit, wenn die Welt von übernatürlichem dämonischen Wirken, falscher Religion, Mord, sexueller Perversion und ungehemmter Gottlosigkeit nur so überquellen wird, werden die übernatürlichen Zeichen dieser beiden Zeugen sie als echte Propheten Gottes ausweisen.

Ist es denkbar, dass die beiden Zeugen tatsächlich Mose und Elia sind? Viele glauben das. Zu ihren Gründen zählen:

1. Daniel 9 macht klar: So wie die ersten 69 Wochen von Daniel von den Juden handeln, wird sich auch die 70. Woche – die Drangsalszeit – mit ihnen befassen. Mose und Elia sind zweifelsohne die zwei einflussreichsten Persönlichkeiten der jüdischen Geschichte. Ihre Anwesenheit in der Drangsalszeit würde somit Sinn machen. In der gesamten Geschichte Israels gab es keine zwei Männer, die grösseren Respekt und Anerkennung empfingen als Mose und Elia. Timothy J. Demy und John C. Whitcomb sagen: «Mose war Gottes grosser Befreier und Gesetzgeber für Israel

(5Mo 34,10-12). ... Und Gott erweckte Elia, um Israel in einer Zeit grossen nationalen Abfalls entgegenzutreten.»[6] Daher sehen viele sie als geeignet an für den Dienst in der Drangsalszeit.

2. In der Zukunft wird die Rückkehr von Mose (5Mo 18,15.18) und Elia (Mal 3,23) erwartet.
3. Mose und Elia waren zusammen mit Jesus auf dem Berg der Verklärung. Das zeigt ihre zentrale Bedeutung im Plan Gottes und lässt ihre Anwesenheit in der zukünftigen Drangsalszeit angemessen erscheinen.
4. Die von den beiden Zeugen gewirkten Wunder ähneln jenen, die Mose und Elia zu alttestamentlichen Zeiten gewirkt hatten (s. 2Mo 7–11; 1Kö 17).
5. Das Alte Testament zeigt, dass Mose und Elia die Erde auf ungewöhnliche Weise verliessen. Elia starb nicht, sondern wurde mit einem feurigen Wagen in den Himmel gebracht (2Kö 2,11-12). Und der Leib Mose wurde von Gott auf übernatürliche Weise an einem von Menschen unbekannten Ort begraben (5Mo 34,5-6).

Angesichts dieser Faktoren meinen einige Ausleger, dass Gott in der Drangsalszeit möglicherweise zwei Seiner mächtigsten Diener sendet: Mose, den grossen Befreier und geistlichen Gesetzgeber Israels, und Elia, einen Fürsten unter den alttestamentlichen Propheten. Zu alttestamentlichen Zeiten befreiten sie Israel von Knechtschaft und Götzendienst. In der Drangsalszeit könnten sie erneut erscheinen, um Israel vor der falschen Religion des Antichristen und des falschen Propheten zu warnen.

---

[6] Timothy J. Demy und John C. Whitcomb, «Witnesses, Two», in *The Popular Encyclopedia of Bible Prophecy,* Hrsg. Tim LaHaye und Ed Hindson (Eugene, OR: Harvest House, 2004), S. 402–403.

Aber Mose und Elia sind nicht die einzigen beiden Personen, die zur Erfüllung von Offenbarung 11 vorgeschlagen werden. Einige halten auch Henoch und Elia für möglich. Vergessen Sie nicht, dass Henoch und Elia aufrechte Männer waren, die direkt in den Himmel entrückt wurden. Keiner von beiden erlebte den Tod. Beide waren Propheten – der eine ein Heide (Henoch) und der andere ein Jude (Elia). An dieser Sicht hielten die Kirchenväter in den ersten 300 Jahren der Kirchengeschichte einmütig fest. Möglicherweise wird Gott in der Drangsalszeit zwei Propheten bestimmen, von denen einer zu den Juden und der andere zu den Heiden spricht.

Andere Bibelausleger sind überzeugt, dass die beiden prophetischen Zeugen in Offenbarung 11 keine biblischen Persönlichkeiten aus der Vergangenheit sein werden. Würde die Schrift, so wird gefolgert, sie nicht identifizieren, wenn es sich tatsächlich um berühmte Persönlichkeiten aus der Vergangenheit handelte? Deshalb kommen diese Ausleger zu dem Schluss, dass die beiden Zeugen wahrscheinlich neue Propheten sein werden, die Gott speziell für diesen Dienst in der Drangsalszeit bestimmt.

Offenbarung 11,7-10 teilt uns mit:

> Und wenn sie ihr Zeugnis vollendet haben, wird das Tier, das aus dem Abgrund heraufsteigt, mit ihnen Krieg führen und sie überwinden und sie töten. Und ihre Leichname werden auf der Strasse der grossen Stadt liegen, die im geistlichen Sinn Sodom und Ägypten heisst, wo auch unser Herr gekreuzigt worden ist. Und viele aus den Völkern und Stämmen und Sprachen und Nationen werden ihre Leichname sehen, dreieinhalb Tage lang, und sie werden nicht zulassen, dass ihre Leichname in Gräber gelegt werden. Und die auf der Erde wohnen, werden sich über sie freuen und frohlo-

cken und werden einander Geschenke schicken, weil diese zwei Propheten diejenigen gequält hatten, die auf der Erde wohnen.

Die beiden Zeugen werden insgesamt 1260 Tage oder dreieinhalb Jahre lang dienen. Erst wenn «sie ihr Zeugnis vollendet haben», wird Gott es zulassen, dass sie getötet werden. Bis ihr Werk getan ist, werden Gottes gehorsame Diener unsterblich sein. Ist ihre Aufgabe erst einmal erfüllt, werden sie vom Antichristen hingerichtet.

Das griechische Wort für «vollendet» in diesem Vers ist interessanterweise dasselbe, das Jesus am Kreuz verwendete, als Er ausrief: «Es ist vollbracht!» (Joh 19,30). Christus starb, nachdem Er Sein Erlösungswerk vollendet hatte. Die zwei Zeugen werden sterben, nachdem sie ihren Dienst der Erlösung beendet haben. Und so wie Jesus in Jerusalem hingerichtet wurde, werden auch sie in Jerusalem getötet werden.

Die Schrift macht deutlich, dass ihre Körper leblos in den Strassen Jerusalems herumliegen werden (Offb 11,8). Jerusalem wird bildlich «Sodom» und «Ägypten» genannt, weil das Volk vom Glauben abfiel und Gott ablehnte. Sodom war eine Stadt, in der es vor pervertiertem Sex nur so wimmelte, und Ägypten war dafür bekannt, dass es das Volk Gottes verfolgte. Beide Orte rebellierten gegen Gott. Dass Jerusalem mit Sodom und Ägypten verglichen wird, soll zeigen, dass die einstmals heilige Stadt ebenso tief gesunken war wie Orte, die bekannt waren für ihren Hass auf den wahren Gott und Sein Wort.

Fernsehen und Internet werden es möglich machen, dass Menschen aus allen «Völkern und Stämmen und Sprachen und Nationen» die toten Körper dreieinhalb Tage lang anstarren können (Offb 11,9). Die Nachrichten werden es umgehend verbreiten.

In biblischen Zeiten war es ein Zeichen der Verachtung, Leichen nicht zu begraben (Apg 14,19). Das Alte Testament verbietet diese Praktik (5Mo 21,22-23). Indem sie die toten Körper auf der Strasse liegen lassen, erweisen die Menschen der Welt den Sprechern Gottes die grösstmögliche Unehre. Das gehörte zu der grössten Demütigung, die einer anderen Person angetan werden konnte (Ps 79,2-3). Gerade so, als würden die Menschen der Welt die Leichname anspucken.

Die Menschen der Welt werden sich freuen und «einander Geschenke schicken», um den Tod der beiden Propheten zu feiern (Offb 11,10). Nach dem Tod der zwei Zeugen werden sie so etwas wie teuflische Weihnachten feiern.

Aber dann wird etwas ganz Erstaunliches passieren. Offenbarung 11,11 drückt es so aus: «Und nach den dreieinhalb Tagen kam der Geist des Lebens aus Gott in sie, und sie stellten sich auf ihre Füsse.» Die Weihnachtsfeierlichkeiten weichen schnell der Furcht, wenn die Menschen den mächtigen Akt Gottes miterleben. Die leblosen Körper stehen plötzlich vor laufenden Fernsehkameras wieder auf. In den verschiedenen Medien werden zweifellos immer und immer wieder Ausschnitte dieses Ereignisses zu sehen sein. Natürlich werden sie auch im Internet kursieren.

Anschliessend wird Gott Seine beiden prophetischen Zeugen vor allen Augen in den Himmel berufen (V. 12). Ihre Auferstehung und Himmelfahrt wird ein gewaltiges Ausrufezeichen hinter ihren prophetischen Dienst setzen. Und ihre Feinde werden alles mit ansehen und sie wahrscheinlich nur noch mehr hassen. Die ganze Welt wird annehmen, dass die mörderischen Taten des Antichristen vom Himmel ausser Kraft gesetzt wurden.

Henry M. Morris schreibt in seinem Buch *The Revelation Record: A Scientific and Devotional Commentary on the Prophe-*

tic Book of the End Times (Der Bericht der Offenbarung: Ein wissenschaftlicher und religiöser Kommentar zum prophetischen Buch der Endzeit):

> Alle Feinde [der Zeugen], all jene, die ihr Wort abgelehnt und sich über ihren Tod gefreut haben, vor allem aber das Tier, das sie bis in den Tod gejagt hat, ... werden entsetzt zusehen, wie sie in den Himmel und in die Gegenwart ihres Herrn auffahren. Das griechische Wort für «sahen» (*theoreo*) ist besonders ausdrucksstark und deutet ein entsetztes Starren an. Der Anblick wird ausreichen, um die Herzen ihrer arrogantesten und rebellischsten Feinde mit Schrecken zu erfüllen. Noch einen Augenblick zuvor haben sich diese Menschen selbstbewusst gefreut, dass Christus besiegt war und der Mensch des Teufels auf dem Thron des Siegers sass. Jetzt aber triumphierte wieder Christus. Dass die Propheten in den Himmel aufstiegen, prophezeite auf unheilvolle Weise, dass noch grössere Gerichte vom Himmel herabkommen würden. An die dreieinhalbtägigen Feierlichkeiten sollten sich weitere dreieinhalb Gerichtsjahre anschliessen, schlimmer als je zuvor.[7]

Das Ergebnis ihres Dienstes

Die beiden Gruppen von Zeugen Gottes – die 144 000 aus Offenbarung 7 und 14 und die zwei Zeugen aus Offenbarung 11 – werden in der Drangsalszeit eine wichtige Rolle übernehmen. Auch wenn die Welt unter dem Gericht steht, wird Gott in Seiner Gnade weiterhin die Wahrheit bezeugen. Und viele werden sich bekehren. In Offenbarung 7,9-14 heisst es:

---

7 Henry M. Morris, *The Revelation Record: A Scientific and Devotional Commentary on the Prophetic Book of the End Times* (Carol Stream, IL: Tyndale House, 1983), S. 204.

> Nach diesem sah ich, und siehe, eine grosse Schar, die niemand zählen konnte, aus allen Nationen und Stämmen und Völkern und Sprachen; die standen vor dem Thron und vor dem Lamm, bekleidet mit weissen Kleidern, und Palmzweige waren in ihren Händen. Und sie riefen mit lauter Stimme und sprachen: Das Heil ist bei unserem Gott, der auf dem Thron sitzt, und bei dem Lamm!
>
> Und alle Engel standen rings um den Thron und um die Ältesten und die vier lebendigen Wesen und fielen vor dem Thron auf ihr Angesicht und beteten Gott an und sprachen: Amen! Lob und Herrlichkeit und Weisheit und Dank und Ehre und Macht und Stärke gebührt unserem Gott von Ewigkeit zu Ewigkeit! Amen.
>
> Und einer von den Ältesten ergriff das Wort und sprach zu mir: Wer sind diese, die mit weissen Kleidern bekleidet sind, und woher sind sie gekommen? Und ich sprach zu ihm: Herr, du weisst es! Und er sprach zu mir: Das sind die, welche aus der grossen Drangsal kommen; und sie haben ihre Kleider gewaschen, und sie haben ihre Kleider weiss gemacht in dem Blut des Lammes.

Deshalb sagt John MacArthur: «Obwohl die Drangsalszeit eine Zeit des Gerichts sein wird, wird sie auch eine Zeit beispiellosen Heils sein (s. V. 14; 6,9-11; 20,4; Jes 11,10; Mt 24,14).»[8] Charles Ryrie stimmt dem zu: «In diesen schweren Zeiten werden viele Christus als ihren Erlöser annehmen.»[9] Es «freut sich eine riesig grosse Menge, weil sie in Christus sicher sind und alle Tränen und aller Kummer ein Ende genommen haben».[10]

---

[8] *The MacArthur Study Bible* (Nashville: Thomas Nelson, 2013), The Bible App Edition.

[9] *The Ryrie Study Bible* (Chicago: Moody, 2001), The Bible App Edition.

[10] *The NLT Study Bible* (Wheaton, IL: Tyndale House, 2011), The Bible App Edition.

Diese Scharen von Gläubigen werden sich aus vielen verschiedenen ethnischen Gruppen aus der ganzen Welt zusammensetzen. Gottes Liebe kennt keine Grenzen. Menschen aus allen Nationen werden den Herrn in dieser Zeit kennenlernen.

Wie herrlich!

12

Die Militäroffensive des Antichristen zur Auslöschung der Juden

Adolf Hitler (1889–1945) war der berüchtigte Diktator des Deutschen Reichs. Unter seiner Führung und seiner rassistisch motivierten Ideologie tötete das Nazi-Regime etwa sechs Millionen Juden, die er und seine Anhänger für *Untermenschen* hielten. In der zukünftigen 7-jährigen Drangsalszeit wird der Antichrist die Bemühungen Hitlers, das jüdische Volk auszulöschen, *bei Weitem übertreffen*. Angetrieben wird er vom Hass des Teufels auf das jüdische Volk (s. 2Thes 2,9).

Der Antichrist und sein doppeltes Spiel mit Israel

Der Antichrist wird einen Bund mit Israel schliessen, der die ganze 7-jährige Drangsalszeit in Kraft bleiben soll – die 70. Woche Daniels (Dan 9,27). Zu den Vertragsvereinbarungen wird unter anderem gehören, dass die Juden Opfer in ihrem Tempel darbringen können. Dann aber wird der Antichrist ein falsches Spiel mit Israel treiben. In Daniel 9,27 lesen wir: «Und in der Mitte der Woche wird er Schlacht- und Speisopfer aufhören lassen.» Mit anderen Worten, nachdem der Bund dreieinhalb Jahre in Kraft war, wird er ihn brechen und Israels Tempelopfer unterbinden.

Nachdem er bereits die politische Macht ergriffen hat, wird der Antichrist zur Mitte der Drangsalszeit versuchen, auch die

Kontrolle über religiöse Dinge zu übernehmen (Offb 13). Er wird im Tempel ein Bild von sich aufstellen, was bedeutet, dass er sich praktisch anstelle von Gott auf den Thron setzt und sich als Gott ausgibt (Mt 24,15; vgl. Jes 14,13-14; Hes 28,2-9). Der Antichrist wird von den Menschen der Welt Anbetung verlangen (s. 2Thes 2,4; Offb 13,8). Dazu muss er alle anderen religiösen Systeme zerstören – einschliesslich der jüdischen Religion mit ihren levitischen Opfern.

Das bedeutet, nachdem der Antichrist versprochen hat, Israel zu *beschützen*, wird er das Volk *verfolgen;* nachdem er versprochen hat, Israel zu *verteidigen*, wird er es *verunreinigen*. Dies tut er, indem er im jüdischen Tempel ein Bild von sich aufstellt (Dan 9,27). Das alles wird für das jüdische Volk abscheulich sein. Jesus sagte, *sie müssten Jerusalem sofort verlassen*, sobald sie dies sehen:

> Wenn ihr nun den Gräuel der Verwüstung, von dem durch den Propheten Daniel geredet wurde, an heiliger Stätte stehen seht (wer es liest, der achte darauf!), dann fliehe auf die Berge, wer in Judäa ist; wer auf dem Dach ist, der steige nicht hinab, um etwas aus seinem Haus zu holen, und wer auf dem Feld ist, der kehre nicht zurück, um seine Kleider zu holen. Wehe aber den Schwangeren und den Stillenden in jenen Tagen! Bittet aber, dass eure Flucht nicht im Winter noch am Sabbat geschieht. Denn dann wird eine grosse Drangsal sein, wie von Anfang der Welt an bis jetzt keine gewesen ist und auch keine mehr kommen wird (Mt 24,15-21).

Entscheidend ist: Wenn es zu diesen schrecklichen Ereignissen in Jerusalem kommt, sollten sich die dort lebenden Juden nicht um ihre persönlichen Sachen kümmern, sondern sich eilends aus der Stadt begeben.

Die «grosse» Drangsal

In den beiden apokalyptischen Büchern Daniel und Offenbarung erfahren wir eine ganze Menge darüber, wie der Antichrist die Juden ins Visier nimmt. Im Buch Daniel erfahren wir, dass der Engel Gabriel Daniel spezielle Offenbarungen über den Antichristen und die Juden gab. Daniel 7,21 beschreibt, wie der Antichrist «Krieg führte mit den Heiligen und sie überwand». In diesem Vers bezieht sich das Wort «Heilige» offensichtlich auf die Nation Israel (vgl. V. 18). Der Antichrist wird das jüdische Volk in der Drangsalszeit schwer verfolgen (s. Mt 24,15-22; 2Thes 2,4).

Daniel 7,25 bestätigt: Der Antichrist wird «die Heiligen des Allerhöchsten aufreiben ... und sie werden in seine Gewalt gegeben für eine Zeit, zwei Zeiten und eine halbe Zeit». Der Antichrist wird das jüdische Volk verfolgen, unterdrücken und sogar töten. Der Antichrist ist «gegen Christus» und somit auch gegen das Volk, aus dem Christus hervorgegangen ist.

Diese Verfolgung wird «eine Zeit, zwei Zeiten und eine halbe Zeit» dauern – exakt dreieinhalb Jahre. Ein Vergleich mit anderen prophetischen Stellen zeigt: Der Antichrist wird mit der Verfolgung der Heiligen (Juden) in der Mitte der Drangsalszeit beginnen (Offb 13,7-10; Dan 7,21) und sie bis zum Ende dieses Zeitraums fortsetzen. Daniel 7,22 sagt, die Verfolgung wird so lange anhalten, bis «die Zeit eintrat, dass die Heiligen das Reich in Besitz nahmen» – d. h., bis zum Anfang des Tausendjährigen Reiches Christi (s. Sach 14,1-9; Offb 19,11–20,6).

Die Schrift macht deutlich, dass die letzten dreieinhalb Jahre der Drangsalszeit die «grosse Drangsal» sind. Das liegt an der besonderen Intensität der zweiten Hälfte der Drangsalszeit. In dieser Zeit wird das Leben und Überleben für Juden extrem schwer sein.

Einige haben behauptet, zwischen einer dreieinhalb Jahre dauernden zweiten Hälfte der Drangsalszeit und der Endzeitaussage Jesu in Matthäus 24,21-22 bestehe ein Widerspruch: «Denn dann wird eine grosse Drangsal sein, wie von Anfang der Welt an bis jetzt keine gewesen ist und auch keine mehr kommen wird. Und wenn jene Tage nicht *verkürzt* würden, so würde kein Fleisch gerettet werden; aber um der Auserwählten willen sollen jene Tage *verkürzt* werden» (Hervorhebung durch den Autor).

Die Frage ist: Wollte Jesus damit sagen, dass Er die grosse Drangsal auf weniger als dreieinhalb Jahre *verkürzen* würde, oder dass die dreieinhalb Jahre schon der verkürzte Zeitraum sind? Zur Beantwortung dieser Frage wollen wir den Parallelvers in Markus 13,20 heranziehen: «Und wenn der Herr die Tage nicht verkürzt hätte, so würde kein Mensch gerettet werden; aber um der Auserwählten willen, die er erwählt hat, hat er die Tage verkürzt.» Gelehrte der griechischen Sprache meinen, dass die beiden Verben «verkürzt» und «verkürzt hat» in diesem Vers eine Handlung ausdrücken, die Gott *in der Vergangenheit* vorgenommen hat. Das bedeutet, in der vergangenen Ewigkeit hat Gott in Seiner Souveränität den Erlass einer zeitlichen Begrenzung der grossen Drangsal beschlossen.

Gottes Erlasse entsprechen Seinen ewigen Absichten. Henry C. Thiessen sagt: Gott «macht oder verändert Seine Pläne nicht anhand der Entwicklung der Menschheitsgeschichte. Er hat sie schon in der Ewigkeit festgelegt, und da Er unveränderlich ist, werden auch Seine Pläne nicht verändert (Ps 33,11; Jak 1,17)».[1] Daher kommen wir zu dem Schluss: Jesus lehrte, dass Gott die grosse Drangsal *bereits* in der Vergangenheit auf dreieinhalb Jahre verkürzt hat, statt sie eine unbestimmte Zeit andauern zu lassen. In Seiner Allwissenheit wusste Gott, dass alle Menschen

---

[1] Henry C. Thiessen, zitiert in Renald Showers, *Maranatha: Our Lord Come!* (Bellmawr, NJ: Friends of Israel, 1995), S. 50.

umkommen würden, würde die grosse Drangsal unbestimmt lange dauern. Um das zu verhindern, beschloss Gott in der Vergangenheit «souverän einen konkreten Zeitpunkt für das Ende der grossen Drangsal – wenn dreieinhalb Jahre oder 42 Monate oder 1260 Tage abgelaufen sind. Diese feste Zeit kann nicht verändert werden».[2]

Antiochus Epiphanes: Ein Typus des Antichristen

In Daniel 8 finden wir eine Beschreibung von Antiochus Epiphanes, den viele Gelehrte für einen Typus des Antichristen halten. Ein Typus ist eine alttestamentliche Einrichtung, Person, Zeremonie oder ein Ereignis, ein Gegenstand, die in der biblischen Geschichte vorkamen und einen Zweck erfüllten, aber durch Gottes Vorsehung auch etwas andeutet, was noch geoffenbart werden muss.

In Daniel 8,10 lesen wir, dass Antiochus «von den Sternen etliche auf die Erde warf und sie zertrat». Unter Bibelauslegern gibt es eine erhebliche Kontroverse über die Bedeutung dieses Verses. Viele sind sich jedoch einig, dass sich der Begriff «Sterne» wahrscheinlich auf das jüdische Volk bezieht. Somit beschreibt diese bildhafte Sprache offensichtlich die gnadenlose Verfolgung des jüdischen Volkes durch Antiochus. Unterstützt wird der Gedanke, dass mit «Sternen» das jüdische Volk gemeint ist, durch Josephs Traum: «Seht, ich habe wieder geträumt, und siehe, die Sonne und der Mond und elf Sterne beugten sich vor mir nieder!» (1Mo 37,9). Josephs Traum bedeutete, dass sich eines Tages die Sonne (Josephs Vater), der Mond (Josephs Mutter) und elf Sterne (Josephs elf Brüder) vor ihm verbeugen würden. Diese astronomischen Begriffe beziehen sich auf den ganzen Clan Israel.

---

[2] Showers, S. 50.

In Offenbarung 12,1 wird Israel bildhaft als Frau beschrieben, die «eine Krone mit zwölf Sternen» auf ihrem Kopf trägt. Die zwölf Sterne repräsentieren die zwölf Stämme Israels. Daher können wir folgern, dass Antiochus mit den «Sternen» das jüdische Volk zertrat. Aus der Geschichte ist bekannt, dass Antiochus das jüdische Volk von 170 bis 164 v. Chr. brutal verfolgte.

In Daniel 8,11 erfahren wir anschliessend, dass sich Antiochus «bis zum Fürsten des Heeres erhob». Durch sein Handeln nahm Antiochus die Stelle Gottes ein. Das ist natürlich nicht das erste Mal im Buch Daniel, dass sich ein menschlicher Führer für Gott hielt. Denken Sie nur daran, wie Nebukadnezar glaubte, Gott zu sein (Dan 3,1-7). Auch Darius wurde eine Zeitlang als Gott dargestellt (6,7-10).

Antiochus setzte die täglichen Opfer im jüdischen Tempel aus, wodurch Israels religiöse Praktiken unterbrochen wurden (Dan 8,11). Ausserdem entweihte er den Tempel, indem er im Allerheiligsten ein Schwein schlachtete. Offenbar versuchte er den jüdischen Glauben zu vernichten.

Danach widersetzte sich Antiochus dem mosaischen Gesetz, das Mose von Gott erhalten hatte (Dan 8,12). Im Grunde war diese Tat gleichbedeutend mit dem Widerstand gegen Gott. In 1. Makkabäer 1,56-57 lesen wir über Antiochus: «Fand man Bücher des Gesetzes, wurden sie von ihnen zerrissen und verbrannt, und alle, bei denen man Bücher des Bundes fand, und alle, die das Gesetz hielten, wurden nach dem Gebot des Königs totgeschlagen» (Luther 2017).

Einige Pläne dieses gottlosen Judenhassers hatten Gelingen – aber nur eine Zeitlang, so wie es in Gottes Zeitplan vorgesehen war (s. Dan 8,14). Einer von Gottes Engeln – ein «Heiliger» – verkündete, dass Antiochus Israel und den Tempel nur 2300 Abende und Morgen lang verunreinigen würde – von 171 bis 165 v. Chr.

Etwas später im Buch Daniel wird Antiochus «frecher und listiger König» genannt (V. 23). Die Geschichte sagt uns, dass er den Thron durch Betrug und Arglist an sich riss. In Vers 25 lesen wir: «Weil ihm der Betrug in seiner Hand gelingt, wird er sich in seinem Herzen erheben und viele in ihrer Sorglosigkeit verderben.» Antiochus war hinterlistig, gerissen, verschlagen, tückisch und skrupellos. Viele Menschen, die er tötete, waren Juden.

In Vers 25 heisst es, dass er «gegen den Fürsten der Fürsten auftreten wird». Als heidnischer König, der eine göttliche Stellung für sich beanspruchte, erhob sich Antiochus gegen Israels König, gegen Gott, den Allerhöchsten, den Herrscher des Himmels und der Erde.

Nicht unerwartet wird uns anschliessend berichtet, dass Antiochus «ohne Zutun von Menschenhand zerschmettert» wird (V. 25). Antiochus sollte von der Hand Gottes vernichtet werden. In Seiner Souveränität bestimmt Gott den Tag, an dem ein Mensch stirbt. Wie Hiob zu Gott sagte: «Wenn doch seine Tage bestimmt sind, die Zahl seiner Monate bei dir festgelegt ist und du ihm ein Ziel gesetzt hast, das er nicht überschreiten kann» (Hi 14,5; s. auch Ps 139,16; Apg 17,26). Die Schrift macht auch deutlich, dass Gott manchmal einen vorzeitigen Tod als Mittel des Gerichts wählt (s. Apg 5,1-10; 12,23; 1Kor 11,30; 1Jo 5,16).

Vor diesem Hintergrund können wir leicht erkennen, wie Antiochus ein Typus des Antichristen war. So wie sich Antiochus als Gott darstellte und den jüdischen Tempel entweihte, wird sich auch der Antichrist als Gott ausgeben und den jüdischen Tempel verunreinigen. So wie Antiochus die Juden brutal verfolgte, wird auch der Antichrist sie verfolgen. So wie Antiochus über grosse Macht verfügte, wird auch die Macht des Antichristen gross sein. So wie Antiochus betrügerisch und arglistig handelte, wird auch der Antichrist vorgehen. So wie Antiochus von Gott vernichtet wurde, wird auch der Antichrist von Gott vernichtet werden, d. h., von Jesus Christus bei Seinem zweiten Kommen (Offb 19,11-21).

Michael – der Beschützer Israels

In Daniel 12,1 lesen wir: «Zu jener Zeit wird sich der grosse Fürst Michael erheben, der für die Kinder deines Volkes einsteht; denn es wird eine Zeit der Drangsal sein, wie es noch keine gab, seitdem es Völker gibt, bis zu dieser Zeit.» Der Ausdruck «zu jener Zeit» bezieht sich auf denselben Zeitraum wie die zweite Hälfte von Daniel 11 – die zukünftige 7-jährige Drangsalszeit.

Über Michael wird gesagt, dass er «für die Kinder deines Volkes einsteht» – gemeint ist das Volk Israel, die Juden. In der zukünftigen Drangsalszeit hat Gott Michael die Rolle als «Hüter Israels» übertragen (vgl. Ps 91,11-12).

Aus Daniel 10,13 wissen wir, dass Michael einer der Engel war, die mit dem «Fürst des Königreichs Persien» kämpften – einem dämonischen Geist, der die persische Führung zum Handeln gegen Israel zu beeinflussen suchte. (Das antike Persien ist identisch mit dem heutigen Iran.) Doch auch da wachte Michael über Israels Interessen (s. auch Offb 12,7).

Michaels Schutz wird besonders in der Drangsalszeit vonnöten sein – «eine Zeit der Drangsal ... wie es noch keine gab, seitdem es Völker gibt» (Dan 12,1). Ich habe bereits erwähnt, dass das Wort *Drangsal* wörtlich «pressen» (wie Trauben), «zusammenpressen» und «zusammendrücken» bedeutet und eine Zeit von Unterdrückung, Not und Leid meint. Im Neuen Testament wird das Wort übersetzt mit «Bedrängnis», «Drangsal», «Angst», «Verfolgung», «Schwierigkeiten» und «Last». Das Grauen dieser Zeit kann nicht übertrieben werden. Michael wird in der Drangsalszeit alle Hände voll zu tun haben. Obschon es zahllose jüdische Opfer zu beklagen geben wird (Sach 13,8), wird ein Überrest bis zum Ende durchhalten, und das wird zweifelsohne zum grossen Teil auf Michaels schützenden Dienst zurückzuführen sein.

Die Rolle des Teufels bei der Verfolgung

Die Schrift macht deutlich, dass der Teufel stets eine wichtige Rolle bei der Verfolgung des Volkes Gottes spielt – einschliesslich des jüdischen Volkes. In Offenbarung 2,10 fordert der Herr Jesus die Gemeinde in Smyrna auf: «Fürchte nichts von dem, was du erleiden wirst! Siehe, der Teufel wird etliche von euch ins Gefängnis werfen, damit ihr geprüft werdet, und ihr werdet Drangsal haben zehn Tage lang.» Gottes treuer Diener Antipas starb in Pergamus den Märtyrertod, in der Stadt, «wo der Thron des Satans ist». Der Teufel versuchte auch den jüdischen Messias, Jesus Christus, zu töten (Offb 12,4).

Den in der Drangsalszeit lebenden Menschen wird gesagt: «Denn der Teufel ist zu euch herabgekommen und hat einen grossen Zorn, da er weiss, dass er nur wenig Zeit hat» (Offb 12,12). In Vers 13 erfahren wir dann, dass der Teufel «die Frau verfolgte, die den Knaben geboren hatte». Der Knabe ist Jesus Christus. Dass der Drache das Kind verschlingen wollte (V. 4), ist wahrscheinlich eine Anspielung auf das von Herodes angeordnete Massaker an den männlichen Kindern, durch das er Jesus töten wollte (Mt 2,13-18).

Die Frau steht für Israel, aufbauend auf dem alttestamentlichen Bild, das Israel als Gottes Frau betrachtet (Jes 54,5-6; Jer 3,6-8; 31,32; Hes 16,32; Hos 2,18). Daher beschreibt Offenbarung 12,13 bildhaft, wie der Teufel in der Drangsalszeit die Juden verfolgt. Er wird alles tun, was er kann, um das ganze jüdische Volk in der zweiten Hälfte der Drangsalszeit zu vernichten, die Jesus in Matthäus 24,21 als «grosse Drangsal» bezeichnet. Er wird die Juden verfolgen, aus deren Abstammungslinie der

Messias hervorgegangen ist. So sagt Johannes 8,44 verständlicherweise, dass der Teufel «von Anfang an ein Menschenmörder war».

Von grosser Bedeutung ist die Tatsache, dass der Antichrist vom Teufel angetrieben werden wird (2Thes 2,9). So wie der Teufel die Juden verfolgt, wird auch der Antichrist sie verfolgen. Der Teufel wird die Juden *durch den Antichrist* verfolgen.

In seinem Buch *Agents of the Apocalypse* (Akteure der Apokalypse) schreibt David Jeremiah, dass «der Teufel Israel hasst, weil Christus, biologisch gesehen, aus diesem Volk kam. Der Teufel will Israel vernichten und seinen Menschen ein Zuhause verwehren, wenn der Messias auf die Erde zurückkehrt und Sein verheissenes Reich aufrichtet».[3] Er hält fest, dass der Teufel schon immer Israel vernichten wollte:

> Aus der Prophetie wissen wir, dass der Verheissene aus Israel kommen würde und der Widersacher alles tat, was er konnte, um zu verhindern, dass dieses Volk überhaupt zustande kam. Er hetzte Esau auf, seinen Bruder Jakob zu töten, den Vater der zwölf Stämme Israels. ... Er stiftete den Pharao zum Mord an allen männlichen jüdischen Säuglingen in Ägypten an. Hätten Jakob oder Mose nicht überlebt, hätte das Volk Israel nie existiert. ... Der Teufel stiftete den gottlosen Haman an, die Ausrottung aller Juden zu planen. Aber Gott erweckte Esther in «einer Zeit wie dieser», um Hamans Plan aufzudecken, und der verheissene Samen blieb verschont (Est 4,14). ... Als schliesslich das prophezeite Kind geboren wurde, weckte der Teufel Angst und Hass in König Herodes, der alle Säuglinge in Bethlehem umbringen liess.

---

[3] David Jeremiah, *Agents of the Apocalypse* (Carol Stream, IL: Tyndale House, 2014), iBooks Edition.

> Er dachte, bei diesem heimtückischen Akt der Kindestötung würde der verheissene Samen mit Sicherheit umkommen (Mt 2,16).[4]

Interessanterweise macht die Schrift deutlich, dass Jesus *nur* wiederkommen wird, wenn das jüdische Volk bei Harmageddon in Gefahr ist und die jüdischen Führer Ihn, ihren göttlichen Messias, um Rettung anflehen werden (s. Sach 12,10). Sein verdrehtes Denken mag den Teufel schlussfolgern lassen, dass er das zweite Kommen Christi verhindern und seine eigene Niederlage abwenden kann, wenn er die Juden vernichtet.

Offenbarung 12,14 versichert uns jedoch: «Und es wurden der Frau [Israel] zwei Flügel des grossen Adlers gegeben, damit sie in die Wüste fliegen kann an ihren Ort, wo sie ernährt wird eine Zeit und zwei Zeiten und eine halbe Zeit, fern von dem Angesicht der Schlange.» Flügel repräsentieren oftmals Schutz und Rettung in der Bibel (s. Ps 91,4; Jes 40,31). So sagte Gott beim Auszug aus Ägypten, als Er die Israeliten aus der ägyptischen Knechtschaft befreite: «Ihr habt gesehen, was ich an den Ägyptern getan habe und wie ich euch auf Adlersflügeln getragen und euch zu mir gebracht habe» (2Mo 19,4). Somit verweisen die «zwei Flügel» aus Offenbarung 12,14 auf Gottes übernatürliche Kraft, Sein Volk zu retten.

In *The Bible Knowledge Commentary* sagt John Walvoord, dass die «zwei Flügel» die Juden zu einem sicheren Ort bringen werden: «Dieses Versteck wird nicht eindeutig identifiziert. Einige meinen, es könnte Petra sein, die Festungshauptstadt der Nabatäer in Edom südlich des Toten Meeres.» Walvoord bemerkt: «Diese Stadt hat einen schmalen Zugang, der leicht

---

[4] Jeremiah, *Agents of the Apocalypse.*

blockiert werden kann, aber zu einer grossen Schlucht führt, in der viele tausend Menschen versorgt werden können.»[5]

Obwohl Gott einen jüdischen Überrest durch diese Verfolgung bewahren wird, sollten wir nicht annehmen, dass praktisch alle Juden überleben werden. Dem wird nicht so sein. In Sacharja 13,8-9 wird uns prophetisch mitgeteilt: «Und es soll geschehen, spricht der HERR, dass im ganzen Land zwei Drittel ausgerottet werden und umkommen, ein Drittel aber soll darin übrig bleiben. Aber dieses letzte Drittel will ich ins Feuer bringen und es läutern, wie man Silber läutert, und ich will es prüfen, wie man Gold prüft. Es wird meinen Namen anrufen, und ich will ihm antworten; ich will sagen: ‹Das ist mein Volk!›, und es wird sagen: ‹Der HERR ist mein Gott!›».

Gott wird sich eine Zeit und zwei Zeiten und eine halbe Zeit um den jüdischen Überrest kümmern (Offb 12,14). Das bezieht sich auf die letzten dreieinhalb Jahre der Drangsalszeit. Wie schon gesagt, «eine Zeit» entspricht einem Jahr, «zwei Zeiten» zwei Jahren und «eine halbe Zeit» einem halben Jahr (Dan 7,25; 12,7). In dieser Zeit wird Gott die Ungläubigen unter den Juden zunehmend aussortieren. «Wie ein Metallurg wird der Herr das Feuer der Drangsalszeit benutzen, um die Untreuen auszusortieren.»[6]

Danach erfahren wir: «Und die Schlange schleuderte aus ihrem Maul der Frau Wasser nach, wie einen Strom, damit sie von dem Strom fortgerissen würde» (Offb 12,15). Einige Bibelausleger meinen, der Teufel würde eine Flut hervorrufen, um die Juden zu verdrängen und zu vernichten. Andere verstehen die

---

[5] *The Bible Knowledge Commentary,* Hrsg. John F. Walvoord und Roy B. Zuck, E-Sword Bible Software.

[6] Thomas Ice, «God's Purpose for Israel During the Tribulation», Pre-Trib Research Center, http://www.pre-trib.org/articles/view/gods-purpose-for-israel-during-tribulation.

Flut bildlich und glauben, dass eine vom Teufel angetriebene Armee so schnell gegen die Juden vorrücken wird wie eine Flut. Es könnte sich auch allgemeiner auf die Ausbreitung von Hass und Antisemitismus beziehen.

Die gute Nachricht ist: «Und die Erde half der Frau, und die Erde tat ihren Mund auf und verschlang den Strom, den der Drache aus seinem Maul geschleudert hatte» (Offb 12,16). Welche der oben genannten Auslegungen auch richtig sein mag, nach Gottes Vorsehung wird die Erde den Juden zur Hilfe kommen. Wenn die Flut buchstäblich aus Wasser besteht, wird Gott die Erde möglicherweise öffnen, um das Wasser zu schlucken. Sollte die Flut eine schnell vorrückende Armee (oder militante Antisemiten) sein, wird sie eventuell durch ein Erdbeben vernichtet, bei dem sich der Boden unter ihnen auftut (vergessen Sie nicht, dass es in der Endzeit zahlreiche Erdbeben geben wird; s. Mat 24,7; Offb 6,12; 8,5; 11,13.19; 16,18). Beachten Sie, dass Gott den Juden in Jesaja 54,17 verheissen hatte: «Keiner Waffe, die gegen dich geschmiedet wird, soll es gelingen» – nicht einmal Wasser, ob nun buchstäblich oder bildlich.

Das wird den Teufel natürlich verärgern (Offb 12,17). Da er mit der Vernichtung der Juden gescheitert ist, wird er sich wütend auf einen Krieg gegen eine ähnliche Gruppe besinnen – gemeint sind die Gläubigen im Herrn Jesus Christus, die letzten Endes die geistlichen Nachkommen der Frau, Israel, sind (s. Gal 3,29).

Die Juden bei Harmageddon

Am Ende der Drangsalszeit wird es zu einer Reihe von Schlachten namens Harmageddon kommen, wie sie die Menschheit noch nie zuvor gesehen hat. Eines der Ziele des Antichristen mit Harmageddon ist die endgültige und absolute Vernichtung des jüdischen Volkes. Zuerst wird er Jerusalem angreifen. Davon lesen wir in Sacharja 14,1-2:

> Siehe, es kommt ein Tag für den HERRN, da wird man deine Beute verteilen in deiner Mitte! Da werde ich alle Heidenvölker bei Jerusalem zum Krieg versammeln; und die Stadt wird erobert, die Häuser werden geplündert und die Frauen geschändet werden; und die Hälfte der Stadt muss in die Gefangenschaft ziehen; der Überrest des Volkes aber soll nicht aus der Stadt ausgerottet werden.

Ich möchte Sie darauf hinweisen, dass sich alle Nationen der Welt gegen Jerusalem versammeln werden. Laut Ansicht vieler Prophetiegelehrter bedeutet dies zwangsläufig, dass auch die Vereinigten Staaten dazugehören werden. Es überrascht nicht, dass die Vereinigten Staaten nach der Entrückung der Gemeinde (wenn Christus alle Christen von der Erde wegnimmt) wahrscheinlich ein Verbündeter des wiedererstandenen Römischen Reiches, der Vereinigten Staaten von Europa, werden.

Jerusalem wird fallen und von den Angriffstruppen verwüstet werden. Die Armeen des Antichristen werden zunächst siegreich sein. Wie wir aber sehen werden, wird der jüdische Überrest später den endgültigen Sieg davontragen, wenn ihr Messias direkt eingreift.

Wie schon erwähnt, werden zur Mitte der Drangsalszeit viele Juden Jerusalem verlassen – und buchstäblich um ihr Leben rennen –, wenn der Antichrist seinen Bund mit Israel bricht und ein Bild von sich im jüdischen Tempel aufstellt (Mt 24,16-31). Offenbar werden sie in die Wüsten und auf die Berge fliehen (s. V. 16), vielleicht in das Gebiet von Bozra oder Petra, etwa 130 Kilometer südlich von Jerusalem.

Nachdem Jerusalem erst einmal zerstört ist, hat der Antichrist es auf den jüdischen Überrest abgesehen. Die Juden stehen vor dem Untergang, wenn sich die Truppen des Antichristen in diesem zerklüfteten Gebiet zum Angriff sammeln, um sie auszulöschen. Aus irdischer Perspektive sind sie ohne Hilfe und Verteidigungschancen.

Da passiert etwas Wunderbares. Die Schrift sagt, dass nun die geistliche Blindheit der Juden weggenommen wird und sie – unter der Leitung ihrer Führer – zu ihrem Messias Jesus Christus rufen. Der Überrest erlebt eine nationale Wiedergeburt *und wird errettet*!

Denken Sie an Römer 11,25, wo der Apostel Paulus – selbst ein Jude, der sich zum Messias bekehrte – schrieb: «Denn ich will nicht, meine Brüder, dass euch dieses Geheimnis unbekannt bleibt, damit ihr euch nicht selbst für klug haltet: Israel ist zum Teil Verstockung widerfahren, bis die Vollzahl der Heiden eingegangen ist [d. h., bis alle Heiden, die errettet werden sollen, auch wirklich errettet sind].» In Römer 9,31-33 lesen wir, dass Israel «nach dem Gesetz der Gerechtigkeit strebte», aber nicht erfolgreich war. Warum nicht? «Weil es nicht aus Glauben geschah, sondern aus Werken des Gesetzes. Denn sie haben sich gestossen an dem Stein des Anstosses», an Jesus Christus.

Mit anderen Worten, durch das Halten des Gesetzes versuchte sich Israel eine gerechte Beziehung zu Gott zu verdienen. Statt eine Glaubensbeziehung zu Gott durch Christus zu bekommen, versuchten die Menschen alles zu tun, was das Gesetz vorschrieb, um auf diese Weise eine Beziehung zu Gott zu bekommen (s. Gal 2,16; 3,2.10).

Die Juden mussten unweigerlich scheitern. Um Gerechtigkeit zu bekommen, muss das Gesetz vollkommen gehalten werden (Jak 2,10), und dazu ist kein Mensch in der Lage. Noch schlimmer, die Juden hatten sich geweigert, ihre Unfähigkeit einzugestehen, das Gesetz vollkommen halten zu können. Stattdessen hatten sie Jesus Christus als Messias abgelehnt und sich nicht im Glauben zu Ihm gewandt, weil Er nicht zu ihren vorgefertigten Vorstellungen über den Messias passte (s. Mt 12,24). *Sie stiessen sich an Ihm.*

Das alles führte in Israel zu einer teilweisen Blindheit oder Verstockung des Herzens. So büsste die Nation ihre bevorzugte Stellung vor Gott ein, und das Evangelium wurde anschliessend den Nationen gepredigt, um die Juden eifersüchtig zu machen, damit sie errettet würden (Röm 11,11). Israels Verstockung und Verwerfung ist somit nur vorübergehend.

Gehen wir nun schnell vorwärts zu der Schlacht von Harmageddon. Die Armeen des Antichristen haben sich in der Wüste versammelt und wollen den jüdischen Überrest angreifen. In diesem verzweifelten Augenblick wird die Blindheit von den Juden genommen und sie werden schliesslich Busse tun und sich zu ihrem Messias hinwenden, um von Ihm gerettet zu werden. Wie Thomas Ice es ausdrückt:

> Viele Christen sind überrascht, wenn sie erfahren, dass das zweite Kommen Christi ein rettendes Ereignis ist. Jesus wird auf den Planeten Erde zurückkehren, um den gläubigen jüdischen Überrest zu retten, der in der Schlacht von Harmageddon kurz vor der Vernichtung steht. Ich denke, davon spricht Paulus in Römer 10, wenn er sagt: «‹Jeder, der den Namen des Herrn anruft, wird gerettet werden›. Wie sollen sie aber den anrufen, an den sie nicht geglaubt haben? Wie sollen sie aber an den glauben, von dem sie nichts gehört haben? Wie sollen sie aber hören ohne einen Verkündiger?» (Röm 10,13-14). Mit anderen Worten, das jüdische Volk muss an Jesus als ihren Messias glauben, um bei Seinem zweiten Kommen von Ihm gerettet zu werden. Und genau das wird passieren.[7]

[7] Ice, «God's Purpose for Israel During the Tribulation».

Diese Hinwendung zu Ihm ist eine Vorbedingung für den Herrn, um dem jüdischen Überrest zur Hilfe zu kommen. Der Herr sagt: «Ich werde davongehen, an meinen Ort zurückkehren, *bis sie ihre Schuld erkennen und mein Angesicht suchen werden*; in ihrer Drangsal werden sie mich ernstlich suchen» (Hos 5,15; Hervorhebung durch den Autor). Der Apostel Petrus sagte: «So tut nun Busse und bekehrt euch, dass eure Sünden ausgetilgt werden, *damit* Zeiten der Erquickung vom Angesicht des Herrn kommen und er den sende, der euch zuvor verkündigt wurde, Jesus Christus, den der Himmel aufnehmen muss bis zu den Zeiten der Wiederherstellung alles dessen, wovon Gott durch den Mund aller seiner heiligen Propheten von alters her geredet hat» (Apg 3,19-21; Hervorhebung durch den Autor).

Viele Stellen lehren die zukünftige Bekehrung der Juden zu Jesus als ihrem Messias (Ps 79,1-13; 80,1-20; Jes 53,1-9; 59,20-21; 61,8-9; 64,1-11; Jer 30,3-24; 31,31-40; 32,37-40; 50,4-5; Hes 11,19-20; 16,60-63; 34,25-26; 36,24-32; 37,21-28; Hos 6,1-3; Joe 3,1-5; Sach 9,11; 12,10–13,9; Röm 11,25-27). Das ist ein weit verbreitetes, aber oft vernachlässigtes Thema in der Schrift.

Das Alte Testament macht deutlich, dass die jüdischen Führer das Volk zur kollektiven Busse aufrufen werden: «Kommt, wir wollen wieder umkehren zum HERRN! Er hat uns zerrissen, er wird uns auch heilen; er hat uns geschlagen, er wird uns auch verbinden! Nach zwei Tagen wird er uns lebendig machen, am dritten Tag wird er uns aufrichten, dass wir vor ihm leben. So lasst uns ihn erkennen, ja, eifrig trachten nach der Erkenntnis des HERRN! Sein Hervorgehen ist so sicher wie das Licht des Morgens, und er wird zu uns kommen wie ein Regenguss, wie ein Spätregen, der das Land benetzt!» (Hos 6,1-3).

So wie die jüdischen Führer das jüdische Volk zur Verwerfung ihres Messias im 1. Jahrhundert n. Chr. anstifteten (s. Mt 12), werden sie es nun zur Busse drängen und alle lehren, sich zu Jesus als ihrem Messias hinzuwenden. Genau das wird der Überrest tun und errettet werden. Das erinnert an Joel 3,1-2, wo wir die geistliche Erweckung beschrieben finden, die über den jüdischen Überrest kommen wird.

Zusammenfassend können wir sagen: Zur Wiederherstellung Israels gehört, dass das Volk seine nationale Sünde bekennt (3Mo 26,40-42; Jer 3,11-18; Hos 5,15) und anschliessend errettet wird. So wird Paulus' Prophezeiung aus Römer 11,25-27 erfüllt. In der bedrohlichen Situation von Harmageddon wird Israel seinen neu gefundenen Messias um Rückkehr und Rettung bitten («sie werden bitterlich über ihn Leid tragen, wie man bitterlich Leid trägt über den Erstgeborenen»; Sach 12,10; Mt 23,37-39; s. auch Jes 53,1-9). Und ihre Rettung wird mit Sicherheit kommen (s. Röm 10,13-14). Israels Führer werden letzten Endes den Grund erkennen, warum die Drangsal über sie gekommen ist – vielleicht weil der Heilige Geist ihnen Verständnis von den Schriften gibt, oder wegen dem Zeugnis der 144 000 jüdischen Evangelisten, oder aufgrund des Dienstes der beiden prophetischen Zeugen.

Später im Tausendjährigen Reich wird Israel dann das verheissene Land vollständig in Besitz nehmen und den Thron Davids wieder aufrichten. Es wird eine Zeit materiellen und geistlichen Segens sein, für die der Neue Bund die Grundlage bildet (Jer 31,31-34; mehr darüber in Kapitel 14).

Das alles bedeutet, dass die Gebete des jüdischen Überrestes erhört werden! Der Messias wird persönlich zurückkommen, um Sein Volk aus der Gefahr zu retten. Derselbe Jesus, der in den Himmel aufgefahren war, kehrt bei Seinem zweiten Kommen zurück (Apg 1,9-11), und Er wird Sein Volk retten.

Bei Seinem zweiten Kommen wird der verherrlichte Jesus sichtbar und körperlich erscheinen. Das griechische Wort *apokalupsis* wird im Neuen Testament für das zweite Kommen

Christi verwendet. Es trägt die Grundbedeutung von «Offenbarung», «sichtbarer Enthüllung», «Aufdeckung» und «Wegnahme des Deckels» von etwas, das verborgen ist. Wir finden das Wort in 1. Petrus 4,13: «In dem Mass, wie ihr Anteil habt an den Leiden des Christus, freut euch, damit ihr euch auch bei der *Offenbarung* seiner Herrlichkeit jubelnd freuen könnt» (Hervorhebung durch den Autor).

Ein weiteres griechisches Wort für das zweite Kommen Christi ist *epiphaneia*. Es hat die Grundbedeutung von «erscheinen» oder «offenbaren». In Titus 2,13 sagt Paulus: «Indem wir die glückselige Hoffnung erwarten und die *Erscheinung* der Herrlichkeit des grossen Gottes und unseres Retters Jesus Christus» (Hervorhebung durch den Autor; s. auch 1. Tim 6,14).

Alle Augen auf der Erde werden dieses Ereignis sehen. Offenbarung 1,7 sagt: «Siehe, er kommt mit den Wolken, und jedes Auge wird ihn sehen, auch die, welche ihn durchstochen haben; und es werden sich seinetwegen an die Brust schlagen alle Geschlechter der Erde!» In Matthäus 24,30 lesen wir: «Und dann wird das Zeichen des Menschensohnes am Himmel erscheinen, und dann werden sich alle Geschlechter der Erde an die Brust schlagen, und sie werden den Sohn des Menschen kommen sehen auf den Wolken des Himmels mit grosser Kraft und Herrlichkeit.»

Bei der Rückkehr Christi wird es faszinierende Zeichen am Himmel geben (Mt 24,29-30). Er wird als der König der Könige und Herr der Herren kommen, und Er wird viele Kronen auf Seinem Kopf tragen – Kronen, die Seine absolute Souveränität repräsentieren. Seine Augen werden sein wie eine Feuerflamme, und Er wird kommen, um den Zorn Gottes zu offenbaren (Offb 19,11-16).

Die Schrift macht deutlich, dass Jesus zuerst in die Bergregion von Bozra/Petra zurückkehren wird, wo der jüdische

Überrest in Gefahr ist (Jes 34,1-7; 63,1-6; Hab 3,3; Mi 2,12-13). Aber sie werden nicht lange gefährdet sein, denn Jesus wird dem Antichristen und seinen Streitkräften entgegentreten und sie durch ein Wort aus Seinem Mund töten. Die Beschreibung des zweiten Kommens macht klar, dass die Feinde Christi augenblicklich besiegt werden:

> Und ich sah den Himmel geöffnet, und siehe, ein weisses Pferd, und der darauf sass, heisst «Der Treue und der Wahrhaftige»; und in Gerechtigkeit richtet und kämpft er. Seine Augen aber sind wie eine Feuerflamme, und auf seinem Haupt sind viele Kronen, und er trägt einen Namen geschrieben, den niemand kennt als nur er selbst. Und er ist bekleidet mit einem Gewand, das in Blut getaucht ist, und sein Name heisst: «Das Wort Gottes». Und die Heere im Himmel folgten ihm nach auf weissen Pferden, und sie waren bekleidet mit weisser und reiner Leinwand. Und aus seinem Mund geht ein scharfes Schwert hervor, damit er die Heidenvölker mit ihm schlage, und er wird sie mit eisernem Stab weiden; und er tritt die Weinkelter des Grimmes und des Zornes Gottes, des Allmächtigen. Und er trägt an seinem Gewand und an seiner Hüfte den Namen geschrieben: «König der Könige und Herr der Herren» (Offb 19,11-16).

Das bedeutet, dass der jüdische Überrest unmittelbar gerettet wird, und alle, die sich gegen Israel versammelt haben, werden besiegt. Der Antichrist wird getötet. In 2. Thessalonicher 2,8 lesen wir, dass Jesus Christus ihn «durch den Hauch seines Mundes verzehren ... und durch die Erscheinung seiner Wiederkunft beseitigen wird».

So mächtig der Antichrist in der Drangsalszeit auch sein mag, und obwohl er sich für Gott ausgibt, wird er angesichts des wahren Christus völlig machtlos sein. Alle Truppen des Antichristen werden von Bozra/Petra bis nach Jerusalem vernichtet werden (Joe 4,12-13; Sach 14,12-15; Offb 14,19-20). Das wird ein wunderbarer Tag sein!

Anschliessend wird Jesus siegreich auf dem Ölberg stehen.

> Aber der HERR wird ausziehen und gegen jene Heidenvölker kämpfen, wie damals am Tag seines Kampfes, am Tag der Schlacht. Und seine Füsse werden an jenem Tag auf dem Ölberg stehen, der vor Jerusalem nach Osten zu liegt; und der Ölberg wird sich in der Mitte spalten nach Osten und nach Westen hin zu einem sehr grossen Tal, und die eine Hälfte des Berges wird nach Norden zurückweichen, die andere nach Süden (Sach 14,3-4).

Wie herrlich wird das sein! Entgegen allen irdischen Erwartungen wird der Messias Gottes, der Herr Jesus Christus, den jüdischen Überrest retten. Ihre Blindheit wird verschwunden sein – *für immer*. Und sie werden das Vorrecht haben, in das Tausendjährige Reich Christi eingehen zu dürfen, wo sie Gottes uralte Bundesverheissungen an Israel geniessen werden.

13

Das Ende der Zeiten der Heiden

Der Ausdruck «die Zeiten der Heiden» – den Christus in Lukas 21,24 gebrauchte – meint die Zeit der heidnischen Herrschaft über Jerusalem. Dieser umfassende Zeitraum begann mit der babylonischen Gefangenschaft im Jahr 605 v. Chr.

Daniel wurde 605 v. Chr. als Jugendlicher von König Nebukadnezar in die Gefangenschaft nach Babylon geführt. Wie die Vorsehung es wollte, verbrachte er den Rest seines Lebens dort. Es fanden zwei weitere Deportationen statt, die zweite 597 v. Chr. und die dritte 586 v. Chr., bei der die Babylonier Jerusalem und den Tempel zerstörten und die übrigen Juden gefangen nahmen.

Nebukadnezars Traum und die Zeiten der Heiden

Nebukadnezar hatte einen Traum, der ihm übernatürliche Einblicke über die Zeiten der Heiden verschaffte, anfangend mit der Herrschaft Babylons. Er wusste aber nicht, was der Traum bedeutete. Ebenso wenig wie die babylonischen Wahrsager, Zauberer oder Okkultisten. Aber mit Gottes Hilfe konnte Daniel Nebukadnezar die richtige Interpretation geben.

Der Traum umfasste die Geschichte und Herrschaft der Heiden, beginnend mit dem Babylonischen Reich und dann weiter mit den sich anschliessenden Reichen bis zu den Tagen vor dem Kommen des Messias Israels in der fernen prophetischen

Zukunft. Der Traum offenbarte, dass die Abfolge der heidnischen Reiche mit dem ewigen Reich Gottes ein Ende nehmen würde.

In seinem Traum sah Nebukadnezar ein grosses, Furcht einflössendes Standbild. Daniel erzählte Nebukadnezar den Traum so:

> Du, o König, schautest, und siehe, ein erhabenes Standbild. Dieses Bild war gewaltig und sein Glanz aussergewöhnlich; es stand vor dir, und sein Anblick war furchterregend. Das Haupt dieses Bildes war aus gediegenem Gold, seine Brust und seine Arme aus Silber, sein Bauch und seine Lenden aus Erz, seine Oberschenkel aus Eisen, seine Füsse teils aus Eisen und teils aus Ton. Du sahst zu, bis sich ein Stein losriss ohne Zutun von Menschenhänden und das Bild an seinen Füssen traf, die aus Eisen und Ton waren, und sie zermalmte (Dan 2,31-34).

Daniel offenbarte, dass Nebukadnezar – der König, den Gott in Babylon an die Macht gebracht hatte – von dem Haupt aus Gold repräsentiert wurde (V. 38). Da Babylon unter Nebukadnezars Führung Juda in die Gefangenschaft geführt hatte, begannen «die Zeiten der Heiden» mit Babylon.

Anschliessend richtete der Traum die Aufmerksamkeit auf «ein anderes Reich» (Dan 2,39). Nebukadnezar war ein begrenztes Geschöpf. Er würde nicht ewig leben. Folglich würde auf sein Reich ein anderes folgen. «Brust und Arme» des nächsten Reiches waren in dem Traum aus Silber. Die beiden Arme stellten den Aufstieg der Meder und Perser dar, die Babylon 539 v. Chr. erobern sollten. Obschon das Medo-persische Reich stark war und mehr als 200 Jahre Bestand hatte, war es dem Babylonischen Reich doch untergeordnet, so wie Silber geringer ist als Gold.

In dem Traum tauchte nach dem Medo-persischen Reich noch ein weiteres Reich auf. Dieses wurde durch seinen «Bauch und seine Lenden» aus Erz repräsentiert und bezog sich auf das Griechische Reich, das zwischen 334 und 330 v. Chr. unter der Führung Alexander des Grossen das Medo-persische Reich eroberte.

Nach dem Griechischen sollte ein viertes Reich aufstehen, dargestellt durch Oberschenkel aus Eisen. Damit ist das Römische Reich gemeint, das die Griechen 63 v. Chr. besiegte. So wie Eisen das stärkste Metall ist, sollte dieses Reich auch stärker sein als alle vorangegangenen. Rom war so stark, dass es viele Völker erobern und jeden Aufstand niederschlagen konnte.

In Daniel 2,41 erzählte Daniel dann einen seltsamen Aspekt des Traums: «Dass du aber die Füsse und Zehen teils aus Töpferton und teils aus Eisen bestehend gesehen hast, bedeutet, dass das Königreich gespalten sein wird; aber es wird etwas von der Festigkeit des Eisens in ihm bleiben, gerade so, wie du das Eisen mit lehmigem Ton vermengt gesehen hast.» Gelehrte haben viel über diesen und die anschliessenden Verse diskutiert. Manche schreiben sie dem alten Römischen Reich zu, andere hingegen glauben, dass damit das wiedererrichtete Römische Reich in der Endzeit gemeint ist, über das der Antichrist herrschen wird.

Aus mehreren Gründen ist die zweite Sicht vorzuziehen. Erstens, die zehn Zehen in Daniel 2,41 und die zehn Hörner in Daniel 7 scheinen dieselben zehn Könige zu repräsentieren (in Kürze mehr über Daniel 7). Die beiden Offenbarungen gehören zusammen. Diese Könige werden in der Endzeit über das wiedererstandene Römische Reich herrschen.

Zweitens, Prophetiegelehrte haben betont, dass die zehn Zehen in Nebukadnezars Standbild *noch durch kein geschichtliches Ereignis erfüllt worden sind* und sich deshalb auf die prophetische Zukunft beziehen müssen. Wie John F. Walvoord bemerkt: «Laut Daniels Prophezeiung existieren die Reiche, die von den zehn Zehen repräsentiert werden, Seite an Seite und werden von einem katastrophalen Schlag zerstört. Nichts dergleichen ist in der Geschichte bisher geschehen.»[1] Aber es wird noch passieren, wenn das wiedererstandene Römische Reich beim zweiten Kommen Jesu Christi in Herrlichkeit zermalmt wird.

Drittens, es ist nicht ungewöhnlich, dass sich alttestamentliche Prophezeiungen über grosse Zeiträume erstrecken. Einige alttestamentliche Prophezeiungen enthalten beispielsweise Voraussagen über das erste und zweite Kommen Christi, ohne die lange Zeit zwischen beiden Ereignissen zu erwähnen. Folglich können sich die Beine in Nebukadnezars Standbild ohne Weiteres auf das alte Römische Reich beziehen und die zehn Zehen auf das wiedererstandene Römische Reich in der Endzeit.

Aufgrund von Nebukadnezars Traum können wir sagen, dass das Römische Reich der letzten Tage keine echte Einheit oder Geschlossenheit erreichen wird, sondern aus einer Mischung aus Eisen und Ton besteht. So wie sich Eisen und Ton von Natur aus nicht vermischen, wird auch dieses Reich gespalten sein.

An dieser Stelle müssen wir noch einmal festhalten, dass alle diese Reiche – Babylon, Medo-Persien, Griechenland und Rom – *über Jerusalem herrschten*. Die Heiden haben somit sehr lange über Jerusalem geherrscht und «die Zeiten der Heiden» ausgemacht.

In Daniel 2,44 finden wir eine Prophetie, die vom Ende dieser heidnischen Herrschaft spricht: «Aber in den Tagen jener Könige wird der Gott des Himmels ein Königreich aufrichten, das in Ewigkeit nicht untergehen wird; und sein Reich wird kei-

---

[1] John F. Walvoord, *Daniel* (Chicago: Moody, 2012), Kindle Edition.

nem anderen Volk überlassen werden; es wird alle jene Königreiche zermalmen und ihnen ein Ende machen; es selbst aber wird in Ewigkeit bestehen.» Hier ist vom Fall aller irdischen Reiche die Rede, einschliesslich dem wiedererstandenen Römischen Reich in der Endzeit. In Nebukadnezars Traum wird dies dargestellt durch den «Stein», der «das Eisen, das Erz, den Ton, das Silber und das Gold zermalmte» (V. 45). Der Begriff «Stein» wird oft für den Messias Jesus Christus verwendet (s. Ps 118,22; Jes 8,14; 28,16; 1Petr 2,6-8). Christus wird nicht nur die irdischen Reiche besiegen, sondern – nach Seinem zweiten Kommen – auch Sein eigenes Tausendjähriges Reich auf der Erde aufrichten (Offb 11,15; 19,11-20; 20,4). Nach dem Tausendjährigen Reich wird Christus Seine Herrschaft für immer im sogenannten *ewigen Zustand* fortsetzen.

Anschliessend bestätigte Daniel, dass er Nebukadnezar eine zuverlässige Traumdeutung gegeben hat. Schliesslich stammte die Deutung von Gott selbst, dem Offenbarer von Geheimnissen (s. Dan 2,19.23.28.30).

Daniels Traum und die Zeiten der Heiden

Daniel 7,1 macht deutlich, dass auch Daniel einen Traum hatte, der Ähnlichkeiten mit dem von Nebukadnezar aufwies. Daniel sagte: «Ich sah bei Nacht in meinem Gesicht, und siehe, die vier Winde des Himmels brachen los auf das grosse Meer» (V. 2). In der Schrift repräsentiert das Wort «Meer» oftmals Nationen und Völker (vgl. Jes 17,12-13; 57,20). Somit konzentriert sich Daniels Vision auf das Handeln der Vorsehung Gottes mit den heidnischen Nationen. Die folgenden Verse liefern Einzelheiten.

In Daniel 7,3-8 werden vier Tiere erwähnt – die für vier Reiche stehen –, die in der biblischen Prophetie eine wichtige Rolle spielen. Beachten Sie drei Dinge: 1) Diese Nationen kamen bereits in Nebukadnezars Traum vor (Dan 2,31-35); 2) die Nationen werden zunehmend gewalttätiger; 3) alle haben über Jerusalem geherrscht. Für «die Zeiten der Heiden» sind sie alle von zentraler Bedeutung.

Über das erste Tier sagte Daniel, dass es «einem Löwen glich und Adlerflügel hatte», ihm aber «die Flügel ausgerissen wurden» (Dan 7,4). Dieses Bild repräsentiert offensichtlich Babylons löwengleiche Eigenschaften wie Macht und Stärke. Interessanterweise bewachten Löwen mit Adlerflügeln die Tore des königlichen Palastes in Babylon. In einigen Bibelstellen wird auch Nebukadnezar als Löwe dargestellt (s. Jer 4,7; 49,19; 50,17.44). Die Flügel des Löwen machen seine schnelle Beweglichkeit deutlich, während das Ausreissen der Flügel den Verlust dieser Beweglichkeit veranschaulicht – möglicherweise eine Anspielung auf Nebukadnezars Wahnsinn oder auf den Verfall Babylons nach seinem Tod.

Danach sprach Daniel von einem «zweiten Tier», das «einem Bären glich» (V. 5). Das repräsentiert Medo-Persien. Die Tatsache, dass der Bär «nur auf einer Seite aufgerichtet war», weist darauf hin, dass die Perser die höhere Stellung in der medopersischen Allianz hatten. Der Bär hatte drei Rippen in seinem Maul zwischen seinen Zähnen und ihm wurde gesagt: «Steh auf, friss viel Fleisch!» Die «drei Rippen» sind besiegte Nationen – offensichtlich Lydien (erobert 546 v. Chr.), Babylon (erobert 539 v. Chr.) und Ägypten (erobert 525 v. Chr.). Medo-Persien war bekannt für seine Stärke und Brutalität im Kampf (s. Jes 13,17-18).

Anschliessend erwähnt Daniel ein drittes Tier, das «wie ein Panther» war. Es «hatte vier Vogelflügel auf seinem Rücken; auch vier Köpfe hatte dieses Tier, und ihm wurde Herrschaft verliehen» (Dan 7,6). Der Panther ist ein für seine Schnelligkeit, Gerissenheit und Geschmeidigkeit bekanntes Tier. Dieses Bild stellt Griechenland unter Alexander dem Grossen dar (geb. 356 v. Chr.). Die «vier Köpfe» sind die vier Generäle, die das Reich nach Alexanders Tod aufteilten und über Makedonien, Kleinasien, Syrien und Ägypten herrschten.

In Daniel 7,7 spricht Daniel dann über das vierte Tier – eine Mischung aus Löwe, Bär und Panther. Es war Furcht einflössender und mächtiger als die drei vorherigen Tiere. Dieses Tier war «furchterregend, schrecklich und ausserordentlich stark». Das Bild bezieht sich auf das Römische Reich. Zu biblischen Zeiten wuchs Roms Macht immer weiter an, aber im 5. Jahrhundert n. Chr. fiel es auseinander.

In der Endzeit wird dieses Reich zurückkehren und offensichtlich aus zehn Staaten bestehen, die von zehn Königen regiert werden («zehn Hörner»; Dan 7,7). Wir sollten noch festhalten, dass Rom nie aus einem Zehnstaatenbund mit zehn Regenten bestand. Da dies noch nicht der Fall war, muss sich diese Prophezeiung auf die Zukunft beziehen.

Als Nächstes spricht Daniel von einem elften Horn in der prophetischen Zukunft – einem kleinen Horn (dem Antichrist) –, das anfangs unbedeutend erscheint, dann aber so mächtig wird, dass es drei der vorhandenen Hörner (Könige) ausreisst. Der Antichrist wird aus der Bedeutungslosigkeit ins Licht der Öffentlichkeit treten. Aufgrund seiner umfassenden diplomatischen Fähigkeiten wird er die Bewunderung der politischen Welt für sich gewinnen und andere zwingen, sich seiner Führung anzuschliessen. Obschon er seine politische Laufbahn nur als «kleines Horn» beginnt, wird ihm seine Kunst der Staatsführung sehr bald weltweiten Ruhm und Macht einbringen. Schnell wird er die oberste Stufe in der Welt der Politik erklimmen. Ist er erst einmal dort angekommen, wird niemand seine politische Macht herausfordern. Sein politischer Einflussbereich wird sich schliesslich auf die ganze Welt erstrecken.

Alle anderen politischen Führer werden wie Schachfiguren in seiner Hand sein.

Wie wir schon festgestellt haben, wird der Antichrist vom Teufel angetrieben werden (2Thes 2,9). In Offenbarung 12,3 wird er als «grosser, feuerroter Drache» dargestellt. Die Farbe Rot könnte auf Blutvergiessen hindeuten, was zu erwarten wäre, da der Teufel schon immer ein Menschenmörder war (Joh 8,44). Dieser Drache (Satan) «hatte sieben Köpfe und zehn Hörner und auf seinen Köpfen sieben Kronen». Aus ähnlichen Beschreibungen in Daniel 7,7–8,24 und Offenbarung 13,1 schliessen wir, dass diese Begriffe auf die Kontrolle des Teufels über die Reiche dieser Welt hinweisen, die er in der Drangsalszeit durch den Antichristen ausüben wird.

Die zehn Hörner repräsentieren die zehn Könige aus Daniel 7,7 und Offenbarung 13,1, über die der Antichrist durch den Teufel Macht erlangen wird. Die zehn Staaten, über die diese zehn Könige regieren, werden den Kern des Reiches des Antichristen (und somit des Teufels) bilden – das wiedererrichtete Römische Reich. Die sieben Köpfe und sieben Kronen beziehen sich offensichtlich auf die zentralen Herrscher des Reiches.

In der gegenwärtigen Europäischen Union sehen heute viele Bibelausleger den Hauptanwärter auf die endgültige Erfüllung dieser Prophezeiung. Dieser Staatenbund zeichnet sich momentan sowohl durch Einheit als auch durch einige Spaltungen aus. Betrachtet man das Vorgehen der Europäischen Union, scheint es, als würde die Bühne jetzt schon bereitet für die Erfüllung von Daniel 2 und 7. Ist der Antichrist im wiedererstandenen Römischen Reich erst einmal an der Macht, ist es nur eine Frage der Zeit, bis er die Weltherrschaft ergreift.

Die Schrift macht deutlich, dass der Antichrist ein Sprachgenie sein wird – ein Meister des gesprochenen Wortes. Laut Daniel 7,8 wird sein Mund grosse Dinge reden. Er hat einen

«Rachen wie ein Löwenrachen» (Offb 13,2). Bibelausleger glauben, dies deute darauf hin, dass er über eindrucksvolle und überlegene sprachliche Fähigkeiten verfügen wird. Die meisten Diktatoren waren überzeugende Redner, die die Massen zur Unterstützung ihrer politischen Agenda mobilisieren konnten. Auch der Antichrist wird die Welt durch seine Worte faszinieren.

In Offenbarung 13,5-6 lesen wir: «Und es wurde ihm [dem Antichrist] ein Maul gegeben, das grosse Worte und Lästerungen redete. ... Und es tat sein Maul auf zur Lästerung gegen Gott, um seinen Namen zu lästern und sein Zelt und die, welche im Himmel wohnen.» Die lästerlichen Worte des Antichristen entsprechen seinem gotteslästerlichen Wesen (s. 2Thes 2,3-11). Die Kernbedeutung des mit «Lästerung» übersetzten griechischen Wortes ist, dem Ruf eines anderen Schaden zuzufügen. Das kann von einem Mangel an Ehrfurcht bis hin zur Verachtung Gottes reichen. Es kann ebenso bedeuten, den Status der Gottheit für sich selbst zu beanspruchen, was der Antichrist schliesslich auch tun wird.

Als Oberhaupt des wiedererstandenen Römischen Reiches wird der Antichrist einen Bund mit Israel schliessen, scheinbar als Freund des Volkes (Dan 9,27). Aber zur Mitte der Drangsalszeit wird er ein doppeltes Spiel mit den Juden treiben und alle zwingen, ihn als Gott anzubeten (s. Offb 13).

Die Zeiten der Heiden werden erst mit dem Ende der Drangsalszeit und dem zweiten Kommen Jesu Christi aufhören. Und der Vision Daniels zufolge wird das wiedererrichtete Römische Reich des Antichristen nicht von einer anderen Nation zerstört, sondern durch Gottes Gericht (Offb 19,20). Zusammen mit seinem Führer wird das Reich beim zweiten Kommen Christi ein Ende finden.

Dieses herrliche und majestätische Ereignis wird die Zeiten der Heiden beenden. Es wird die «Sache Gottes» sein – oder genauer gesagt, die «Sache Jesu». Er wird alles zur Erfüllung bringen.[2]

Vielleicht sollte ich Folgendes noch kurz klarstellen: Heute kontrollieren die Israelis einen Grossteil Jerusalems, nicht aber das arabische Viertel oder den Tempelbergbezirk. Folglich können wir zu Recht sagen, dass die Zeiten der Heiden noch nicht zu Ende sind. Jesus selbst wird eines Tages die völlige Kontrolle über Jerusalem übernehmen.

Daniel 7,13-14 liefert den Hintergrund. In dieser Stelle ist vom «Sohn des Menschen» und «dem Hochbetagten» (oder «dem Alten an Tagen»; Elberfelder 2003) die Rede. Der mit den Wolken des Himmels kommende Sohn des Menschen tritt vor den Hochbetagten. Der Hochbetagte ist der Vater, die erste Person der Dreieinheit Gottes, und der Sohn des Menschen ist ein messianischer Titel für Jesus Christus, die zweite Person der Dreieinheit. Die «Wolken des Himmels», die Sein Erscheinen begleiten, sind offensichtlich ein Hinweis auf die Herrlichkeit Gottes (s. 2Mo 16,10; 40,34-35; 1Kö 8,10-11; Jes 6,4).

Somit erscheint die zweite Person der Dreieinheit (Jesus, der Messias) vor der ersten Person der Dreieinheit (dem himmlischen Vater). Die Schrift stellt Jesus stets als dem himmlischen Vater untergeordnet dar: «Denn ich bin aus dem Himmel herabgekommen, nicht damit ich meinen Willen tue, sondern den Willen dessen, der mich gesandt hat» (Joh 6,38; s. auch Joh 4,34; 5,19; 14,31).

Über den Sohn des Menschen erfahren wir: «Und ihm wurde Herrschaft, Ehre und Königtum verliehen, und alle Völker,

[2] Hilfreiche Diskussionen zu diesem Thema finden sich bei Ed Hindson, *15 Future Events that Will Shake the World* (Eugene, OR: Harvest House, 2014), Kap. 11; John F. Walvoord, *Major Bible Prophecies* (Grand Rapids: Zondervan, 1999), Kap. 12-15; und Mark Hitchcock, *Die erstaunlichen Behauptungen der biblischen Prophetie* (Dübendorf: Mitternachtsruf, 2013), Kap. 11.

Stämme und Sprachen dienten ihm; seine Herrschaft ist eine ewige Herrschaft, die nicht vergeht, und sein Königtum wird nie zugrunde gehen» (Dan 7,14).

Die vier irdischen Reiche, an deren Spitze mächtige menschliche Führer standen, hatten die Herrschaft über die Erde an sich gerissen. Nun sind sie vernichtet worden oder werden noch vernichtet werden, und der Messias Jesus wird die weltweite Herrschaft empfangen. All die Autorität, Herrlichkeit und souveräne Macht, nach der die irdischen Herrscher strebten, wird letzten Endes Christus übertragen, sodass Er souverän über «alle Völker, Stämme und Sprachen» ist. Damit erfüllt sich die Verheissung, die der Vater dem Sohn gegeben hatte: «Ich habe meinen König eingesetzt auf Zion, meinem heiligen Berg! ... So will ich dir die Heidenvölker zum Erbe geben und die Enden der Erde zu deinem Eigentum» (Ps 2,6-8). Das wird beim zweiten Kommen Jesu Christi geschehen (s. Mt 24,30; 25,31; Offb 11,15).

Das Reich Christi wird ewig Bestand haben. Es wird nie von einem anderen erobert werden. Diese Herrschaft wird im zukünftigen Tausendjährigen Reich aufgerichtet. Danach wird Christus für immer im ewigen Zustand regieren (1Kor 15,24-28).

Und «die Zeiten der Heiden» werden der fernen Vergangenheit angehören.

14

Endlich Frieden: Die Erfüllung der Bündnisse Gottes

Es kommt ein Tag, an dem Israel nicht länger in ständiger Alarmbereitschaft sein muss. Ein Tag, an dem der Begriff *Antisemitismus* der Geschichte zugeschrieben wird. Ein Tag, an dem das jüdische Volk in vollkommenem Frieden und in Ruhe leben wird. An diesem Tag werden sie sich zum Heil an den Herrn gewandt haben, in das Tausendjährige Reich eingegangen sein und die wunderbaren Bundesverheissungen in Empfang genommen haben, die Gott ihnen vor langer Zeit gegeben hatte. Es ist ein Tag, auf den wir uns freuen können.

Diese Bundesverheissungen sind nicht vergessen. Ihre Bedeutung hat mit der Zeit nicht abgenommen oder ist ganz verschwunden. Es sind bedingungslose Bündnisse, deren Erfüllung Gott versprochen hat – *und Gott hält Seine Versprechen.* 4. Mose 23,19 bestätigt: «Gott ist nicht ein Mensch, dass er lüge, noch ein Menschenkind, dass ihn etwas gereuen würde. Was er gesagt hat, sollte er es nicht tun? Was er geredet hat, sollte er es nicht ausführen?» Vor seinem Tod erklärte der betagte Josua: Da «hat nicht ein Wort gefehlt von all dem Guten, das der HERR, euer Gott, euch verheissen hat; es ist alles für euch eingetroffen, und nicht ein Wort davon ist ausgeblieben!» (Jos 23,14). Ähnliches sagte später auch Salomo: «Gepriesen sei der HERR, der seinem Volk Israel Ruhe gegeben hat, ganz wie er es verheissen hat! Von allen seinen guten Worten, die er durch seinen Knecht Mose geredet hat, ist nicht ein einziges Wort dahingefallen» (1Kö 8,56). *Gott ist wirklich treu!*

Die Tatsache, dass Gott noch nicht alle Seine Bundesverheissungen an Israel erfüllt hat, bedeutet nicht, dass Er es nicht tun wird. Der Theologe Paul Enns erklärt, wie diese Bündnisse ihre endgültige Erfüllung im zukünftigen Tausendjährigen Reich finden werden, über das Christus persönlich herrschen wird:

> Die bedingungslosen Bündnisse verlangen eine tatsächliche, physische Rückkehr Christi, um Sein Reich aufzurichten. Der abrahamitische Bund verheisst Israel ein Land, Nachkommen und Herrscher und einen geistlichen Segen (1Mo 12,1-3); der palästinische Bund verheisst Israel, dass es im Land wiederhergestellt und es bewohnen wird (5Mo 30,1-10); der davidische Bund verheisst einen Herrscher auf dem Thron Davids (2Sam 7,16); der Neue Bund verheisst Israel Vergebung – wodurch das Volk gesegnet werden kann (Jer 31,31-34). Beim zweiten Kommen Christi werden diese Bündnisse erfüllt, wenn Israel aus den Nationen gesammelt wird (Mt 24,31), sich bekehrt (Sach 12,10-14) und unter der Herrschaft seines Messias im Land wiederhergestellt wird.[1]

Das alles wird nach dem zweiten Kommen Christi stattfinden. Bei Seiner Rückkehr wird Christus persönlich Sein Tausendjähriges Reich auf Erden aufrichten. Dieses Reich ist ein häufiges Thema in der Schrift (s. Offb 20,2-7; Ps 2,6-9; Jes 65,18-23; Jer 31,12-14.31-37; Hes 34,25-29; 37,1-13; 40–48; Dan 2,35; 7,13-14; Joe 2,21-27; Am 9,13-14; Mi 4,1-7; Zeph 3,9-20).

---

[1] Paul Enns, *The Moody Handbook of Theology,* (Chicago: Moody, 1989), Logos Bible Software.

Nur Gläubige werden in das Reich Christi eingehen

Die Schrift erklärt, dass nur errettete Menschen in das Tausendjährige Reich eingehen werden, die Gottlosen hingegen werden umkommen. So lesen wir im Buch Daniel beispielsweise: «Die Heiligen des Allerhöchsten werden die Königsherrschaft empfangen, und sie werden die Königsherrschaft bis in Ewigkeit behalten» (Dan 7,18). Der Begriff «Heilige» stammt in Daniel von einem aramäischen Wort, das sich von der hebräischen Wurzel *oilp* herleitet. Dieses Wort impliziert einen göttlichen Anspruch und ein Eigentumsrecht auf eine Person. Es unterscheidet die Person von gewöhnlichen oder frevelhaften Menschen. Mit anderen Worten, frevelhafte Menschen kommen nicht ins Tausendjährige Reich, sondern nur das Volk Gottes, nur wer Ihm «gehört», egal ob erlöste Juden oder erlöste Nichtjuden.

Vor dem Tausendjährigen Reich werden die Nationen gerichtet (Mt 25,31-46). Nur Gläubige werden in ihren sterblichen Körpern in das Tausendjährige Reich Christi eingehen (25,34.46). Ebenso wird nur der erlöste Überrest der Juden in seinen sterblichen Körpern in das Tausendjährige Reich kommen (Hes 20,34-38).

Obwohl die Menschen im Tausendjährigen Reich länger leben werden, macht die Bibel deutlich, dass sowohl Juden als auch Nichtjuden altern und sterben werden (Jes 65,20). Ausserdem erfahren wir, dass Ehepaare aus beiden Gruppen auch im Tausendjährigen Reich Kinder bekommen werden. Alle, die in diesem Zeitraum sterben, werden am Ende des Tausendjährigen Reiches auferweckt (Offb 20,4).

Die Tatsache, dass nur Gläubige («Heilige») ins Reich Gottes eingehen, widerspricht natürlich nicht der Möglichkeit, dass einige Kinder der Heiligen nicht zum Glauben kommen. Einige Menschen im Reich Gottes werden den Erlöser und König im Erwachsenenalter in ihrem Herzen *ablehnen* (auch wenn sie

Ihm äusserlich gehorsam sind). Diese Ungläubigen werden ebenfalls heiraten und Kinder kriegen, von denen einige nicht zum Glauben kommen werden. So wird es die ganzen 1000 Jahre über gehen. Die Ungläubigen, die am Ende des Tausendjährigen Reiches noch am Leben sind, werden sich am letzten Aufstand gegen Gott beteiligen – angeführt vom Teufel, der zu diesem Zeitpunkt aus dem Abgrund freigelassen wird (Offb 20,3). Solange die Ungläubigen dem König Jesus äusserlich gehorsam sind, dürfen sie in Seinem Reich weiterleben.

Die Juden werden ihr Land vollständig in Besitz nehmen

Der das Land betreffende Bund in 5. Mose 28,69–30,20 ist ewig und an keine Bedingungen geknüpft. Gott hat verheissen, Israel aus der weltweiten Zerstreuung zu sammeln und in seinem Land wiederherzustellen (s. Jes 43,5-7; Jer 16,14-18). Das wird am Anfang des Tausendjährigen Reiches Christi geschehen.

Zu einem noch früheren Zeitpunkt gab Gott Abraham konkrete Verheissungen auf das Land. In 1. Mose 15,18-21 lesen wir: «An jenem Tag machte der HERR einen Bund mit Abram und sprach: Deinem Samen habe ich dieses Land gegeben, vom Strom Ägyptens bis an den grossen Strom, den Euphrat: die Keniter, die Kenisiter, die Kadmoniter, die Hetiter, die Pheresiter, die Rephaiter, die Amoriter, die Kanaaniter, die Girgasiter und die Jebusiter.»

Diese an Abraham gegebenen Verheissungen auf das Land wurden dann durch Isaaks Abstammungslinie weitergereicht. In 1. Mose 26,3-4 finden wir die Worte des Herrn an Isaak:

> Sei ein Fremdling in diesem Land, und ich will mit dir sein und dich segnen; denn dir und deinem Samen will ich alle diese Länder geben und will den Eid bestätigen, den ich deinem Vater Abraham geschworen habe. Und ich will deinen Sa-

> men mehren wie die Sterne des Himmels, und ich will deinem Samen das ganze Land geben; und in deinem Samen sollen gesegnet werden alle Völker der Erde.

Anschliessend wurden sie an Jakob, Isaaks Sohn, weitergegeben. Zu ihm sagte der Herr:

> Ich bin der HERR, der Gott deines Vaters Abraham und der Gott Isaaks; das Land, auf dem du liegst, will ich dir und deinem Samen geben. Und dein Same soll werden wie der Staub der Erde, und nach Westen, Osten, Norden und Süden sollst du dich ausbreiten; und in dir und in deinem Samen sollen gesegnet werden alle Geschlechter der Erde! (1Mo 28,13-14).

Später werden die Verheissungen auf das Land im ganzen Alten Testament erneut bestätigt. So lesen wir in Psalm 105,8-11 zum Beispiel: «Er gedenkt auf ewig an seinen Bund, an das Wort, das er ergehen liess auf tausend Geschlechter hin; an den Bund, den er mit Abraham geschlossen, an seinen Eid, den er Isaak geschworen hat. Er stellte ihn auf für Jakob als Satzung, für Israel als ewigen Bund, als er sprach: ‹Dir gebe ich das Land Kanaan als das Los eures Erbteils›.»

Nach dem zweiten Kommen Christi werden gläubige Juden aus der ganzen Welt gesammelt. Sie werden das Land, das Gott ihnen vor so langer Zeit verheissen hatte, vollständig in Besitz nehmen. John Ankerberg, Dillon Burroughs und Jimmy De Young schreiben in ihrem Buch *Israel Under Fire* (Israel unter Beschuss):

> In der Bibel lassen sich 38 verschiedene Stellen finden, die die biblischen Grenzen Israels aufführen. Eine Zusammenstellung aller 38 Passagen des Landes, das Gott ihnen verheissen

hat, macht deutlich, dass das jüdische Volk letztlich die Hälfte des heutigen Ägyptens bekommt, das ganze Land Israel, den Libanon, Syrien, Jordanien und Kuwait, drei Viertel des Irak und drei Viertel Saudi-Arabiens. Diese Prophezeiung wird in der sogenannten Zeit des Reiches erfüllt, wenn Jesus Sein Tausendjähriges Reich aufrichten wird.[2]

Der Bau eines neuen Tempels

Hesekiel 40–48 prophezeit den Bau eines tausendjährigen Tempels (Joe 4,18; Jes 2,3; 60,13) und die Wiedereinsetzung von Tieropfern (Jes 56,7; 60,7; Jer 33,17-18; Sach 14,19-21). Das hat unter biblischen Gelehrten zu nicht geringen Diskussionen geführt – insbesondere darüber, ob diese Prophezeiungen wörtlich oder bildlich verstanden werden sollten.

Einige Bibelausleger meinen, diese Kapitel in Hesekiel würden sich symbolisch auf die Gemeinde beziehen. Sie sind untereinander aber nicht einig, was die Kapitel über die Gemeinde aussagen sollen.

Viele Bibelgelehrte wenden folgendes Prinzip bei der Auslegung der Prophetie an: Wenn die offensichtliche Bedeutung Sinn ergibt, dann suche nach keinem anderen Sinn, sonst kommt nur Unsinn heraus. Wörtlich verstanden, ergeben diese Kapitel absolut Sinn für mich. Schliesslich lesen wir von präzisen Ausmassen, Angaben und Anweisungen für den Bau des Tempels – ebenso konkret wie die für die Stiftshütte und den Tempel Salomos in alttestamentlichen Zeiten. Daher glaube ich, dass es im Tausendjährigen Reich einen Tempel und Tieropfer geben wird.

---

[2] John Ankerberg, Dillon Burroughs und Jimmy DeYoung, *Israel Under Fire: The Prophetic Chain of Events That Threatens the Middle East* (Eugene, OR: Harvest House, 2009), Kindle Edition.

Ich denke, wir können durchaus sagen, dass der tausendjährige Tempel der letzte für Israel sein wird. Die für diesen Tempel vorgesehenen Ausmasse machen ihn wesentlich grösser als jeden anderen Tempel in der Geschichte Israels – den Tempel Salomos, den nach dem Exil entstandenen Tempel und den Tempel in der Drangsalszeit.

Dem Kontext zufolge scheint dieser riesige Tempel offensichtlich Gottes Gegenwart unter Seinem Volk während des Tausendjährigen Reiches zu repräsentieren (s. Hes 37,26-27). Die Wiederherstellung Israels als Nation wird die Wiederherstellung der sichtbaren Gegenwart (und Herrlichkeit) Gottes im Tempel und unter Seinem Volk einschliessen. In diesem Tempel wird Jesus Christus während des gesamten Tausendjährigen Reiches angebetet werden. Er wird am Anfang des messianischen Reiches (Hes 37,26-28) von Christus (Sach 6,12-13), den erlösten Juden (Hes 43,10-11) und Repräsentanten aus den Nationen gebaut werden (Sach 6,15; Hag 2,7).

Hesekiel 37,26-28 beschreibt den Tempel als Gottes Wohnort inmitten Seines Volkes:

> Ich will sie sesshaft machen und mehren; ich will mein Heiligtum auf ewig in ihre Mitte stellen. Meine Wohnung wird bei ihnen sein, und ich will ihr Gott sein, und sie sollen mein Volk sein. Und die Heidenvölker werden erkennen, dass ich der HERR bin, der Israel heiligt, wenn mein Heiligtum in Ewigkeit in ihrer Mitte sein wird.

Wir sollten festhalten, dass selbst erlöste Nichtjuden in diesem tausendjährigen Tempel anbeten werden (s. Jes 60,6; Zeph 3,10; Sach 2,15). Die Anbetung Jesu Christi in diesem zukünftigen Tempel ist ein Schlüsselaspekt der Offenbarung Gottes zu diesem Thema (s. Jer 33,15-22; Hes 40–48; Sach 14,16-21).

Das wirft bei vielen Bibelstudenten natürlich die Frage auf: Warum werden wieder Tieropfer eingeführt? Schliesslich hat das ein für allemal vollbrachte Opfer Christi die Sünde weggenommen und die Opfer des mosaischen Gesetzes abgeschafft (s. Hebr 7–10).

Darauf wurden mehrere Antworten gegeben. Einige vermuten, dass die Opfer im Tausendjährigen Reich eine Art jüdisches Gedenken an den furchtbaren Preis sein werden, den Christus – das Lamm Gottes (das nun in ihrer Mitte lebt) – für die Errettung dieser gläubigen, aber noch nicht verherrlichten Juden bezahlen musste. (Sie leben noch in ihren sterblichen Körpern, mit denen sie nach der Drangsalszeit in das Tausendjährige Reich eingegangen sind.) Das Opfersystem könnte somit eine ähnliche Gedenkfunktion übernehmen wie das Mahl des Herrn heute (1Kor 11,25-26; s. auch Jes 56,7; 66,20-23; Jer 33,17-18; Hes 43,18-27; 45,13–46,24; Mal 3,3-4). Ein Theologe beschreibt es so:

> Dieser Sicht zufolge werden die während der irdischen Herrschaft Christi dargebrachten Opfer eine sichtbare Erinnerung an Sein Kreuzeswerk sein. Somit werden diese Opfer keine weitere Wirksamkeit haben, als an den Tod Christi zu gedenken. Dieses Argument lässt sich im Wesentlichen durch das vergleichbare Mahl des Herrn stützen. So wie der Tisch des Herrn, sagt man, auf das Kreuz zurückblickt, ohne seine Herrlichkeit zu beschmutzen, werden es auch die Opfer im Tausendjährigen Reich tun.[3]

Auch wenn diese Erklärung gewisse Vorzüge hat, ist das Problem dieser Sicht: Hesekiel spricht davon, dass die Opfer «Süh-

[3] Jerry Hullinger, «The Problem of Animal Sacrifices in Ezekiel 40–48», *Bibliotheca Sacra* 152 (Juli–September 1995), S. 280.

nung für sie ... erwirken» sollen (Hes 45,15-17). Der «Gedenkstandpunkt» scheint dies nicht zu erklären.

Die möglicherweise beste Erklärung für die Wiedereinsetzung der Opfer ist, dass sie zeremonielle Unreinheit wegnehmen und die Reinheit des Tempelumfelds vor Entweihung bewahren sollen. Laut dieser Sicht wird das nötig sein, weil Jahwe wieder inmitten von sündigen (und somit unreinen), sterblichen Menschen auf der Erde wohnen wird. Denken Sie daran, dass diese Gläubigen die Drangsalszeit überleben und in ihren sterblichen Körpern in das Tausendjährige Reich eingehen werden. Obwohl sie erlöste Sünder in Christus sind, behalten sie ihre sündige Natur. Somit werden die Opfer jegliche zeremonielle Unreinheit *vom Tempel* entfernen. Die Gründe für diese Sicht beschreibt ein Theologe folgendermassen:

> Aufgrund der Verheissung Gottes, im Tausendjährigen Reich auf der Erde zu wohnen (wie im Neuen Bund enthalten), ist es erforderlich, dass Er Seine Gegenwart durch Opfer schützt. ... Des Weiteren sollte erwähnt werden, dass dieses Opfersystem zeitlich begrenzt ist, da das Millennium (mit seiner teilweise nicht verherrlichten Bevölkerung) nur tausend Jahre dauern wird. Im ewigen Zustand werden alle Einwohner des neuen Jerusalems verherrlicht sein und somit keine Quelle für ansteckende Unreinheiten darstellen, die die Heiligkeit Jahwes beschmutzen können.[4]

Versteht man die Tieropfer im Tausendjährigen Reich auf diese Weise, ist es keine Rückkehr zum mosaischen Gesetz. Das Gesetz ist von Jesus Christus für immer weggetan worden (Röm 6,14-15; 7,1-6; 1Kor 9,20-21; 2Kor 3,7-11; Gal 4,1-7; 5,18; Hebr 8,13; 10,1-14).

---

[4] Hullinger, S. 289.

Das Heil besteht weiterhin allein im Glauben an Christus. Die Opfer beziehen sich ausschliesslich auf die Wegnahme von ritueller Unreinheit im Tempel, solange erlöste, aber gefallene Menschen auf der Erde leben.

Christus herrscht auf dem Thron Davids

In Seinem Bund mit David hat Gott vor langer Zeit verheissen, dass einer Seiner Nachkommen für immer auf dem Thron Davids herrschen würde (2Sam 7,12-13; 22,51). Gottes Bund mit David war an keine Bedingungen geknüpft. Seine Erfüllung hing daher in keiner Weise von David ab. Gott hat eine Verheissung gegeben, und *Er wird sie erfüllen.*

Die Wortwahl des Bundes ist von Bedeutung. Die drei Schlüsselworte des Bundes sind «Königreich», «Haus» und «Thron». Solche Worte verweisen auf die politische Zukunft Israels. Das Wort «Haus» beinhaltet hier den Gedanken an eine königliche Dynastie.

Gottes Verheissung an David findet seine endgültige Erfüllung im zukünftigen Tausendjährigen Reich Christi. Christus, der aus der Linie Davids stammte (Mt 1,1), wird im Tausendjährigen Reich auf dem Thron Davids in Jerusalem regieren (Hes 36,1-12; Mi 4,1-5; Zeph 3,14-20; Sach 14,1-21). Diese Herrschaft wird nicht nur die Juden, sondern auch die Nationen einschliessen.

Es ist äusserst wichtig, dass der Engel Gabriel den Thron Davids erwähnte, als er der Jungfrau Maria mitteilte, dass der Messias aus ihrem Leib hervorgehen würde:

> Und der Engel sprach zu ihr: Fürchte dich nicht, Maria! Denn du hast Gnade bei Gott gefunden. Und siehe, du wirst schwanger werden und einen Sohn gebären; und du sollst ihm den Namen Jesus geben. Dieser wird gross sein und Sohn des

Höchsten genannt werden; und Gott der Herr wird ihm den Thron seines Vaters David geben; und er wird regieren über das Haus Jakobs in Ewigkeit, und sein Reich wird kein Ende haben (Lk 1,30-33).

Beachten Sie die drei Schlüsselworte, die Gabriel benutzte, um die zukünftige Herrschaft Christi zu beschreiben: «Thron», «Haus» und «Reich». Jedes einzelne findet sich auch in dem Bund wieder, den Gott mit David geschlossen hatte, wo Gott die Verheissung gab, dass einer aus Davids Linie ewig herrschen würde (2Sam 7,16).

Maria, eine junge fromme Jüdin, dürfte die Bedeutung der Worte des Engels augenblicklich verstanden haben. Gabriels Offenbarung kündigte eindeutig an, dass Marias Sohn in diese Welt kommen sollte, um die an David gegebene Verheissung zu erfüllen, dass einer seiner Nachkommen auf dem Thron Davids sitzen und über das Reich Davids herrschen würde.

Merkmale der Regierung Christi

Die Regierung Christi im Tausendjährigen Reich wird in jeder Hinsicht vollkommen sein. Seine Herrschaft wird sich auf den ganzen Planeten erstrecken – auf «alle Völker, Stämme und Sprachen» (Dan 7,14).

Sie wird ihren Sitz in Jerusalem haben. «Denn von Zion wird das Gesetz ausgehen und das Wort des HERRN von Jerusalem» (Jes 2,3). «Zu jener Zeit wird man Jerusalem ‹Thron des HERRN› nennen, und alle Heidenvölker werden sich dorthin versammeln, zum Namen des HERRN, nach Jerusalem» (Jer 3,17). «Der HERR wird aus Zion brüllen und von Jerusalem her seine Stimme hören lassen» (Joe 4,16). Der Herr bestätigt: «Der HERR wird über sie als König herrschen auf dem Berg Zion von nun an bis in Ewigkeit» (Mi 4,7).

Die Regierung Christi wird auch effektiv sein. Jesaja 9,5-6 drückt es so aus: «Die Herrschaft ruht auf seiner Schulter; und man nennt seinen Namen: Wunderbarer, Ratgeber, starker Gott, Ewig-Vater, Friedefürst. Die Mehrung der Herrschaft und der Friede werden kein Ende haben auf dem Thron Davids und über seinem Königreich, dass er es gründe und festige mit Recht und Gerechtigkeit von nun an bis in Ewigkeit.»

Als Friedefürst wird Er der Welt dauerhaften Frieden bringen: «Und er wird das Urteil sprechen zwischen grossen Völkern und starke Nationen zurechtweisen, die weit weg wohnen, sodass sie ihre Schwerter zu Pflugscharen schmieden und ihre Spiesse zu Rebmessern; kein Volk wird gegen das andere ein Schwert erheben, und sie werden den Krieg nicht mehr erlernen; sondern jedermann wird unter seinem Weinstock und unter seinem Feigenbaum sitzen, und niemand wird ihn aufschrecken; denn der Mund des HERRN der Heerscharen hat es geredet!» (Mi 4,3-4).

Kurz gesagt, die Regierung Christi wird ideale Voraussetzungen für das Leben auf der Erde schaffen. Er wird erfolgreich sein, wo alle menschlichen Regierungen versagt haben!

Physische Segnungen im Überfluss

Im Tausendjährigen Reich Christi wird es auf der Erde physische Segnungen in Hülle und Fülle geben:

> Die Wüste und Einöde wird sich freuen, und die Steppe wird frohlocken und blühen wie ein Narzissenfeld. Sie wird lieblich blühen und frohlocken, ja, es wird Frohlocken und Jubel geben; denn die Herrlichkeit des Libanon wird ihr gegeben, die Pracht des Karmel und der Saron-Ebene. Sie werden die Herrlichkeit des HERRN sehen, die Pracht unseres Gottes (Jes 35,1-2).

An Regen wird es nie mangeln, und die Tiere werde nie hungrig sein: «Und er wird Regen spenden für deine Saat, mit der du den Acker besäst, sodass das Brotgetreide, der Ertrag des Ackers, saftig und nahrhaft wird; dein Vieh wird zu jener Zeit auf weiter Aue weiden. Die Rinder und Esel, die das Feld bearbeiten, werden gesalzenes Mengfutter fressen, das mit der Worfschaufel und mit der Gabel geworfelt ist» (Jes 30,23-24).

Im Gegensatz zu heute wird das Tierreich in vollkommener Harmonie leben. Sie werden nicht länger das Wesen von Raubtieren und Fleischfressern haben: «Da wird der Wolf bei dem Lämmlein wohnen und der Leopard sich bei dem Böcklein niederlegen. Das Kalb, der junge Löwe und das Mastvieh werden beieinander sein, und ein kleiner Knabe wird sie treiben. Die Kuh und die Bärin werden miteinander weiden und ihre Jungen zusammen lagern, und der Löwe wird Stroh fressen wie das Rind» (Jes 11,6-7).

Ein grosser Vorteil für die Menschen wird ein längeres Leben sein. «Es soll dann nicht mehr Kinder geben, die nur ein paar Tage leben, noch Alte, die ihre Jahre nicht erfüllen» (Jes 65,20). Die Menschen werden wieder länger leben.

Ausserdem werden körperliche Gebrechen und Krankheiten geheilt: «An jenem Tag werden die Tauben die Worte des Buches hören, und die Augen der Blinden werden aus Dunkel und Finsternis heraus sehen» (Jes 29,18). «Und kein Einwohner wird sagen: ‹Ich bin schwach!›» (Jes 33,24).

Wohlstand wird die Erde erfüllen, und die Menschen werden sich freuen.

> Und sie werden kommen und auf der Höhe Zions jubeln und herbeiströmen zu der Güte des HERRN, zum Korn, zum Most und zum Öl und zu den jungen Schafen und Rindern; und ihre Seele wird sein wie ein bewässerter Garten, und sie werden

> nicht länger verschmachten. Dann wird die Jungfrau sich mit Reigentanz erfreuen, auch junge Männer und Greise miteinander; und ich will ihre Trauer in Freude verwandeln und sie trösten und erfreuen nach ihrem Schmerz. Und ich werde die Seele der Priester mit Fett sättigen, und mein Volk soll sich an meiner Güte sättigen!, spricht der HERR (Jer 31,12-14).

Diese und andere physische Segnungen wird es im zukünftigen Tausendjährigen Reich im Überfluss geben.

Geistliche Segnungen im Überfluss

Die Segnungen auf der Erde werden nicht nur physischer, sondern auch geistlicher Natur sein. Wie könnte es auch anders sein, wenn Jesus selbst unter Seinem Volk wohnt? «Denn die Erde wird erfüllt sein von der Erkenntnis des HERRN, wie die Wasser den Meeresgrund bedecken» (Jes 11,9). Betrachtet man dies zusammen mit der Tatsache, dass der Teufel im Tausendjährigen Reich gebunden sein wird (Offb 20,1-3), können wir uns kaum vorstellen, wie gross die geistlichen Segnungen sein werden, die es in dieser Zeit auf der Erde gibt.

Der Überfluss an geistlichen Segnungen im Tausendjährigen Reich geht auf den Neuen Bund zurück (Jer 31,31-34). Dieser herrliche Bund wird die Erde geradezu mit geistlichen Segnungen überhäufen. Das möglicherweise beste Beispiel dafür ist, dass der Heilige Geist anwesend sein und in allen Gläubigen wohnen wird: «Ja, ich will meinen Geist in euer Inneres legen und werde bewirken, dass ihr in meinen Satzungen wandelt und meine Rechtsbestimmungen befolgt und tut» (Hes 36,27). «Und ich werde meinen Geist in euch legen, und ihr sollt leben; und ich werde euch wieder in euer Land bringen; und ihr werdet erkennen, dass ich der HERR bin. Ich habe es gesagt und werde es auch tun!, spricht der HERR» (Hes 37,14).

Gott verspricht: «Ich werde meinen Geist auf deinen Samen ausgiessen und meinen Segen auf deine Sprösslinge» (Jes 44,3). Der Heilige Geist wird «aus der Höhe über uns ausgegossen» (Jes 32,15). Gott bestätigt: «Und nach diesem wird es geschehen, dass ich meinen Geist ausgiesse über alles Fleisch; und eure Söhne und eure Töchter werden weissagen, eure Ältesten werden Träume haben, eure jungen Männer werden Gesichte sehen; und auch über die Knechte und über die Mägde will ich in jenen Tagen meinen Geist ausgiessen» (Joe 3,1-2).

Das wird herrlich sein!

Gerechtigkeit wird herrschen

Die Länder der Welt werden nicht länger von Verbrechen durchdrungen sein. Israel wird nicht mehr angegriffen. Auf der ganzen Welt wird Gerechtigkeit herrschen. «Und dein Volk wird aus lauter Gerechten bestehen und das Land auf ewig besitzen, als Schössling meiner Pflanzung, ein Werk meiner Hände, mir zum Ruhm (Jes 60,21). «Ich habe meine Gerechtigkeit nahe gebracht» (Jes 46,13). «Meine Gerechtigkeit ist nahe, meine Rettung zieht aus, und meine Arme werden die Völker richten» (Jes 51,5).

Die Menschen werden dem Herrn gehorsam sein

Können Sie sich vorstellen, wie das Leben in diesem Reich aussehen wird? Jeder Mensch auf der Erde wird dem Herrn gehorsam sein! Das ist schwer zu fassen, aber es wird so sein. «Daran werden gedenken und zum HERRN umkehren alle Enden der Erde, und vor dir werden anbeten alle Geschlechter der Heiden» (Ps 22,28). «Ich will mein Gesetz in ihr Innerstes hineinlegen und es auf ihre Herzen schreiben, und ich will ihr Gott sein, und sie sollen mein Volk sein» (Jer 31,33). Nicht nur der Gehorsam gegenüber dem Herrn wird überall anzutreffen sein, auch Heiligkeit wird auf dem ganzen Planeten herrschen (Jes 35,8-10; Joe 4,17).

Treue wird herrschen

Auch wenn es schwer zu glauben ist, auch Treue ist allerorts zu finden. «So spricht der HERR: Ich kehre nach Zion zurück und wohne mitten in Jerusalem. Und Jerusalem wird ‹Stadt der Treue› genannt werden und der Berg des HERRN der Heerscharen ‹heiliger Berg›» (Sach 8,3; Rev. Elberfelder 2006). An diesem Tag «begegnen einander Gnade und Wahrheit» und «Gerechtigkeit und Friede küssen sich» (Ps 85,11-12; Schlachter 1951).

Die Menschen werden den Herrn anbeten

Die prophetische Schrift zeigt, dass die Weltbevölkerung den Herrn einheitlich anbeten wird. «Denn vom Aufgang der Sonne bis zu ihrem Niedergang soll mein Name gross werden unter den Heidenvölkern, und überall sollen meinem Namen Räucherwerk und Gaben, und zwar reine Opfergaben, dargebracht werden; denn gross soll mein Name unter den Heidenvölkern sein!, spricht der HERR der Heerscharen» (Mal 1,11). «Dann aber will ich den Völkern andere, reine Lippen geben, dass sie alle den Namen des HERRN anrufen und ihm einträchtig dienen» (Zeph 3,9; s. auch Sach 8,23).

Gottes Gegenwart wird deutlich erkennbar sein

Das vielleicht Beste von allem: Gottes Gegenwart wird auf der ganzen Erde sichtbar sein. «Meine Wohnung wird bei ihnen sein, und ich will ihr Gott sein, und sie sollen mein Volk sein. Und die Heidenvölker werden erkennen, dass ich der HERR bin, der Israel heiligt, wenn mein Heiligtum in Ewigkeit in ihrer Mitte sein wird» (Hes 37,27-28).

In Sacharja 2,14-17 lesen wir:

> Juble und freue dich, du Tochter Zion! Denn siehe, ich komme und werde in deiner Mitte wohnen, spricht der HERR. An je-

> nem Tag werden sich viele Heidenvölker dem HERRN anschliessen, und sie sollen mein Volk sein; und ich werde in deiner Mitte Wohnung machen, und du wirst erkennen, dass mich der HERR der Heerscharen zu dir gesandt hat. Und der HERR wird Juda als sein Erbteil in Besitz nehmen im heiligen Land, und er wird Jerusalem wieder erwählen. Alles Fleisch sei still vor dem HERRN, denn er hat sich aufgemacht aus seiner heiligen Wohnung!

Wie herrlich wird das alles sein!

Die Rolle der zuvor entrückten Gläubigen

Wir haben über die sterblichen Juden und Nichtjuden gesprochen, die in das Tausendjährige Reich eingehen – und in ihm leben – werden. Was aber ist mit all den Gläubigen, die vor Beginn der Drangsalszeit entrückt wurden? Werden sie im Tausendjährigen Reich eine Rolle spielen?

Ich glaube schon! Einerseits verheisst die Schrift, dass Christus selbst auf dem Thron Davids herrschen wird, andererseits sagt sie auch, dass die Gläubigen mit Ihm regieren werden. In 2. Timotheus 2,12 schreibt der Apostel Paulus: «Wenn wir standhaft ausharren, so werden wir mitherrschen.» Wer Prüfungen standhaft erträgt, wird eines Tages mit Christus in Seinem Reich herrschen.

Der Gedanke des Regierens mit Christus stimmt mit anderen Aussagen im Buch der Offenbarung überein. In Offenbarung 5,10 erfahren wir beispielsweise, dass die Gläubigen «zu Königen und Priestern gemacht» wurden, und «wir auf Erden herrschen werden». Auch Offenbarung 20,6 bestätigt: «Glückselig und heilig ist, wer Anteil hat an der ersten Auferstehung! Über diese hat der zweite Tod keine Macht, sondern sie werden Priester Gottes und des Christus sein und mit ihm regieren 1000 Jahre.»

Auch nach dem Tausendjährigen Reich werden die Gläubigen das Vorrecht geniessen, mit Christus regieren zu dürfen. Offenbarung 22,5 sagt über den ewigen Zustand: «Und es wird dort keine Nacht mehr geben, und sie bedürfen nicht eines Leuchters, noch des Lichtes der Sonne, denn Gott, der Herr, erleuchtet sie; und sie werden herrschen von Ewigkeit zu Ewigkeit.» Was für ein unglaubliches Privileg!

Welche Position werden wir einnehmen, wenn wir mit Christus herrschen? Ich glaube, unsere Rolle wird der Hingabe und Treue entsprechen, die wir in unserem irdischen Leben zeigen. Wie wunderbar wird es sein, diese Worte von Christus sagen zu hören: «Recht so, du guter und treuer Knecht! Du bist über wenigem treu gewesen, ich will dich über vieles setzen» (Mt 25,21).

Frieden, Frieden und noch mehr Frieden

Im Tausendjährigen Reich Christi wird Israel nicht mehr in höchster Alarmbereitschaft leben müssen. Es wird nur Frieden, Frieden und noch mehr Frieden geben.

Das garantiert Christus. Und wir können es glauben!

15

Erlöste Juden und Nichtjuden im neuen Jerusalem

Das neue Jerusalem wird die Hauptstadt des ewigen Zustandes sein. Der Prophetiegelehrte Randall Price sagt: «Die Schrift bezeichnet das neue Jerusalem als ‹das obere Jerusalem› (Gal 4,26), die ‹Stadt des lebendigen Gottes, das himmlische Jerusalem› (Hebr 12,22) und ‹die heilige Stadt ... die von Gott aus dem Himmel herabkam› (Offb 21,2.10). Im Alten Testament wird sie in erster Linie als der Wohnort Gottes gesehen, während das Neue Testament sie auch als das himmlische Zuhause der Heiligen betrachtet.»[1]

Die Einwohner dieser herrlichen Stadt werden unterschiedlich ranghohe Engel und Gläubige aus dem Gemeindezeitalter sowie aus allen anderen Zeitaltern sein – und natürlich Gott selbst. Die erlösten Juden und Nichtjuden aus allen Zeitaltern werden zusammen im neuen Jerusalem leben, das auf einer neuen Erde in einem neuen Universum steht. Anders ausgedrückt, das neue Jerusalem wird sich auf einer auferstandenen Erde in einem auferstandenen Universum befinden.

---

[1] Randall Price, «The New Jerusalem», World of the Bible, http://worldofthebible.com/wp-content/uploads/2017/03/The-New-Jerusalem.pdf.

Die alten Himmel und die alte Erde werden vergehen

Die gegenwärtigen Himmel und die Erde werden eines Tages verschwinden. Nachdem Adam und Eva gegen Gott gesündigt hatten, belegte Gott die Erde mit einem Fluch (1Mo 3,17-18). Römer 8,20 teilt uns mit, dass «die Schöpfung nämlich der Vergänglichkeit unterworfen ist». Zu diesem Vers sagt der Bibelausleger John MacArthur: «Verfall, Krankheit, Schmerz, Tod, Naturkatastrophen, Verschmutzung und alle anderen Formen des Bösen werden erst verschwinden, wenn der, der den Fluch sandte, ihn wieder wegnehmen und einen neuen Himmel und eine neue Erde erschaffen wird (2Petr 3,13; Offb 21,1).»[2]

Daher ergibt es Sinn, dass Gott alle Spuren der Sünde und Finsternis der Schöpfung beseitigt, bevor der ewige Zustand beginnt (mit dem Leben im neuen Jerusalem auf einer neuen Erde). Diese von der Sünde durchzogene Welt wird ersetzt von einer Welt, die von Heiligkeit durchdrungen ist. Diese von Finsternis durchzogene Welt wird von einer Licht durchfluteten Welt ersetzt. Die Welt, in der sich die Menschen ständig gegenseitig angreifen und verfolgen (so wie radikale Muslime die Juden angreifen), wird ersetzt durch eine Welt, in der unter allen Erlösten – ganz gleich welcher irdischen Ethnie – vollkommene Einheit und Liebe herrscht.

Dass die alte Schöpfung zerstört werden muss, hat mit der Tatsache zu tun, dass der Teufel seine bösen Pläne auf der Erde lange Zeit verfolgt hat (s. Eph 2,2). Deshalb muss die Erde von allen Makeln seiner Anwesenheit gereinigt werden. In der neuen Ordnung – im neuen Himmel und der neuen Erde – wird es keinen Platz für den Teufel geben. Alle Spuren seines Einflusses werden vollständig ausgelöscht werden, wenn Gott die Erde und die Himmel zerstört.

---

[2] John MacArthur, *MacArthur New Testament Commentary*, Accordance Bible Software.

Es ist interessant, wie viele Bibelverse sich mit der Zerstörung der alten Erde und des alten Universums befassen. So sagt Psalm 102,26-27 beispielsweise über das Vergehen der alten Erde und der alten Himmel: «Du hast vorzeiten die Erde gegründet, und die Himmel sind das Werk deiner Hände. Sie werden vergehen, du aber bleibst; sie alle werden wie ein Kleid zerfallen, wie ein Gewand wirst du sie wechseln, und sie werden verschwinden.» Ähnliches lesen wir in Jesaja 51,6: «Erhebt eure Augen zum Himmel und schaut auf die Erde drunten; denn die Himmel werden vergehen wie ein Rauch, und die Erde wird wie ein Kleid zerfallen.» Jesus kannte diese alttestamentliche Lehre nur allzu gut und verglich das vorübergehende Universum mit Seinem ewigen Wort: «Himmel und Erde werden vergehen, aber meine Worte werden nicht vergehen» (Mt 24,35).

Die möglicherweise vollständigste Offenbarung über das Vergehen der gegenwärtigen Erde und des Universums findet sich in 2. Petrus 3,7-13, wo wir diese ernüchternden Worte lesen:

> Die jetzigen Himmel aber und die Erde werden durch dasselbe Wort aufgespart und für das Feuer bewahrt bis zum Tag des Gerichts. ... Dann werden die Himmel mit Krachen vergehen, die Elemente aber vor Hitze sich auflösen und die Erde und die Werke darauf verbrennen. ... indem ihr das Kommen des Tages Gottes erwartet und ihm entgegeneilt, an welchem die Himmel sich in Glut auflösen und die Elemente vor Hitze zerschmelzen werden! Wir erwarten aber nach seiner Verheissung neue Himmel und eine neue Erde, in denen Gerechtigkeit wohnt.

Die gute Nachricht ist: Obwohl das jetzige, von Sünde befleckte Universum gerichtet und zerstört wird, wird Gott neue Himmel und eine neue Erde erschaffen, auf der wir für immer leben können. *Das wird herrlich sein!*

Der erste, zweite und dritte Himmel

Die Schrift kennt drei verschiedene Himmel. Der erste und zweite Himmel sind die Erdatmosphäre und das Universum mit seinen Sternen (Hi 35,5; 1Mo 1,16-17; 5Mo 17,3). Der dritte Himmel ist Gottes vollkommener Wohnort (s. Jes 63,15). Die beiden Himmel, die vom Sündenfall des Menschen negativ beeinflusst wurden, sind der erste und der zweite. Gottes herrlicher Wohnort – der dritte Himmel – bleibt unberührt von der menschlichen Sünde. Er braucht keine Erneuerung. Dieser Himmel ist moralisch und physisch vollkommen und verändert sich nicht.

Nachdem das physische Universum erst einmal gereinigt ist und Gott neue Himmel und eine neue Erde geschaffen hat, werden alle Spuren des ursprünglichen Fluchs und der Gegenwart des Teufels vollständig und für immer entfernt sein (Offb 20,10). Es wird gewaltige Veränderungen geben. Von einem Augenblick zum nächsten werden sich Schmerz, Leid, Finsternis und Tod in eine auf Gott ausgerichtete Glückseligkeit verwandeln.

Viele Theologen sind sich einig, dass die neuen Himmel und die neue Erde ein Teil dessen sein werden, was wir heute «Himmel» nennen (der dritte Himmel). Das bedeutet, die Grenzen des dritten Himmels werden einmal viel ausgedehnter sein. Mit anderen Worten, eines Tages wird er das ganze erlöste Universum umfassen.

Himmel und Erde werden nicht länger zwei getrennte Bereiche sein, sondern miteinander verschmelzen. Die Gläubigen werden weiterhin im Himmel sein, auch wenn sie sich auf der neuen Erde befinden. Die neue Erde wird absolut ohne Sünde sein. Sie wird in das Licht und den Glanz Gottes getaucht und davon erfüllt sein, ohne von bösen Dingen oder Personen verdunkelt zu werden.

Das himmlische Land

Hebräer 11 ist die Ruhmeshalle des Glaubens in der Bibel. In diesem wichtigen Kapitel lesen wir von der ewigen Perspektive, die viele grosse Glaubenskämpfer zu biblischen Zeiten hatten:

> Diese alle sind im Glauben gestorben, ohne das Verheissene empfangen zu haben, sondern sie haben es nur von ferne gesehen und waren davon überzeugt, und haben es willkommen geheissen und bekannt, dass sie Gäste ohne Bürgerrecht und Fremdlinge sind auf Erden; denn die solches sagen, geben damit zu erkennen, dass sie ein Vaterland suchen. Und hätten sie dabei jenes im Sinn gehabt, von dem sie ausgegangen waren, so hätten sie ja Gelegenheit gehabt, zurückzukehren; nun aber trachten sie nach einem besseren, nämlich einem himmlischen. Darum schämt sich Gott ihrer nicht, ihr Gott genannt zu werden; denn er hat ihnen eine Stadt bereitet (Hebr 11,13-16).

Diese Stelle teilt uns mit, dass sich die grossen Kämpfer des Glaubens nicht mit irdischen Dingen zufriedengaben. Sie sahen nach vorne auf ein besseres Land. Und was für ein herrliches Land das sein wird! Im 18. Jahrhundert dachte der Bibelausleger John Gill darüber nach, wie sehr das himmlische Land

> von Licht und Herrlichkeit durchflutet ist, durchzogen von den wunderbaren Brisen der Liebe Gottes und den angenehmen Winden Seines Geistes. Hier gibt es nicht den Druck der Verfolgung, keine Kälte, keine fröstelnden Gefühle; hier finden wir die köstlichsten Früchte in Hülle und Fülle, aber weder Hunger noch Durst; und hier sind befriedigende, dauerhafte und sichere Reichtümer; hier erfreut man sich vieler Freiheiten und Privilegien; hier ist der Körper frei von Krank-

heit und Tod, von Sünde, von der Versuchung des Teufels, von allen Zweifeln und Ängsten, vom Unglauben und von aller Betrübnis und Not.[3]

Der Architekt des neuen Jerusalems: Jesus Christus

Das neue Jerusalem ist die himmlische Stadt, in der Sie und ich für immer leben werden (Offb 21,10). Der Erbauer dieser Stadt ist Jesus Christus. Das wissen wir, weil Jesus Seine ängstlichen Jünger in Johannes 14,2-3 mit den Worten tröstete: «Im Haus meines Vaters sind viele Wohnungen; wenn nicht, so hätte ich es euch gesagt. Ich gehe hin, um euch eine Stätte zu bereiten. Und wenn ich hingehe und euch eine Stätte bereite, so komme ich wieder und werde euch zu mir nehmen, damit auch ihr seid, wo ich bin.» Jesus bereitet unsere «Stätte» vor – und die ist laut dem Buch der Offenbarung das neue Jerusalem, die ewige Stadt Gottes und Seiner Kinder.

Das ist eine gewaltige Verheissung, über die es sich lohnt, nachzudenken! Schliesslich sagt die Schrift, dass Jesus unser ganzes Sternensystem geschaffen hat. Kolosser 1,16 sagt über Ihn: «Denn in ihm ist alles erschaffen worden, was im Himmel und was auf Erden ist, das Sichtbare und das Unsichtbare, seien es Throne oder Herrschaften oder Fürstentümer oder Gewalten: Alles ist durch ihn und für ihn geschaffen.» Ähnliches bringt auch Johannes 1,3 zum Ausdruck: «Alles ist durch dasselbe [das Wort] entstanden; und ohne dasselbe ist auch nicht eines entstanden, was entstanden ist» (s. auch Hebr 1,2). Jesus hat alles gemacht – die Planeten, die Sterne und die Galaxien, die unglaublich weit voneinander entfernt liegen.

---

[3] John Gill, «Hebrews 11,13-15», in The Online Bible (elektronische Medien), Version 2.5.2.

Wenn Sie beim Anblick des Sternenhimmels staunen müssen, wird Ihnen klar, was für ein grosser Schöpfer Jesus ist! Christus erschafft jetzt einen prachtvollen Ort, an dem wir die ganze Ewigkeit leben werden. In 1. Korinther 2,9 sagt der Apostel Paulus: «Was kein Auge gesehen und kein Ohr gehört und keinem Menschen ins Herz gekommen ist, was Gott denen bereitet hat, die ihn lieben.» Und Paulus sprach aus Erfahrung, da er persönlich in den Himmel entrückt wurde und seine Herrlichkeiten aus erster Hand erlebte (2Kor 12,1-4).

Eine wahrhaft himmlische Stadt

Die vielleicht überwältigendste Beschreibung des neuen Jerusalems – der himmlischen Stadt – findet sich in Offenbarung 21,1-5:

> Und ich sah einen neuen Himmel und eine neue Erde; denn der erste Himmel und die erste Erde waren vergangen, und das Meer gibt es nicht mehr. Und ich, Johannes, sah die heilige Stadt, das neue Jerusalem, von Gott aus dem Himmel herabsteigen, zubereitet wie eine für ihren Mann geschmückte Braut. Und ich hörte eine laute Stimme aus dem Himmel sagen: Siehe, das Zelt Gottes bei den Menschen! Und er wird bei ihnen wohnen; und sie werden seine Völker sein, und Gott selbst wird bei ihnen sein, ihr Gott. Und Gott wird abwischen alle Tränen von ihren Augen, und der Tod wird nicht mehr sein, weder Leid noch Geschrei noch Schmerz wird mehr sein; denn das Erste ist vergangen. Und der auf dem Thron sass, sprach: Siehe, ich mache alles neu!

Diese Stelle beschreibt, wie das neue Jerusalem aus dem Himmel (wo Jesus sie entworfen hat) auf die neue Erde herabkommt. Während die Stadt Gottes herabsteigt, wird uns versichert, dass «das Zelt Gottes bei den Menschen» ist. Die Menschen und Gott leben nun zusammen in dieser herrlichen Stadt.

Das Buch der Offenbarung stellt das neue Jerusalem als eine buchstäbliche Stadt dar, als einen realen Ort, an dem echte, auferstandene Menschen und ein heiliger Gott zusammenwohnen werden. In einer Stadt gibt es Wohnungen, Transportmittel, Ordnung (Verwaltung), geschäftiges Treiben, verschiedenste Orte des Zusammenkommens und vieles mehr. Es findet sich keine Rechtfertigung dafür, die biblischen Beschreibungen des neuen Jerusalems rein symbolisch zu nehmen. Jede biblische Aussage über das neue Jerusalem lässt auf einen realen Wohnort schliessen.

Das passt perfekt zu der Tatsache, dass Sie und ich physische Auferstehungskörper haben werden (1Kor 15,50-55). Menschen mit *physischen Körpern* müssen an einem *physischen Ort* leben, und dieser Ort wird das neue Jerusalem sein (Joh 14,1-3; Offb 21,1-4).

Das neue Jerusalem ist eine Megacity

Im abrahamitischen Bund hat Gott den Israeliten ein Land mit grossen Ausmassen verheissen. Im Tausendjährigen Reich werden sie dieses Land vollständig in Besitz nehmen. So wunderbar dieses Land für das jüdische Volk auch sein wird, so klein ist es doch, verglichen mit dem verheissenen neuen Jerusalem.

Offenbarung 21,16 beschreibt die gigantischen Ausmasse des neuen Jerusalems: «Und er mass die Stadt mit dem Rohr, auf 12 000 Stadien; die Länge und die Breite und die Höhe derselben sind gleich.» Es gibt keinen vernünftigen Grund, weshalb diese Zahl nicht wörtlich genommen werden sollte. Schliesslich muss die ewige Stadt gross genug sein, um den Erlösten aus allen Zeitaltern Platz zu bieten. Ausserdem ist eine grosse Stadt Gottes würdig.

Die heutigen Wolkenkratzer sind Zwerge, verglichen mit dem neuen Jerusalem. Das Empire State Building in New York City ist zum Beispiel 443 Meter hoch. Das Burj Khalifa in Dubai ist viel höher – 828 Meter. Aber das neue Jerusalem ist 2200 *Kilometer* hoch. Da sie so hoch ist, verfügt die Stadt wahrscheinlich über zahlreiche Ebenen oder Etagen. Wenn eine einzige Etage ca. vier Meter hoch wäre, hätte das neue Jerusalem problemlos 600 000 Stockwerke aufzuweisen.

Das ist riesig! Für unsere sterblichen irdischen Körper würde das eine ernste Herausforderung darstellen, sich innerhalb ihrer Grenzen zu bewegen. Die gute Nachricht ist jedoch: Sie und ich werden Auferstehungskörper mit erstaunlichen Fähigkeiten besitzen. Diese Körper werden nie müde oder erschöpft. Und ausserdem wird die Stadt aus so unglaublich schönen Materialien bestehen, dass wir auf Reisen in jedem Augenblick nur staunen können.

Die ewige Stadt könnte entweder die Form eines Würfels oder die einer Pyramide haben. Manche meinen, sie wäre pyramidenförmig, da das erklären würde, wie der Strom des Wassers des Lebens vom Thron Gottes herabfliessen kann (Offb 22,1-2). Andere sehen die Stadt als einen Würfel, der möglicherweise nach dem Allerheiligsten im jüdischen Tempel gestaltet ist – einem vollkommenen Würfel (s. 1Kö 6,20; 8,10-13; 2Chr 3,8; 5,14–6,2).

Eine Stadt ohne Mängel

Unsere irdischen Städte sind voller Mängel jeglicher Art. Die Umgebung ist nicht perfekt. Die Behörden sind nicht perfekt. Wasser und Lebensmittel sind nicht perfekt. Niemand erfreut sich vollkommener Gesundheit. Und die in einer Stadt lebenden Menschen pflegen keine perfekten Beziehungen untereinander. All diese und weitere Probleme sehen wir in der heutigen Stadt Jerusalem.

Im neuen Jerusalem wird es ganz anders sein. Es wird keine Sünde geben (und Menschen ohne sündige Natur), keinen Fluch, keinen Einfluss von Satan oder seinen Dämonen, keine zerbrochenen Beziehungen, keinen Hunger oder Durst, keinen Abstand zu Gott, keine Nacht oder Dunkelheit, keine Angst, keine Schmerzen oder Leiden, keine Tränen und keinen Tod. Die Abwesenheit all dieser Dinge scheint uns nicht vorstellbar, aber das ist die herrliche Realität, die auf uns Gläubige wartet.

Die Tore sind immer offen

Das heutige Jerusalem ist ständig in höchster Alarmbereitschaft. Die Stadt ist umgeben von arabischen und muslimischen Nationen, die sie am liebsten von der Landkarte ausradieren würden. Es besteht eine dauerhafte und nie endende Bedrohung. *Das wird im neuen Jerusalem nie der Fall sein.*

Die prophetische Schrift offenbart uns folgende Details: «Und sie hat eine grosse und hohe Mauer und zwölf Tore, und an den Toren zwölf Engel, und Namen angeschrieben, nämlich die der zwölf Stämme der Söhne Israels» (Offb 21,12). Ausserdem «hatte die Mauer der Stadt zwölf Grundsteine, und in ihnen waren die Namen der zwölf Apostel des Lammes» (V. 14).

Warum stehen die Namen der zwölf Stämme Israels auf den Toren? Wir können nur spekulieren: Vielleicht deswegen, weil «das Heil aus den Juden kommt» (Joh 4,22) und der Messias selbst jüdischer Abstammung war (Mt 1,1).

Wir können uns auch fragen, warum die Namen der Apostel auf den Grundsteinen der Stadt stehen. Vielleicht deswegen, weil die Gemeinde selbst auf der Grundlage dieser Männer Gottes erbaut wurde, die somit einer besonderen Ehre würdig sind (s. Eph 2,20).

Dass all diese Namen angeschrieben stehen, macht durchaus Sinn. Letzten Endes sind sowohl Juden als auch Nichtjuden

Teil der ewigen Familie Gottes (Eph 2,11-13). Daher ist es durchaus passend, dass die Namen der zwölf Stämme Israels und die zwölf Apostel in der ewigen Stadt besonders hervorgehoben werden.

Johannes informiert uns, dass die Tore der ewigen Stadt «niemals geschlossen werden sollen den ganzen Tag; denn dort wird keine Nacht sein» (Offb 21,25). Das ist ein deutlicher Kontrast zu irdischen Städten wie dem heutigen Jerusalem. In der Nacht ist es besonders gefährlich für irdische Städte, da sich im Schutz der Dunkelheit leicht Eindringlinge nähern und die Stadt einnehmen können, während die Bewohner schlafen. Um die Stadt zu schützen, wurden die Tore in der Nacht geschlossen. Im neuen Jerusalem wird es aber keine Nacht geben, und die Tore werden immer offen bleiben. Es wird keine äussere Bedrohung bestehen, da der Teufel, seine Dämonen und Ungläubige ewig im Feuersee sein werden. Und ausserdem wird Gott selbst in der ewigen Stadt wohnen. *Wer würde es da wagen, sie anzugreifen?*

Eine Gesundheit spendende Umgebung

Johannes erzählt uns mehr über das neue Jerusalem: «Und er zeigte mir einen reinen Strom vom Wasser des Lebens, glänzend wie Kristall, der ausging vom Thron Gottes und des Lammes. In der Mitte zwischen ihrer Strasse und dem Strom, von dieser und von jener Seite aus, war der Baum des Lebens, der zwölfmal Früchte trägt und jeden Monat seine Frucht gibt, jeweils eine; und die Blätter des Baumes dienen zur Heilung der Völker.»

Einige Bibelausleger verstehen die Beschreibung des Flusses mit dem Wasser des Lebens wörtlich, andere hingegen nehmen sie symbolisch. Ich denke, sie könnte sowohl wörtlich als auch symbolisch zu begreifen sein. Vielleicht ist es ein realer Fluss, der den vollen Reichtum des geistlichen Lebens der Erlösten in der ewigen Stadt symbolisiert. So wie ein echter Fluss an einem sonnigen Tag einen ständigen Strom durstlöschenden Wassers spendet, könnte der Strom des Wassers des Lebens den ständigen Segensfluss zu den Erlösten symbolisieren, die sich nun im warmen Schein des ewigen Lebens sonnen.

Der Baum des Lebens ist zum letzten Mal im ersten Buch der Bibel aufgetaucht (1Mo 3), als Adam und Eva gegen Gott sündigten. Das Paradies war verloren, und dem ersten Menschenpaar wurde der Zugang zu diesem Baum versperrt. Im letzten Buch der Bibel wird das Paradies nun wiederhergestellt, und wir werden Zugang zum Baum des Lebens haben.

Über die Blätter des Baumes wird gesagt, dass sie den Völkern zur Heilung dienen. Das bedeutet aber nicht, dass die Völker im ewigen Zustand Heilung benötigen werden, gerade so, als müssten sie sich nach einem Konflikt wieder erholen (s. Offb 21,4). Das mit «Heilung» übersetzte griechische Wort ist *therapeia*. Von diesem Wort leitet sich unser deutsches Wort *Therapie* her. Es beinhaltet die Grundbedeutung von «Gesundheit spenden». Im vorliegenden Kontext vermittelt das Wort den Gedanken, dass die Blätter des Baumes des Lebens den erlösten Völkern der Welt Gesundheit schenken. Was für ein Gegensatz zu dem kranken Zustand, in dem sich der ganze Nahe Osten heute befindet.

Dunkelheit ade

Heute scheint Dunkelheit über dem Nahen Osten zu liegen. Jerusalem ist ständig in höchster Alarmbereitschaft. Aber in der Zukunft – im neuen Jerusalem – wird die Dunkelheit für immer verschwunden sein. Es wird einen Überfluss an physischem und geistlichem Licht geben.

In Offenbarung 21,23 lesen wir: «Und die Stadt bedarf nicht der Sonne noch des Mondes, dass sie in ihr scheinen; denn die Herrlichkeit Gottes erleuchtet sie, und ihre Leuchte ist das Lamm.» Dann erfüllt sich die Prophezeiung aus Jesaja 60,19, wo es heisst: «Die Sonne wird nicht mehr dein Licht sein am Tag, noch der Mond dir als Leuchte scheinen, sondern der HERR wird dir zum ewigen Licht werden, und dein Gott zu deinem Glanz.»

Das erinnert uns an die Aussage Jesu im Johannes-Evangelium: «Ich bin das Licht der Welt. Wer mir nachfolgt, wird nicht in der Finsternis wandeln, sondern er wird das Licht des Lebens haben» (8,12). Im neuen Jerusalem werden wir nie in physischer oder geistlicher Finsternis leben müssen.

Eine heilige Stadt

Das neue Jerusalem wird als «heilige Stadt» bezeichnet (Offb 21,2). Anders als im heutigen Nahen Osten wird es im neuen Jerusalem keine Sünde oder Ungerechtigkeit geben. Schliesslich werden wir in einem Zustand moralischer Vollkommenheit leben. Das bedeutet natürlich nicht, dass Sie und ich erst moralisch vollkommen werden müssen, um in den Himmel zu kommen. Allen Menschen, die zur Errettung an Jesus Christus glauben, wurde die Gerechtigkeit Christi zugeschrieben (Röm 4,11.22-24). Christus hat uns heilig gemacht (Hebr 10,14).

Der Tod existiert nicht mehr

In Jesaja 25,8 lesen wir, dass Gott «den Tod auf ewig verschlingen wird. Und GOTT, der Herr, wird die Tränen abwischen von jedem Angesicht». Dieser Vers enthält ein hebräisches Wortspiel. Die alten Juden sagten oft bildhaft über den Tod, dass er die Lebenden verschlingt, gerade so, als würde sich im Boden ein grosser Schlund auftun und die Menschen ins Grab ziehen. Aber in Jesaja 25,8 verspricht Gott, dass Er die Dinge eines Tages umkehrt und den Tod selbst verschlingt. Wenn das passiert, wird der Tod für immer verschwunden sein.

Der Apostel Paulus – ein alttestamentlicher Gelehrter, der Jesaja 25,8 nur allzu gut kannte – wandte dasselbe Argument auf unseren zukünftigen Auferstehungskörper an: «Wenn aber dieses Verwesliche Unverweslichkeit anziehen und dieses Sterbliche Unsterblichkeit anziehen wird, dann wird das Wort erfüllt werden, das geschrieben steht: Der Tod ist verschlungen in Sieg!» (1Kor 15,54).

Heute scheint es, als würde sich die Erde im Nahen Osten täglich auftun, um die Lebenden zu verschlingen. Aber im ewigen Zustand wird der Tod selbst verschlungen sein und nie wieder zurückkehren. Das wird unglaublich sein!

Unterschiede zwischen dem heutigen und dem neuen Jerusalem

Zwischen dem irdischen Jerusalem von heute und dem neuen Jerusalem gibt es einige deutliche Unterschiede. Im Anschluss finden Sie ein paar nennenswerte Gegensätze:

- Das heutige Jerusalem muss ständig umgebaut oder ausgebessert werden, im neuen Jerusalem ist dies nicht nötig.
- Obwohl im heutigen Jerusalem auch ein paar Christen wohnen (Juden und Nichtjuden), leben dort grösstenteils ungläubige Juden. Das neue Jerusalem wird nur von Gläubigen bevölkert sein.
- In allen irdischen Städten – inklusive dem heutigen Jerusalem – gibt es Menschen, die Hunger und Durst leiden. Im neuen Jerusalem wird es nie Hunger oder Durst geben.
- Alle irdischen Städte – inklusive dem heutigen Jerusalem – sind voller Kriminalität, im neuen Jerusalem hingegen wird vollkommene Gerechtigkeit herrschen.
- In allen irdischen Städten – inklusive dem heutigen Jerusalem – kommt es immer wieder mal zu Aufständen, nicht so im neuen Jerusalem. Alle werden dem König, Jesus Christus, gehorsam sein.

- In allen irdischen Städten – inklusive dem heutigen Jerusalem – gibt es zerbrochene menschliche Beziehungen, im neuen Jerusalem werden alle Beziehungen vollkommen und liebevoll sein.
- In allen irdischen Städten – inklusive dem heutigen Jerusalem – haben Menschen die unterschiedlichsten Krankheiten. Im neuen Jerusalem wird sich jeder vollkommener Gesundheit erfreuen.
- Alle irdischen Städte – inklusive dem heutigen Jerusalem – haben Friedhöfe, nicht so das neue Jerusalem. Der Tod wird aus unserem Leben im Himmel gänzlich verbannt werden.
- In allen irdischen Städten – inklusive dem heutigen Jerusalem – gibt es Überfälle (im Nahen Osten ist das heute weit verbreitet). Im neuen Jerusalem wird ebenso vollkommener Friede herrschen wie auf der neuen Erde.

Es liessen sich noch viele weitere Gegensätze finden, aber was ich zum Ausdruck bringen wollte, liegt auf der Hand: Unsere Existenz im neuen Jerusalem wird sich völlig von der auf der Erde unterscheiden. Die ewige Stadt – das neue Jerusalem – wird unfassbar herrlich sein, viel herrlicher, als der menschliche Verstand begreifen oder sich vorstellen kann (1Kor 2,9).

Die erlösten Juden und Nichtjuden im neuen Jerusalem werden unglaublich gesegnet sein!

Nachwort: Das Zusammentreffen von Endzeitprophezeiungen

In diesem Buch haben wir uns die ganze Existenz Israels angeschaut – von den Anfängen bis in seine herrliche Zukunft, und wir haben unsere Aufmerksamkeit auf alle dazwischen liegenden Prüfungen und Schwierigkeiten gerichtet. Wenn wir die Welt heute betrachten, sieht es so aus, als würden die Dinge ausser Kontrolle geraten. Aus rein menschlicher Perspektive scheinen Israels Probleme unüberwindlich. Es scheint nur eine Frage der Zeit zu sein, bis Israel in Flammen aufgeht. Aber Gott hat noch immer Sein souveränes Auge auf Israel gerichtet. Wie ein Prophetieexperte sagte:

> Schaut man sich Israels aktuelle Situation ohne die Aussagen der Bibel an, scheint es für Gottes Bundesvolk hoffnungslos. Ein realistischer Faktencheck berücksichtigt jedoch den Willen und Plan Gottes. Das bedeutet, dass Israel als Nation nicht ausgelöscht wird, ungeachtet wie verzweifelt seine Situation noch wird. ... Ganz gleich, wie dunkel es für Israel aussehen mag, Gott wird Seine Verheissungen an der einzigen Nation auf Erden erfüllen, mit der Er einen ewigen Bund geschlossen hat. Ganz gleich, was mit dem modernen Staat Israel heute geschieht, wir wissen, dass er nicht vernichtet oder ins Meer gedrängt wird. Der Herr, der Gott Israels, hat die Geschichte im Griff, und Er wird Seine Verheissung auf Erlösung an Sein

auserwähltes Volk erfüllen, wenn es in der Drangsalszeit erkennt, dass Jesus von Nazareth der Stein war, den die Bauleute verwarfen. Das jüdische Volk wird feststellen, dass nur der Messias Jesus ihre Sünden wegnehmen und ihre Beziehung zu Gott wiederherstellen kann.[1]

Die Bühne wird bereitet

Es scheint, als würden wir in der Zeit leben, in der Gottes Verheissungen an Israel erfüllt werden. Der verstorbene Prophetieexperte John Walvoord war sich sicher:

> Im momentanen Weltgeschehen weist vieles darauf hin, dass das Ende des Zeitalters schon bald erreicht sein könnte. Die Prophezeiungen in Bezug auf Israels zukünftige Leidenszeit und letztendliche Wiederherstellung werden möglicherweise schon in der gegenwärtigen Generation erfüllt werden. ... Nie zuvor in der Weltgeschichte sind so viele wichtige Hinweise auf das Ende zusammengetroffen.[2]

Das «Zusammentreffen von wichtigen Hinweisen» – die allesamt mit der Erfüllung von Endzeitprophezeiungen oder ihrer Vorbereitung verbunden sind – ist in der Tat beeindruckend. Heute sehen wir ...

- einen gewaltigen Abfall von der Wahrheit
- eine flächendeckende Verbreitung und Annahme von Irrlehren
- einen tief greifenden moralischen Verfall

---

[1] Thomas Ice, «Closing in on Israel», Pretrib Research Center, http://www.pre-trib.org/articles/view/closing-in-on-israel.

[2] John F. Walvoord, *Israel in Prophecy* (Grand Rapids: Zondervan, 1962), S. 129.

- eine wachsende Toleranz gegenüber allen bösen Dingen
- eine weitreichende Ausbreitung einer Vielzahl von sexuellen Sünden und Perversionen, ohne dass Busse in Sicht wäre
- den steten Rückgang religiöser Freiheit
- die zunehmende weltweite Verfolgung des Volkes Gottes
- Israel als permanenter wunder Punkt in der Welt
- einen immer weiter eskalierenden Nahostkonflikt
- Bemühungen zum Wiederaufbau des jüdischen Tempels
- wie die Bühne bereitet wird für eine gewaltige Invasion Israels durch Russland und einige muslimische Staaten
- den ständigen Anstieg und Einfluss der Globalisierung
- politische und wirtschaftliche Schritte zum Aufbau eines neuen Römischen Reiches – den Vereinigten Staaten von Europa
- die Entstehung einer bargeldlosen Gesellschaft, um die Welt darauf vorzubereiten, dass der Antichrist die Weltwirtschaft in der Drangsalszeit kontrolliert
- und vieles mehr.

Es ist ernüchternd – *ja sogar beängstigend* – zu sehen, dass all diese Dinge heute schon vor sich gehen. Ich stimme Walvoord zu, dass das Ende des Zeitalters schon bald erreicht sein könnte.

Wir müssen keine Angst haben

Wenn ich all das betrachte, was wir in diesem Buch besprochen haben, scheint es mir am besten, dort zu enden, wo wir angefangen haben. In der Einleitung habe ich darauf hingewiesen, dass Gott die Menschheitsgeschichte vollkommen unter Seiner Kontrolle hat. Gott versichert uns: «Mein Ratschluss soll zustande kommen, und alles, was mir gefällt, werde ich vollbringen» (Jes 46,10). Er teilt uns mit: «Fürwahr, es soll geschehen, wie ich es mir vorgenommen habe, und es soll zustande kommen, wie ich es beschlossen habe» (Jes 14,24). Der Theologe Robert Lightner hat recht, wenn er sagt: «Vom Standpunkt der Schrift aus betrachtet, ist die Geschichte mehr als die Aufzeichnung vergangener Ereignisse. Was in der Vergangenheit stattgefunden hat, was heute geschieht und was in der Zukunft passieren wird, ist alles ein Beweis für den vorsätzlichen Plan des persönlichen Gottes der Bibel.» Angesichts all dieser Dinge, sagte Lightner, «passen alle Lebensumstände – vergangene, gegenwärtige und zukünftige – in den souveränen Plan Gottes wie die Teile eines Puzzles».[3]

Da dies der Fall ist, müssen wir keine Angst vor dem haben, was auf die Welt zukommt. Im Kontext der prophetischen Zukunft belehrt Jesus Seine Nachfolger: «Euer Herz erschrecke nicht! Glaubt an Gott und glaubt an mich!» (Joh 14,1). Machen Sie sich keine Sorgen. Vertrauen Sie auf Gott. Das ist Gottes einfaches Rezept für die richtige Einstellung zur Endzeit.

Weisheiten für das Leben in den letzten Tagen

Darüber hinaus bietet die Schrift den in der Endzeit lebenden Gläubigen Weisheiten, die wir uns alle zu Herzen nehmen sollten:

1. Führen Sie ein gerechtes Leben

Gott hat uns die Prophetie nicht gegeben, um uns rein intellektuelle Fakten über die Eschatologie zu lehren. An viele prophetische Bibelverse schliesst sich die Aufforderung zu persönlicher Reinheit an. So sagt Römer 13,11-12 beispielsweise: «Die Stunde ist nämlich schon da ... Die Nacht ist vorgerückt, der Tag aber ist nahe. So lasst uns nun ablegen die Werke der Finsternis und

---

[3] Robert P. Lightner, *Evangelical Theology* (Grand Rapids: Baker Books, 1986), S. 57.

anlegen die Waffen des Lichts!» In 2. Petrus 3,10-11 lesen wir: «Es wird aber der Tag des Herrn kommen wie ein Dieb in der Nacht.» Deshalb sollen wir uns «auszeichnen durch heiligen Wandel und Gottesfurcht». In Bezug auf das zweite Kommen Christi sagt 1. Johannes 3,2-3: «Jeder, der diese Hoffnung auf ihn hat, reinigt sich, gleichwie auch er rein ist.»

2. Bewahren Sie eine ewige Perspektive

Ganz gleich, was auf dieser Erde auch geschehen mag, vor jedem von uns liegt ein herrliches Schicksal. Wir sind nur Pilger auf unserem Weg in ein anderes Land – zur letzten Grenze des Himmels, wo Gott persönlich wohnt (s. Hebr 11,16). Wie Kolosser 3,1-2 es ausdrückt: «So sucht das, was droben ist. ... Trachtet nach dem, was droben ist, nicht nach dem, was auf Erden ist.» Und folgen Sie dem Rat Jesu in Matthäus 6,20-21: «Sammelt euch vielmehr Schätze im Himmel, wo weder die Motten noch der Rost sie fressen und wo die Diebe nicht nachgraben und stehlen! Denn wo euer Schatz ist, da wird auch euer Herz sein.»

3. Beten Sie für den Frieden Jerusalems

In Psalm 122,6-7 lesen wir: «Bittet für den Frieden Jerusalems! Es soll denen wohlgehen, die dich lieben! Friede sei in deinen Mauern und sichere Ruhe in deinen Palästen!» Der Name Jerusalem bedeutet «Stadt des Friedens» – und eines zukünftigen Tages wird es auch wirklich eine Stadt des Friedens sein.

Anhang A: Israel und die Gemeinde

An vereinzelten Stellen des Buches habe ich kurz die heutige Diskussion berührt, ob die an Israel gegebenen Verheissungen in den alttestamentlichen Bündnissen wörtlich von Israel oder allegorisch von der Gemeinde erfüllt werden. Und ich bin zu dem Schluss gekommen, dass sie von Israel erfüllt werden. Hier sind die Gründe dafür:

Alttestamentliche messianische Prophezeiungen, die sich auf das erste Kommen Christi beziehen, sind wörtlich erfüllt worden. Das lässt uns fest darauf vertrauen, dass die noch nicht erfüllten Prophezeiungen ebenso wörtlich erfüllt werden. Folglich werden die Israel gegebenen Verheissungen auf das Land eine wörtliche Erfüllung finden.

Auch die Prophezeiungen über Israel im Alten Testament wurden wörtlich erfüllt, einschliesslich derer über Israels Zerstreuung (5Mo 28,64; 3Mo 26,33), anhaltender Verfolgung (5Mo 28,65), die Verwüstung ihres Landes (5Mo 29,21-22) und ihrer Bewahrung als Volk (Jes 66,22; Jer 30,11; 31,35-37). Noch einmal, das lässt uns fest darauf vertrauen, dass die noch nicht erfüllten Prophezeiungen ebenso wörtlich erfüllt werden.

Die Gemeinde und Israel werden im ganzen Neuen Testament als zwei unterschiedliche Einheiten angesehen. In 1. Korinther 10,32 lesen wir beispielsweise: «Gebt weder den Juden noch den Griechen noch der Gemeinde Gottes einen Anstoss.» Auch die Apostelgeschichte unterscheidet Israel und die Gemeinde, wobei das Wort «Israel» 20 Mal und das Wort «Gemeinde» 19 Mal vorkommt. Der neutestamentliche Gelehrte S. Lewis Johnson hält fest: «Der Gebrauch der Worte Israel und Gemeinde in den ersten Kapiteln der Apostelgeschichte stimmt vollkommen überein, denn Israel existiert dort neben der neu gegründeten Gemeinde, und die zwei Einheiten werden terminologisch unterschieden.»[1] Angesichts dieser permanenten Unterscheidung wäre es unvernünftig, würden wir sagen, die Gemeinde hätte Israels Platz eingenommen oder die an Israel gegebenen alttestamentlichen Verheissungen würden an der Gemeinde erfüllt werden.

In neutestamentlicher Zeit bestätigte der Apostel Paulus, dass Gott nach wie vor einen Plan mit Israel hat (Röm 9–11). So gesehen, werden Gottes alte Bündnisse von Israel erfüllt werden, nicht von der Gemeinde.

Wer sagt, die Gemeinde hat Israel ersetzt, führt normalerweise Galater 6,16 an, wo die Gemeinde seiner Ansicht nach «das Israel Gottes» genannt wird. Aber Paulus bezeichnet nicht die ganze Gemeinde als «das Israel Gottes». Vielmehr spricht er hier von *erlösten Juden* – d. h., die Juden, die zum Heil an Jesus Christus geglaubt haben. In allen Stellen des Neuen Testaments bezieht sich der Begriff «Israel» auf physische Juden (ca. 65 Mal). Wir finden keinen Hinweis in Galater 6,16, dass der Begriff hier anders zu verstehen ist als in anderen Stellen.

Jene, die meinen, die Gemeinde hätte Israel ersetzt, führen auch Galater 3,29 an, wo die Gemeinde ihrer Ansicht nach «Abrahams Same» genannt wird. Das heisst allerdings nicht, dass die Unterschiede zwischen der Gemeinde und Israel auf-

[1] S. Lewis Johnson, «Paul and ‹The Israel of God›: An Exegetical and Eschatological Case Study», in *Essays in Honor of J. Dwight Pentecost,* Hrsg. Stanley Toussaint und Charles Dyer (Chicago: Moody Press, 1986), S. 189.

gehoben sind. Es wird nur zum Ausdruck gebracht, dass die zur Gemeinde gehörenden Gläubigen *geistliche Nachkommen* Abrahams (sie haben Glauben wie er) und somit Nutzniesser einiger Verheissungen Gottes an ihn sind. Genauer gesagt, einige Verheissungen gab Gott den physischen Nachkommen Abrahams (z. B. 1Mo 12,1-3.7), andere hingegen waren für den geistlichen Samen Abrahams, die keine Juden sind (s. Gal 3,6-9). Unterscheidet man diese Gruppen und die ihnen geltenden Verheissungen nicht, führt das zu einem heillosen Durcheinander.

Wer sagt, die Gemeinde hat Israel ersetzt, zitiert Philipper 3,3, wo die Gemeinde angeblich «die Beschneidung» genannt wird. Paulus spricht hier aber von der Beschneidung *des Herzens,* die in dem Augenblick stattfindet, wenn ein Mensch zum Heil an Jesus Christus glaubt. Es ist ein grosser Sprung in der Logik, wenn man sagt, dieser Vers würde beweisen, dass aus der Gemeinde das neue Israel wird.

Jene, die meinen, die Gemeinde hätte Israel ersetzt, führen oft auch Josua 21,43-45 an, wo ihrer Ansicht nach gesagt wird, dass Gott den Israeliten das Land bereits gegeben hat und deshalb keine weiteren Verheissungen auf das Land an Israel erfüllt werden müssen. Wer sich die biblische Geschichte anschaut, stellt fest, dass Gott Seinen Teil auch erfüllte, als Er den Israeliten das verheissene Land gab – *aber Israel versäumte es, das ganze Land in Besitz zu nehmen, das Gott dem Volk verheissen hatte.* Sie vertrieben nicht alle Kanaaniter. Die Verheissungen auf das Land reichen noch in die Zukunft. Der Gedanke, dass es keine weiteren Verheissungen auf das Land zu erfüllen gibt, ist falsch, weil viele Prophezeiungen, die vom zukünftigen Besitz des Landes durch Israel sprechen, weit nach Josuas Zeit entstanden (s. Jes 60,21; Jer 24,6; 30,18; 32,37-40; 33,6-9; Hes 28,25-26; 34,11-12; 36,24-26; 39,28; Hos 3,4-5; Mi 2,12; 4,6-7; Am 9,14-15; Zeph 3,20; Sach 8,7-8). Ausser Jona sprechen alle alttestamentlichen Propheten davon, dass die Juden wieder dauerhaft in das Land Israel zurückkehren werden. Obwohl Israel das Land zur Zeit Josuas *teilweise* besass, wurde es ihnen später wieder weggenommen. Im Gegensatz dazu wurde Israel im abrahamitischen Bund verheissen, dass es das Land *für immer* besitzen würde (1Mo 17,8). Das hat sich bisher noch nicht erfüllt.

Wenn ich alle Dinge in Betracht ziehe, glaube ich: Israel ist in der Bibel Israel und die Gemeinde ist die Gemeinde.

Anhang B: Prophetische Verse in Bezug auf Israel

Abrahamitischer Bund (Verheissung an Israel)

- Der Bund mit Abraham, Isaak und Jakob wird ewig Bestand haben – Psalm 105,5-11
- Viele Segnungen – 1. Mose 12,1-3; 15,18-21
- Bestätigt gegenüber Isaak – 1. Mose 17,21
- Bestätigt gegenüber Jakob – 1. Mose 35,10-12
- Siehe auch Josua 1,2-6; 21,43-45; 1. Chronik 16,15-18; Jesaja 49,6; Jeremia 25,9-12; Hesekiel 37,21-25; Daniel 9,2; Amos 9,14-15; Apostelgeschichte 1,6-7; 3,19-21; 15,14-17; Römer 11,1-32; Hebräer 11,8-10.12-16; Offenbarung 7,4

Antisemitismus

- Juden aus Rom vertrieben – Apostelgeschichte 18,1-2
- Juden werden verfolgt – Nehemia 1,1-3
- Juden werden in der Endzeit verfolgt – Offenbarung 12,5-6
- Verschwörung zur Vernichtung der Juden – Esther 3,1-6

Bund des Antichristen mit Israel

- Der Antichrist unterzeichnet einen Siebenjahresvertrag – Daniel 9,24-27
- Israel lebt in Sicherheit und Ruhe, eine Grundvoraussetzung für die in Hesekiel beschriebene Invasion – Hesekiel 38,1-6.8.11.14

Daniel und die 70 Wochen

- Die ersten 69 Gruppen zu je 7 Jahren reichen vom Erlass zum Wiederaufbau Jerusalems bis zum Kommen des Messias – Daniel 9,25
- Dann kommt eine Unterbrechung: der Messias wird getötet, Jerusalem und der Tempel werden zerstört, Juden erleben Not und Elend – Daniel 9,26
- Die letzte 70. «Woche» (Drangsalszeit) beginnt, wenn der Antichrist einen Bund mit Israel schliesst – Daniel 9,27

Davidischer Bund

- Verheissung, dass ein Nachkomme Davids für immer herrscht – 2. Samuel 7,12-13; 22,51; 1. Chronik 17,10-14
- Wird erfüllt in Jesus aus der Abstammungslinie Davids – Matthäus 1,1; Lukas 1,32-33
- Jesus wird im Tausendjährigen Reich auf dem Thron in Jerusalem herrschen – Jesaja 9,5-6; Jeremia 23,5-6; 33,17-26; Hesekiel 36,1-12; Amos 9,11-12; Micha 4,1-5; Zephanja 3,14-20; Sacharja 14,1-21

Gemeinde und Israel (Unterschiede)

- Die Gemeinde begann zu Pfingsten, nicht im Alten Testament – Apostelgeschichte 1,5; 1. Korinther 12,13
- Noch zukünftig aus der Sicht Jesu – Matthäus 16,18; Epheser 3,1-10
- Israel besteht aus Juden, die Gemeinde aus Juden und Nichtjuden – Epheser 2,15
- Israel ist eine irdische, politische Einheit; die Gemeinde ist der unsichtbare geistliche Leib Christi – 2. Mose 19,5-6; Epheser 1,3
- Die Nation Israel wird vor der Rückkehr Christi wiederhergestellt werden – Römer 11,1-2.29

- Jude wird man durch Geburt; zur Gemeinde gehört man durch die geistliche Geburt – Johannes 3,3
- Bedingungslose Verheissungen auf das Land und den Thron werden wörtlich an Israel erfüllt (nicht an der Gemeinde) – 1. Mose 13,1-7; 2. Samuel 7,11 ff.

Gott, der Beschützer Israels

- Gott kämpft gegen Israels Feinde – 2. Mose 15,3; Psalm 24,8
- Gott ist der «HERR der Heerscharen» – 2. Samuel 6,2.18
- Der Hüter Israels schläft noch schlummert nicht – Psalm 121,4
- Keine Waffe wird gegen Israel Erfolg haben – Jesaja 54,17

Israels Bekehrung in der Endzeit

- Israel befindet sich jetzt in einem Zustand der Blindheit – Römer 9,32
- Evangelium wird anschliessend den Heiden gepredigt, um die Juden eifersüchtig zu machen – Römer 11,11
- Israel wird in der Endzeit Busse tun und sich dem Messias zuwenden – Jesaja 53,1-9; Sacharja 12,10; Matthäus 23,37-39

Israels Blindheit

- Gestossen am «Stein des Anstosses», Jesus Christus – Römer 9,31-33
- Weigerung, an Christus zu glauben – Matthäus 12,14.24
- Verstockung ist über Israel gekommen – Römer 11,25
- Evangelium wird anschliessend den Heiden gepredigt, um die Juden eifersüchtig zu machen – Römer 11,11
- Überrest Israels wird in diesem Zeitalter errettet, der Gemeinde zugehörig – Römer 11,25
- Busse in der Endzeit, Hinwendung zum Herrn – Sacharja 12,10; Matthäus 23,37-39; Jesaja 53,1-9

Israel in der Drangsalszeit

- Die Drangsalszeit ist «eine Zeit der Drangsal ... für Jakob» – Jeremia 30,7
- Israel wird reinigende Gerichte erleben – Sacharja 13,8-9
- Israel wird in der Drangsalszeit teilweise vor dem Teufel gerettet – Offenbarung 12,14-17
- Ein Überrest Israels wird gerettet, andere erleiden in der Drangsalszeit den Märtyrertod – Offenbarung 7,4-17; 13,5-6

Israels Invasion (in Hesekiel)

- Eine Koalition aus dem Norden marschiert in Israel ein – Hesekiel 38,1-6
- Die Feinde wollen Israels Reichtum – Hesekiel 38,11-12
- Gott zerstört die Eindringlinge – Hesekiel 38,17–39,8
- Gott wacht über Israel – Psalm 121,4
- Keine Waffe wird gegen Israel Erfolg haben – Jesaja 54,17
- Findet «zur letzten Zeit» statt – Hesekiel 38,8.16

Israels Sammlungen

- Erste weltweite Sammlung im Unglauben (1948 und danach) – Jesaja 11,11-12; Hesekiel 20,33-38; 22,17-22; 36,22-24; 38–39; Zephanja 2,1-2
- Zweite weltweite Sammlung im Glauben (in Verbindung mit dem Tausendjährigen Reich) – 5. Mose 4,29-31; 30,1-10; Jesaja 27,12-13; 43,5-7; Jeremia 16,14-15; 31,7-10; Hesekiel 11,14-18; Amos 9,14-15; Sacharja 10,8-12; Matthäus 24,31

Israels Wiedergeburt als Nation

- Gesammelt aus vielen Nationen – Hesekiel 36,24
- Bekehrte bei Harmageddon – Sacharja 12,2–13,1
- Wird um den Messias «klagen» – Sacharja 12,10; s. auch Jesaja 53,1-9; Matthäus 23,37-39

- Israel bekennt seine Sünde als Volk – 3. Mose 26,40-42; 5. Mose 4,29-31; 30,6-8; Jeremia 3,11-18; Hosea 5,15
- Geistliches Erwachen – Joel 3,1-2
- Städte werden bewohnt, Ruinen wieder aufgebaut – Hesekiel 36,10
- Vision von den verdorrten Gebeinen – Hesekiel 37
- Wird wieder florieren – Hesekiel 36,30

Jakobs Zeit der Drangsal

- Die Drangsalszeit ist «eine Zeit der Drangsal ... für Jakob» – Jeremia 30,7
- Die Drangsalszeit im Detail – Offenbarung 6–18

Jerusalem im Tausendjährigen Reich

- Stadt der Gegenwart Gottes – Hesekiel 48,35
- Heilige Stadt – Jesaja 33,5; Jeremia 31,40
- Stadt der politischen Regierung – Psalm 2,6, 110,2; Jesaja 2,2-4; 24,23; Micha 4,7
- Erhabene Stadt – Jesaja 2,2-4; Sacharja 14,9-10
- Stadt des Wohlstands – Jesaja 2,2; 60,11; 66,12
- Stadt des Schutzes und des Friedens – Jesaja 40,2; 66,20; Jeremia 31,6
- Stadt der Anbetung – Jesaja 60,3; Jeremia 3,17; Sacharja 8,23

Tausendjähriges Reich

- Christus stellt Israel wieder her – Jesaja 25,7-8; 30,26; 51,11-16; 52,1-12; 65,17-19; Hesekiel 36,24-38; 37,1-28; Hosea 2,18-19.21-25; Sacharja 8,1-17; 9,11-17; Römer 11,25-27; Epheser 3,11-13
- Israels Herrlichkeit – Jesaja 60,1-22
- Gott wird nicht ruhen, bis Israel wiederhergestellt ist – Jesaja 62,1-12; Jeremia 30,16-24; Sacharja 10,9-12

- Gottes Absicht, Israel zu erlösen – Jesaja 44,1-23
- Gott wird Israel Erlösung bringen – Jesaja 52,1-6
- Israel gereinigt, Herrlichkeit wiederhergestellt – Jesaja 4,2-6; s. auch Zephanja 3,14-20
- Israel wird erhöht – Jesaja 61,4-11
- Israel wird als Frau des Herrn hergestellt und erbt Seine Herrlichkeit – Jesaja 54,1-17
- Israel ist wiederhergestellt und einflussreich – Jesaja 45,14-25
- Israel erfreut sich an den Segnungen der Wiederherstellung – Jesaja 35,1-10; Zephanja 3,14-20
- Israels Wiederherstellung im Land – Jeremia 30,1-11
- Jerusalem wird im Tausendjährigen Reich einen Tempel haben – Hesekiel 40–48
- Verheissung auf die Sammlung Israels – Jeremia 23,7-8
- Ein gerechter König herrscht über Israel – Jeremia 23,5-6

Verheissungen auf das Land an Israel

- Abrahams Nachkommen, so zahlreich wie die Sterne – 1. Mose 12,1-3; 13,14-17
- Gott hat Abraham und seinen Nachkommen ein Land verheissen – 1. Mose 11,31
- Ausdehnung des verheissenen Landes – 1. Mose 15,18-21
- Verheissung wird an Isaaks Linie weitergegeben – 1. Mose 26,3-4
- Verheissung wird an Jakobs Linie weitergegeben – 1. Mose 28,13-14
- Verheissung wird später bestätigt – Psalm 105,8-11
- Israel wird das Land dauerhaft in Besitz nehmen – 5. Mose 30,5; Jesaja 11,11-12; Jeremia 23,3-8; Hesekiel 37,21-25; s. auch Jesaja 60,18.21; Jeremia 23,6; 24,5-6; 30,18; 31,31-34; 32,37-40; 33,6-9; Hesekiel 28,25-26; 34,11-12; 36,24-26; 37;

39,28; Hosea 3,4-5; Joel 2,18–3,2; Amos 9,14-15; Micha 2,12; 4,6-7; Zephanja 3,19-20; Sacharja 8,7-8; 13,8-9

Wiederaufbau des jüdischen Tempels

- In der Drangsalszeit wird sich der Antichrist im Tempel zu Gott machen – 2. Thessalonicher 2,4
- Der Tempel muss wiederaufgebaut werden, damit der Gräuel der Verwüstung hineingestellt werden kann – Daniel 12,11; Matthäus 24,15-16

Anhang C: Falls Sie noch kein Christ sind

Eine persönliche Beziehung zu Jesus ist die wichtigste Entscheidung, die Sie in Ihrem Leben treffen können. Sie ist anders als jede andere Beziehung. Wenn Sie ohne sie in die Ewigkeit kommen, werden Sie die Ewigkeit ohne Jesus verbringen.

Ich möchte Ihnen sagen, wie Sie eine persönliche Beziehung mit Jesus bekommen können. Als Erstes müssen Sie erkennen:

Gott will eine persönliche Beziehung zu Ihnen haben

Gott hat Sie erschaffen (1Mo 1,27), und Er will nicht, dass Sie allein und ohne Ihn existieren. Er hat Sie gemacht, um eine persönliche Beziehung zu Ihnen aufzunehmen.

In biblischen Zeiten hat Gott stets Gemeinschaft mit Seinem Volk gehabt (z. B. 1Mo 18,1-21). So wie Gott mit Seinem Volk Gemeinschaft hatte, wünscht Er sich auch Gemeinschaft mit Ihnen (1Jo 1,5-7). Gott liebt Sie (Joh 3,16). Vergessen Sie das nie.

Das Problem ist:

Die Menschheit hat ein Sündenproblem, das einer Beziehung zu Gott im Wege steht

Als Adam und Eva im Garten Eden gegen Gott sündigten, führten sie die ganze menschliche Rasse – die aus ihnen hervorging – in die Sünde. Seitdem wurde jeder Mensch mit der Neigung zur Sünde in diese Welt geboren.

Der Apostel Paulus bestätigt: «Darum, gleichwie durch einen Menschen die Sünde in die Welt gekommen ist und durch die Sünde der Tod, und so der Tod zu allen Menschen hingelangt ist, weil sie alle gesündigt haben» (Röm 5,12). Wir lesen: «Durch den Ungehorsam des einen Menschen sind die Vielen zu Sündern gemacht worden» (V. 19). Letzten Endes bedeutet das: «Denn weil der Tod durch einen Menschen kam» (Adam), «sterben alle in Adam» (1Kor 15,21-22).

Jesus sprach von der Sünde oft in Bildern, die deutlich machen, welch verheerenden Schaden sie im Leben eines Menschen anrichten kann. Er beschrieb die Sünde als Blindheit (Mt 23,16-26), Krankheit (Mt 9,12), Versklavung (Joh 8,34) und als ein Leben in der Finsternis (Joh 8,12; 12,35-46). Ausserdem lehrte Jesus, dass dies ein allgemeiner Zustand ist und alle Menschen vor Gott schuldig sind (Lk 7,37-48).

Jesus sagte auch, dass sowohl innere Gedanken als auch äussere Handlungen einen Menschen schuldig machen (Mt 5,28). Er lehrte, dass aus dem menschlichen Herzen böse Gedanken, sexuelle Unmoral, Diebstahl, Mord, Ehebruch, Geiz, Bosheit, Betrug, Neid, Lästerung, Hochmut und Torheit kommen (Mk 7,21-23). Er bestätigte auch, dass Gott die Sünden eines jeden Menschen kennt, sowohl die äusseren Taten als auch die inneren Gedanken; nichts bleibt Ihm verborgen (Mt 22,18; Lk 6,8; Joh 4,17-19).

Natürlich sind manche Menschen moralisch anständiger als andere. Allerdings reicht keiner von uns an Gottes unendlichen Massstab heran (Röm 3,23). Würden wir uns darin messen, wer einen Stein bis zum Mond werfen kann, käme ein muskulöser Athlet sicherlich viel weiter als ich. Aber letzten Endes schafft es keiner. Ebenso wenig kommt niemand an Gottes vollkommen heilige Massstäbe heran.

Da wir ein ernstes Sündenproblem haben, bietet Gott in Seiner Gnade eine Lösung an:

Jesus starb für unsere Sünden und stellt die Errettung bereit

Gottes absolute Heiligkeit fordert die Bestrafung von Sünde. Die gute Nachricht des Evangeliums ist jedoch, dass Jesus diese Bestrafung auf sich genommen hat. Gott liebt uns so sehr, dass er Jesus sandte und Ihn die Strafe an unserer Stelle tragen liess!

Jesus bestätigte, dass Er in die Welt kam, um zu sterben (Joh 12,27). Er betrachtete Seinen Tod als ein Opfer für die Sünden der Menschheit (Mt 26,26-28). Jesus nahm Seinen Auftrag absolut ernst, denn Er wusste, dass die Menschen ohne Ihn umkommen (Joh 3,16) und die Ewigkeit an einem Ort der Qualen ohne Gott verbringen (Mt 10,28; 25,41; Lk 16,22-28).

Deshalb beschrieb Jesus Seine Mission mit folgenden Worten: «Der Sohn des Menschen ist nicht gekommen, um sich dienen zu lassen, sondern um zu dienen und sein Leben zu geben als Lösegeld für viele» (Mt 20,28). «Der Sohn des Menschen ist gekommen, um zu suchen und zu retten, was verloren ist» (Lk 19,10). «Gott hat seinen Sohn nicht in die Welt gesandt, damit er die Welt richte, sondern damit die Welt durch ihn gerettet werde» (Joh 3,17).

Beachten Sie bitte, dass der Verdienst des Kreuzestodes Christi nicht automatisch auf Ihr Leben angewandt wird. *Um das Geschenk der Errettung zu empfangen, müssen Sie Folgendes tun:*

Glauben Sie an Jesus Christus als Ihren Erlöser

Durch Seinen Opfertod am Kreuz nahm Jesus die Sünden der ganzen Welt auf sich und ermöglichte es jedem Menschen, errettet zu werden (1Jo 2,2). Aber diese Errettung gilt nicht automatisch. Nur Menschen, die sich entscheiden, persönlich an Christus zu glauben, sind errettet. Das ist das einheitliche Zeugnis des biblischen Jesus. Hören Sie auf Seine Worte:

- «Denn so sehr hat Gott die Welt geliebt, dass er seinen eingeborenen Sohn gab, damit jeder, der an ihn glaubt, nicht verloren geht, sondern ewiges Leben hat» (Joh 3,16).
- «Das ist aber der Wille dessen, der mich gesandt hat, dass jeder, der den Sohn sieht und an ihn glaubt, ewiges Leben hat; und ich werde ihn auferwecken am letzten Tag» (Joh 6,40).
- «Ich bin die Auferstehung und das Leben. Wer an mich glaubt, wird leben, auch wenn er stirbt» (Joh 11,25).

Nicht an Jesus zu glauben, führt hingegen in die ewige Verdammnis: «Wer an ihn glaubt, wird nicht gerichtet; wer aber nicht glaubt, der ist schon gerichtet, weil er nicht an den Namen des eingeborenen Sohnes Gottes geglaubt hat» (Joh 3,18).

Endlich frei: Alle Sünden sind vergeben

Wenn Sie an Christus als Ihren Erlöser glauben, passiert etwas Wunderbares. Gott vergibt Ihnen alle Ihre Sünden. *Einfach alle!* Er entfernt sie komplett aus Seinem Sichtfeld. Denken Sie ein paar Minuten über die anschliessenden Verse nach, die von der Vergebung derer reden, die an Christus geglaubt haben:

- «In ihm haben wir die Erlösung durch sein Blut, die Vergebung der Übertretungen nach dem Reichtum seiner Gnade» (Eph 1,7).
- Gott sagt: «An ihre Sünden und ihre Gesetzlosigkeiten will ich nicht mehr gedenken» (Hebr 10,17).
- «Wohl dem, dessen Übertretung vergeben, dessen Sünde zugedeckt ist! Wohl dem Menschen, dem der HERR keine Schuld anrechnet, und in dessen Geist keine Falschheit ist!» (Ps 32,1-2).

- «Denn so hoch der Himmel über der Erde ist, so gross ist seine Gnade über denen, die ihn fürchten; so fern der Osten ist vom Westen, hat er unsere Übertretungen von uns entfernt» (Ps 103,11-12).

Eine solche Vergebung ist wunderbar, denn keiner von uns kann sich seinen Weg in den Himmel verdienen oder gut genug sein, um sich Gottes Gunst zu sichern. Weil Jesus für uns gestorben ist, können wir das Geschenk der Errettung frei empfangen. Dieses Geschenk ist einzig und allein durch die Gnade Gottes erhältlich (Eph 2,8-9), und wir bekommen es nur durch den Glauben an Jesus.

Schieben Sie es nicht auf

Den errettenden Glauben an Christus aufzuschieben, ist gefährlich, da Sie Ihren Todestag nicht kennen. Was, wenn es schon heute Abend so weit ist? «Denn dort ist das Ende aller Menschen, und der Lebendige nimmt es zu Herzen» (Pred 7,2).

Wenn Gott jetzt zu Ihrem Herzen spricht, dann steht Ihnen die Glaubenstür nun offen: «Sucht den HERRN, solange er zu finden ist; ruft ihn an, während er nahe ist!» (Jes 55,6).

Schliessen Sie sich meinem Gebet an

Möchten Sie an Jesus glauben, damit Er Ihnen Ihre Sünden vergeben und Ihnen Ihren ewigen Platz im Himmel an Seiner Seite garantieren kann? Wenn ja, dann sprechen Sie einfach zusammen mit mir das folgende Gebet.

Denken Sie daran, dass nicht das Gebet an sich Sie errettet, sondern der Glaube in Ihrem Herzen. Machen Sie das anschliessende Gebet zu einem Ausdruck des Glaubens in Ihrem Herzen:

Lieber Herr Jesus Christus
Ich möchte eine Beziehung zu Dir haben.
Ich weiss, ich kann mich nicht selbst erretten,
weil ich ein Sünder bin.
Danke, dass Du an meiner Stelle am Kreuz gestorben bist.
Ich glaube, dass Du für mich gestorben
und von den Toten auferstanden bist.
Ich nehme Dein freies Geschenk der Errettung an.
Danke, Herr Jesus. Amen.

Willkommen in Gottes ewiger Familie

Mit der Autorität des Wortes Gottes kann ich Ihnen jetzt versichern, dass Sie zur ewigen Familie Gottes gehören. Wenn Sie das oben aufgeführte Gebet mit einem gläubigen Herzen gesprochen haben, werden Sie die ganze Ewigkeit an der Seite Jesu im Himmel verbringen. Willkommen in der Familie Gottes!

Was als Nächstes kommt

1. Kaufen Sie sich eine Bibel und lesen Sie täglich darin. Lesen Sie pro Tag mindestens ein Kapitel und beten Sie anschliessend. Wenn Sie die Bibel bisher noch nicht gelesen haben, empfehle ich Ihnen, sich eine leicht verständliche Übersetzung wie die Schlachter-Bibel 2000 anzuschaffen. Fangen Sie mit dem Lukas-Evangelium an.
2. Schliessen Sie sich möglichst rasch einer bibeltreuen Gemeinde an. Bringen Sie sich in ihr ein. Besuchen Sie einen Bibelkreis in Ihrer Gemeinde, damit Sie regelmässige Gemeinschaft mit anderen Christen haben. Das wird ein grosser Segen für Ihr geistliches Leben sein.
3. Schicken Sie mir eine E-Mail an ronrhodes@earthlink.net. Ich würde gerne von Ihnen hören, wenn Sie eine Entscheidung für Christus getroffen haben.

Bibliografie

Ankerberg, John und Dillon Burroughs. *Middle East Meltdown*. Eugene, OR: Harvest House, 2007.

Barnhouse, Donald Grey. *Revelation: An Expository Commentary*. Grand Rapids: Zondervan, 1971.

Bernis, Jonathan. *A Rabbi Looks at the Last Days*. Minneapolis: Chosen, 2013.

Block, Daniel. *The Book of Ezekiel: Chapters 25–48*. Grand Rapids: Eerdmans, 1998.

Dyer, Charles. *The Rise of Babylon: Sign of the End Times*. Chicago: Moody, 2003.

Feinberg, Charles. *The Prophecy of Ezekiel*. Eugene, OR: Wipf & Stock, 2003.

Fruchtenbaum, Arnold. *The Footsteps of the Messiah*. San Antonio, TX: Ariel, 2004.

Geisler, Norman. *Systematic Theology: Church/ Last Things*, Bd. 4. St. Paul, MN: Bethany House, 2005.

Gold, Dore. *The Fight for Jerusalem: Radical Islam, the West, and the Future of the Holy City*. Washington, DC: Regnery, 2007.

Hays, J. Daniel, J. Scott Duvall und C. Marvin Pate. *Dictionary of Biblical Prophecy and End Times*. Grand Rapids: Zondervan, 2007.

Hindson, Ed. *Revelation: Unlocking the Future*. Chattanooga, TN: AMG, 2002.

Hitchcock, Mark. *Bible Prophecy*. Wheaton, IL: Tyndale House, 1999.

Hitchcock, Mark. *The Coming Islamic Invasion of Israel.* Sisters, OR: Multnomah, 2002.

Hitchcock, Mark. *Iran: The Coming Crisis.* Sisters, OR: Multnomah, 2006.

Hitchcock, Mark. *Is America in Bible Prophecy?* Sisters, OR: Multnomah, 2002.

Hitchcock, Mark. *The Late Great United States.* Colorado Springs: Multnomah, 2009.

Hitchcock, Mark. *The Second Coming of Babylon.* Sisters, OR: Multnomah, 2003.

Hoyt, Herman. *The End Times.* Chicago: Moody, 1969.

Ice, Thomas und Randall Price. *Ready to Rebuild: The Imminent Plan to Rebuild the Last Days Temple.* Eugene, OR: Harvest House, 1992.

Ice, Thomas und Timothy Demy. *Prophecy Watch.* Eugene, OR: Harvest House, 1998.

Ice, Thomas und Timothy Demy. *When the Trumpet Sounds.* Eugene, OR: Harvest House, 1995.

Jeffress, Robert. *Countdown to the Apocalypse.* New York: Faith Words, 2015.

Jeremiah, David. *Agents of the Apocalypse.* Carol Stream, IL: Tyndale House, 2014.

Jeremiah, David. *Escape the Coming Night: An Electrifying Tour of the World as It Races Toward Its Final Days.* Dallas: Word, 1990.

LaHaye, Tim. *The Beginning of the End.* Wheaton, IL: Tyndale, 1991.

LaHaye, Tim. *The Coming Peace in the Middle East.* Grand Rapids: Zondervan, 1984.

LaHaye, Tim und Thomas Ice. *Charting the End Times.* Eugene, OR: Harvest House, 2001.

LaHaye, Tim und Jerry Jenkins. *Are We Living in the End Times?* Wheaton, IL: Tyndale, 1999.

The MacArthur Study Bible, Hrsg. John MacArthur. Nashville: Thomas Nelson, 2003.

Newell, William. *Revelation Chapter-by-Chapter.* Grand Rapids: Kregel, 1994.

Pentecost, J. Dwight. *Prophecy for Today.* Grand Rapids: Discovery House, 1989.

Pentecost, J. Dwight. *Things to Come.* Grand Rapids: Zondervan, 1964.

Pentecost, J. Dwight. *The Words and Works of Jesus Christ.* Grand Rapids: Zondervan, 1978.

Pink, Arthur W. *The Antichrist: A Study of Satan's Christ.* Blacksburg, VA: Wilder, 2008.

The Popular Bible Prophecy Commentary, Hrsg. Tim LaHaye und Ed Hindson. Eugene, OR: Harvest House, 2006.

The Popular Encyclopedia of Bible Prophecy, Hrsg. Tim LaHaye und Ed Hindson. Eugene, OR: Harvest House, 2004.

Price, Randall. *Fast Facts on the Middle East Conflict.* Eugene, OR: Harvest House, 2003.

Price, Randall. *Jerusalem in Prophecy.* Eugene, OR: Harvest House, 1998.

Price, Randall. *Unholy War.* Eugene, OR: Harvest House, 2001.

Price, Walter K. *The Coming Antichrist.* Neptune, NJ: Loizeaux Brothers, 1985.

Prophecy Study Bible, Hrsg. Tim LaHaye. Chattanooga, TN: AMG, 2001.

Rhodes, Ron. *40 Days Through Daniel: Revealing God's Plan for the Future.* Eugene, OR: Harvest House, 2013.

Rhodes, Ron. *40 Days Through Revelation: Uncovering the Mystery of the End Times.* Eugene, OR: Harvest House, 2013.

Rhodes, Ron. *The Middle East Conflict: What You Need to Know.* Eugene, OR: Harvest House, 2009.

Rhodes, Ron. *Northern Storm Rising : Russia, Iran, and the Emerging End-Times Military Coalition Against Israel.* Eugene, OR: Harvest House, 2008.

Rhodes, Ron. *The Popular Dictionary of Bible Prophecy.* Eugene, OR: Harvest House, 2010.

Rhodes, Ron. *The Topical Guide of Bible Prophecy.* Eugene, OR: Harvest House, 2010.

Richardson, Joel. *The Islamic Antichrist.* Los Angeles: WND, 2009.

Richardson, Joel. *When a Jew Rules the World.* Washington, DC: WND Books, 2015.

Rosenberg, Joel. *Epicenter: Why Current Rumblings in the Middle East Will Change Your Future.* Carol Stream, IL: Tyndale, 2006.

Rosenberg, Joel. *Israel at War.* Carol Stream, IL: Tyndale, 2012.

Ruthven, Jon Mark. *The Prophecy that Is Shaping History: New Research on Ezekiel's Vision of the End.* Fairfax, VA: Xulon, 2003.

Rydelnik, Michael. *The Messianic Hope: Is the Hebrew Bible Really Messianic?* Nashville: B & H Publishing Group, 2010.

Ryrie, Charles. *Basic Theology*. Wheaton, IL: Victor, 1986.

Ryrie, Charles. *Dispensationalism*. Chicago: Moody, 1965.

The Ryrie Study Bible, Hrsg. Charles Ryrie. Chicago: Moody Press, 2011.

Showers, Renald. *Maranatha: Our Lord Come!* Bellmawr, NJ: The Friends of Israel Gospel Ministry, 1995.

Toussaint, Stanley. *Behold the King: A Study of Matthew.* Grand Rapids: Kregel, 2005.

Unger, Merrill F. *Beyond the Crystal Ball.* Chicago: Moody, 1978.

Walvoord, John F. *End Times*. Nashville: Word, 1998.

Walvoord, John F. *Israel in Prophecy.* Grand Rapids: Zondervan, 1970.

Walvoord, John F. *The Millennial Kingdom.* Grand Rapids: Zondervan, 1975.

Walvoord, John F. *The Prophecy Knowledge Handbook.* Wheaton, IL: Victor, 1990

Walvoord, John F. *The Return of the Lord.* Grand Rapids: Zondervan, 1979

Walvoord, John F. und John E. Walvoord. *Armageddon, Oil, and the Middle East Crisis.* Grand Rapids: Zondervan, 1975.

Walvoord, John F. und Mark Hitchcock. *Armageddon, Oil, and Terror.* Carol Stream, IL: Tyndale, 2007.

Wood, Leon J. *The Bible and Future Events: An Introductory Summary of Last-Day Events.* Grand Rapids: Zondervan, 1973.

Yamauchi, Edwin. *Foes from the Northern Frontier: Invading Hordes from the Russian Steppes.* Eugene, OR: Wipf & Stock, 1982.